商业旺族

张 锐◎著

企业管理出版社
ENTERPRISE MANAGEMENT PUBLISHING HOUSE

图书在版编目（CIP）数据

商业旺族 / 张锐著. —北京：企业管理出版社，2023.1
ISBN 978-7-5164-2619-7

Ⅰ. ①商… Ⅱ. ①张… Ⅲ. ①家族－私营企业－企业经营管理－世界－通俗读物 Ⅳ. ① F729.16-49

中国版本图书馆 CIP 数据核字（2022）第 090931 号

书　　名：商业旺族
书　　号：ISBN 978-7-5164-2619-7
作　　者：张　锐
责任编辑：徐金凤　　宋可力
出版发行：企业管理出版社
经　　销：新华书店
地　　址：北京市海淀区紫竹院南路 17 号　　邮　　编：100048
网　　址：http://www.emph.cn　　电子信箱：emph001 @163.com
电　　话：编辑部（010）68701638　　发行部（010）68701816
印　　刷：河北宝昌佳彩印刷有限公司
版　　次：2023 年 1 月第 1 版
印　　次：2023 年 1 月第 1 次印刷
开　　本：710mm × 1000mm　1/16
印　　张：20.75 印张
字　　数：277 千字
定　　价：78.00 元

代　序

萦绕于商业豪门上的花絮

花絮一：当拿破仑与英国威灵顿将军的两支大军在鲁塞尔近郊的滑铁卢杀得天昏地暗时，另一场没有硝烟的战争在伦敦股票市场也拉开帷幕。如果威灵顿将军赢了，英国公债将一飞冲天，否则将跌进深渊。临近傍晚时分，战局已见分晓，一名信使快马加鞭将消息传送到了罗斯柴尔德第二代掌门人内森·罗斯柴尔德的手里。内森随后指挥家族的交易员大手笔抛售英国公债，市场发疯似的跟风抛售，英国公债当日惨跌。就在此时，内森立即暗示交易员大口“吃进”能够见到的每一张英国公债。由于拿破仑战败的消息公之于众比罗斯柴尔德家族获得情报的时间整整晚了一天，从而使罗斯柴尔德家族一天之内在公债市场赚得盆满钵满，并最终成了英国公债的最大持有人。

花絮二：宾夕法尼亚州蜿蜒崎岖的山路在炎炎烈日的蒸烤下几乎能够看见从地面冒出的轻薄烟雾，但即便是如此酷热难耐，依然有一个孤独的人影吃力地朝前行走着，这个人便是洛克菲勒。此前，洛克菲勒得知宾夕法尼亚州已经发现了石油，成千上万的人就像当初采金热潮一样涌向了采油区。洛克菲勒不免也有些心动，决定前往采油区去看个究竟。然而，来到产油地后，眼前的一切让洛克菲勒大大吸了一口凉气，密集的石油井架毫无规律地排开着，地面上大小各异的窟窿面目狰狞地裸露出来，凌乱、简陋的小木屋坐落于尘土飞扬之中。

花絮三：皮埃尔·杜邦带着全家13口人登上了一艘名为“美国之鹰”的帆船，横渡大西洋的波折与辛酸大大超过了他的想象。由于船长两次弄错了航向，行程被无限拉长，随船的旅客所携带的食品消耗殆尽。无奈之下，大家只好沿途捕鱼甚至捕捉船上窜动的老鼠来充饥。当误航的“美国之鹰”抵达罗得岛州海边时，浓雾笼罩着海岸，虽然还是天寒地冻和冰水刺骨，但等不及帆船下锚，所有的旅客都如同饿急了的野兽般争先恐后地泅水上岸。很快，他们发现岸边有一间房屋，透过窗户看到里面的炉火烧得通红，餐桌上摆满了食品，可就是敲门无人应答。不由分说，快要饿穿肚皮的旅客野蛮地敲碎了玻璃窗，冲进屋里并风卷残云般吃光了餐桌上摆着的迎接新年的美酒佳肴，离开时，杜邦掏出了一枚金币放在桌上。

花絮四：亨利·福特在“一战”爆发后发起了著名的“和平船行动”，并租下了奥斯卡二号游轮，邀请包括美国总统在内的政界和商界的著名人士乘坐这条“和平之船”一起驶往欧洲，共同促使战争的结束。然而，亨利·福特向100多位政界要人和商界巨子发出的请柬邀请却没有得到一人响应，就连他最好的朋友托马斯·爱迪生也没有登上这条船。那天，当船缓缓驶离码头的最后几分钟，亨利·福特站在船舷上对前来送行的爱迪生大声喊道：“如果你愿意上来，我愿意提供100万美元的赞助！”然而，耳聋的爱迪生根本不知道他在说什么。

花絮五：不到1.67米的个子，肤色看上去有些发暗，经常喜欢一个人独处，给人的印象总是孤僻、冷漠，即便在儿童时代，安德鲁·梅隆的表情也总是冷冰冰的，他既不参与兄弟之间的嬉闹游戏，更不会朝着哥哥弟弟顽皮地互吹口哨，而且这样的沉稳性格在安德鲁成年后也依然如故。有人说，无论是从个头高度还是脾气秉性上，安德鲁简直就是他父亲的模板。虽然这种内敛或者自我保护型的人格特征可能不大合群，却有利于安德鲁在生意场的关键时刻做出睿智抉择，同时也成就了他在政治舞台上的精彩华章。

花絮六：在前往开罗的旅行途中，J. P. 摩根强烈感到了自己身体反应的不妙，随即迅速返回，两个月后便撒手归西。而在 J. P. 摩根去世的消息公布后的 12 小时内，3698 份电报如潮水般从全世界涌来，分别来自国王、教皇、艺术品商、银行家和实业家。J. P. 摩根享受到了只有皇室主要成员逝世才有的最高级别缅怀。作为 J. P. 摩根的单传，J. P. 杰克・摩根继承了父亲的事业，但几乎所有人都没有想到，J. P. 摩根留给儿子的只有价值 6000 万美元的庄园及外加摩根银行 3200 万美元的现金。对此，当时身价 10 亿美元的约翰・洛克菲勒曾摇摇头说："仔细想想，他连一个富人都算不上。"

花絮七：奥纳西斯常常一个人站在甲板上，眺望着大海，展开双臂，任思绪飞扬，或者对着起落的海浪大声地喊出自己的名字：亚里士多德・苏格拉底・奥纳西斯。将两位哲学巨匠的名字集于自己一身，奥纳西斯当然懂得父母希望自己出人头地与名载史册的期冀。可是，正在奥纳西斯准备启程留学之际，战争的枪声在伊兹密尔打响，一切的美好与宁静被无情撕碎和打破，随之而来的是城市大街小巷弥漫开来的血腥味及市民们接连不断的恐慌尖叫声。

花絮八：失去妻子后的很长一段时间，保罗・高尔文没有与人进行过长时间的谈话交流，除了公司的高管与文秘人员从保罗办公室进进出出外，人们发现保罗极少能像以前那样经常走出办公室来到车间与员工聊天，他需要时间来消化自己内心的极度悲伤与痛苦。幸好，一位报纸编辑来到高尔文办公室告诉他，说由于缺少无线电通信，军队的行动受到了很大的影响，用这样的装备去打仗，结果可想而知。闻讯之后的保罗・高尔文被奇迹般地激活，精神焕发地如同往日那样与所有熟人谈笑风生起来。

花絮九：一部名叫《匡特家族的沉默》的纪录片在德国播出后引起轩然大波。这部纪录片指责匡特家族在"二战"期间的纳粹行径，声称他们的工厂在战争期间曾经雇佣奴隶工人。纪录片公映的5天后，4名家族成员代表全体匡特家族发表了一份声明称，将捐助资金支持一项历史研究项目，以调查清楚家族在“二战”期间的经营活动是否和纳粹有关。而在经过4年的调查和研究之后，一份长达1200页的报告展现在公众面前。

花絮十：入伍不久，汤姆·沃森自愿请战担任飞行员，穿过敌人的炮火飞向缅甸，结果途中起了浓雾，他们什么也看不见，而且从高度计来看他们应该已经撞山坠毁了。生死攸关时刻，汤姆·沃森与飞行员一起稳健控制螺旋桨，最终化险为夷。任务完成后，汤姆·沃森被晋升为空军中校。临近退役时，汤姆·沃森第一次满怀信心地拿起电话，告诉父亲想回到IBM，而电话这头，69岁的约翰·沃森高兴地哈哈大笑，浑浊的眼中还闪烁着几滴泪。

罗斯柴尔德家族、洛克菲勒家族、杜邦家族、奥纳西斯家族、摩根家族、沃森家族等，这些如雷贯耳的名字所代表的并不只是一般意义上的家庭单元或成员组合体，更多的是巨量财富与庞大商业影响力的化身与代码。在人类绵延不绝的时空隧道中，他们曾经甚至时至今日仍以不同的非凡声浪表达着自己的存在——或纵身腾跃，或蛰伏隐忍；或枕戈待旦，或兵临城下；或独步天下，或合纵连横；或处变不惊，或雷厉风行；或转守为攻，或长驱直入。“大鳄”与巨人的脚步所到之处，商业文明因此再续，科技视窗因此开启，产业革命因此引爆，世界历史因此改写。

目　录

罗斯柴尔德家族

神秘笼罩下的“金融巨鳄”

世界文学巨匠歌德曾咏叹：“我认为但丁伟大，但他的背后是几个世纪的文明；罗斯柴尔德家族富有，但那是经过不止一代人的努力才积累起来的财富。”不仅如此，音乐大师肖邦和罗西尼还为罗斯柴尔德家族谱过曲，好莱坞上演过罗斯柴尔德家族的专题片。而更为形象的说法是，在金融界如果有人不知道罗斯柴尔德家族，就像作为一个士兵不知道谁是拿破仑，研究物理学的人不知道爱因斯坦一样不可思议。如此令名人不吝赞美，如此让世人顶礼膜拜，又如此无处不在，神秘面纱背后一定隐藏着一个古老家族的惊世传奇。

作为“开疆拓土”的强人，罗斯柴尔德家族不会停止扩张的脚步；作为仰望高峰的旗手，罗斯柴尔德家族不会放弃攀登的努力；作为引领市场的智者，罗斯柴尔德家族不会完全关闭深邃思考的脑洞。从周旋于达官贵人之中而成为众星捧月的座上之宾，到穿行于战争烽火之内而沦为一贫如洗的凡夫俗子；从在欧洲版图上呼风唤雨和纵横驰骋，到在美国市场中隐身游弋和痛失机缘；从一味盲从地恪守教条，到应时而变的反思重塑；罗斯柴尔德家族一直都在顽强坚守着初心，并为一路创造出的商业奇迹不断涂抹着鲜活的彩色。

与国王一起散步

有着“莱茵河畔的耶路撒冷”与“德国最大书柜”之称的法兰克福是德国的第五大城市，也是黑森州的最大城市，罗斯柴尔德家族从16世纪起就定居于此。像所有犹太人一样，罗斯柴尔德家族长期蜗居在法兰克福东北一条狭长阴暗的街道里，不过，历经近两个世纪的贫穷煎熬，至18世纪时，罗斯柴尔德家族的命运因为一个名叫梅耶·罗斯柴尔德的人而得到了惊喜的改变。

虽然从10岁开始梅耶就跟着父亲做一些兑换货币的小生意，而且父母也希望梅耶在犹太学校里好好学习，将来能够成为一名拉比（犹太语为老师或者智者），但梅耶偏偏喜欢上了做生意这门行当。12岁时，父母双双亡故，作为长子，梅耶在痛苦中继承了一点微不足道的遗产，从此再也没有走进学堂，而是拾起了父亲兑换货币的营生。

18世纪中期的德国被分割为300多个城邦王国，各个邦国都发行了自己的货币，商人与旅行者每到一个国家都须用金银兑换成当地货币（实际就是铜币）才能买卖和消费，于是就产生专门从事兑换货币服务的个人与机构。正是在为需求者提供兑换货币的服务中，梅耶发现当时许多王公贵族以收集各国制作精良的货币和徽章为乐趣与雅好，于是他也开始有意识地收集珍稀钱币与徽章，然后再转售给王公贵族，而且梅耶还答应对方愿意为他们寻找所需要的钱币和徽章。通过这种投其所好的办法，梅耶与不少地位显赫的王公贵族混得很熟，并由此改写了自己的命运。

结识黑塞王国的威廉王储应当说是梅耶一生中的最大幸运。当时梅耶编辑了一本《古钱手册》，里面不仅有古钱的分类知识，还有详细的解说。按照自己掌握的信息，梅耶将这本小册子邮寄给了黑塞王国的王公贵族，目的是希望自己兑换货币的小店能够成为贵人们的指定服务门店。令梅耶想不到的是，那些发出的小册子都如泥牛入海。就在梅耶为此愁眉不展时，威廉王储派人找上门来，愿意与梅耶尝试进行货币与徽章买卖的生意。

威廉王储不仅是汉诺郡的君主，而且立他为王储的弗里德里希二世还是黑塞王国的国王，能够攀上这样一个权倾一方的显赫家族，可以说此前梅耶连做梦也没有想到，但如今就有这么一条巨大的金索挂在了梅耶的面前。作为底层百姓的他此时非常清楚，只有牢牢抓住这根金索，才能赢得向上攀爬的机会。于是接下来所发生的一切似乎很多人也应该能够想到。梅耶不仅以近乎赠送的价格向威廉王储卖出了他收藏的古代徽章和钱币，而且还寻找一切可能的机会为王储介绍顾客，威廉王储对梅耶的好感也与日俱增。

弗里德里希二世去世之后，威廉王储成了黑塞王国的新国王，住址与办公地点也从汉诺郡迁到了偏于北方的卡塞尔。为了不让自己与威廉王子因对方的升迁而变得生疏起来，梅耶通过多种途径结识了黑塞王国财政部官员卡尔·布德鲁斯。正是通过布德鲁斯这条特定人脉，梅耶将古玩钱币、纪念徽章及金饰链条以超出意料的低廉价格送到了威廉国王的手中，自此，梅耶与威廉国王的关系得到了进一步的巩固与升级。

回报在耐心的等待中到来。25 岁时，梅耶从威廉国王手中拿到了“宫廷御用商人”的金字招牌，这不仅使他成为宫廷的正式代理人，而且凭借“宫廷御用商人”的名头及威廉国王的信任，他还可以借此拓展与增进其他对硬币、徽章及古玩有兴趣的王公贵族的关系。梅耶的生意由此越做越大，并逐步延伸到棉制品、烟酒等行业，并在不久之后涉及金融领域。

有两件事情足以证明梅耶与威廉国王非同寻常的稳定关系。1803—1815 年，拿破仑战争爆发后，狂人的军事铁蹄踏进了德国。当时，威廉国王被拿破仑驱逐出境，临走时威廉将自己的部分财产托付给了梅耶。即便是自己的财产遭到了法军的掳掠，梅耶也千方百计地保住了威廉的资产，其中包括一些并不重要的物品。在这次逃离之前，威廉国王将300万英镑交给梅耶保存，而梅耶在战争平息后也分毫不差地交还给了威廉国王。

诚实守信无疑是梅耶赢得威廉国王青睐的最重要基础，也正是利用威廉国王的“口碑效应”，梅耶后来又与法兰克福一个王室家族攀上了关系。这个家族负责的是维也纳与布鲁塞尔之间的邮政事务，借助于此，梅耶不仅在以后建立起了属于罗斯柴尔德家族的信息传递系统，而且获得了“罗斯柴尔德家族王室贵族”的头衔。

实际上，凭着威廉国王的高度信任，梅耶后来不仅以“宫廷代理人”的身份帮助威廉国王等家族打理股票交易及债务投资等私人金融业务，而且还开启了政府贷款这一罗斯柴尔德家族商业模式中的最重要一环。不少人都熟知梅耶的两句家训：“金钱一旦作响，坏话随之戛然而止”及“我们一定要与国王一起散步”。不错，将金钱、心血和精力彻底投注于某个特定政治人物身上，不惜为此做出重大牺牲，并同时提供热忱服务，最终建立起双方深厚的合作与友谊关系，然后依靠这种商脉赢得巨大利益，乃是撑起罗斯柴尔德家族日后鼎盛与辉煌的核心支柱。

打捞战争“金矿”

在梅耶·罗斯柴尔德的眼中，自己与威廉国王的关系显然不是彼此单线条的往来，而应当还能延伸出更多的分支，且事实就是如此。威廉国王的父亲弗里德里希二世是英格兰国王乔治三世的二女儿的丈夫，而丹麦国王弗里德里希五世的千金嫁给了威廉王子。这样密切与显贵的政治关系在梅耶看来就是一个亟待开发的“金矿”，尤其是在拿破仑战争的环境下。

作为依靠工业革命崛起的大英帝国在接下来的数十年时间向全球展开了大规模的殖民行动，军人的数量成了它施展侵略抱负的稀缺资源，而正是看上了这一点，威廉王子与英国军方做起了贩卖军队的交易，而且英国还是威廉王子的最大客户。在梅耶结识威廉王储时，后者的身价已高达两亿美元。拿破仑进攻英国后，从英格兰到威尔士再到苏格兰，英国举全国之力予以阻击与抵抗，但随之而来的是国库弹尽粮绝。在走投无路之下，英方想到了大财主威廉国王，双方协商由威廉国王分两次向英方提供共计10万英镑的贷款，而贷款中间人就是梅耶·罗斯柴尔德。威廉最终从英国获得了高达64万英镑的收益，而梅耶赚取的服务费同样不菲。

不过，梅耶从拿破仑战争中的所得远不止一点中介手续费。通过利益的割舍等在威廉国王身上屡试不爽的方法，梅耶最终与图恩和塔希思家族建立起良好关系，并建立起了一个横跨全欧洲、家族专用的情报传递网。在这一情报网中，罗斯柴尔德家族不仅拥有自己专门的信使，而且信息传递系统非常快捷与迅速，甚至远远超过了任何官方信息网络的速度。正是依靠这个高效率的情报网，罗斯柴尔德家族赢得了一场决定自己命运的漂亮之仗。

滑铁卢战役可以说是载入史册的一场军事战争。当时拿破仑与英国威灵顿将军在布鲁塞尔近郊的滑铁卢展开生死决斗，而另一场没有硝烟的战争在伦敦股票市场也拉开了帷幕。倘若威灵顿将军赢了，英国公债将一飞冲天，否则将跌进深渊。就在两支大军进行殊死搏斗之时，罗斯柴尔德家族的间谍深入两军内部进行情报收集。临近傍晚时分，战局已见分晓，一名信使快马加鞭地将消息传送到了罗斯柴尔德第二代掌门人内森·罗斯柴尔德的手里。随后，内森指挥家族的交易员大手笔抛售英国公债，市场发疯似的跟随抛售，英国公债当日惨跌。就在此时，内森立即暗示交易员大口“吃进”能够见到的每一张英国公债。由于拿破仑战败的消息公布于众比罗斯柴尔德家族获得情报的时间整整晚了一天，从而使罗斯柴尔德家族一天之内在公债市场赚得盆满钵满，并最终成了英国公债的最大持有人。

由于威廉王子向英国的贷款之举，以及罗斯柴尔德获得英国公债的控制权，罗斯柴尔德家族对英国政府财政与经济的影响在拿破仑战争结束以后的很长时间还在发酵。1875 年的一天，罗斯柴尔德家族第三代掌门人列昂内尔·罗斯柴尔德在伦敦私宅中宴请英国首相迪斯雷利。席间列昂内尔突然收到一份电报，称因缺少资金，埃及国王计划欲将自己掌握的 17.7 万股苏伊士运河股票以 400 万英镑的价格让渡给其他国家。获知此讯后，迪斯雷利当场决定抢购运河股票，可英国政府并没有足量的资金。在这种情况下，迪斯雷利请求列昂内尔能够让已经成立五年的罗斯柴尔德伦敦银行向英国政府提供 400 万英镑的贷款。最终，英国控制了苏伊士运河，罗斯柴尔德家族在英国的影响也从此如日中天。

的确，罗斯柴尔德的利润渠道并不仅是在德国之外的英国本土。拿破仑战争爆发的前一年，丹麦王室出现了财政拮据窘境。消息很快传到了王室女婿威廉国王的耳朵里，而此时的威廉国王已经通过在德国与英格兰的投资与贸易中赚翻了天，且有大笔闲钱在手。很快，一个向丹麦王室的贷款计划由梅耶拟定出来，最终威廉国王分两次向丹麦王室提供了价值约 70 万金币和 60 万金币的抵押贷款，担保物是丹麦政府的公债。自然，除了威廉国王在日后丹麦的还款中赚取了不菲的利息外，梅耶也从中获取了数额不小的佣金。

在拿破仑战争中，奥地利政府所进行的财政融资同样让罗斯柴尔德家族狠狠地赚了一笔。当时，拿破仑放弃了夺取英伦三岛的想法，转为集中精力对付奥地利。为了应对战争需要，奥地利开始大量印发货币，随之国内通货膨胀，物价飞涨，官方货币变成敝屣，政府财政开支捉襟见肘。在这种情况下，奥地利政府想到了拿出自己垄断的彩票向银行按揭，但又没有哪一家银行具有同等量的交换资本。万般无奈之下，奥地利政府找到了黑塞的威廉国王。与先前不同的是，这一次除了威廉国王拿出自己的钱向奥地利政府放贷外，梅耶也被允许斥资参与贷款交易，同时以中间人的身份进行生意的撮合。

那么，梅耶及其罗斯柴尔德家族在与威廉王子的合作及利益相关国的生意往来中究竟赚了多少钱？一个事实也许能窥个究竟，即在拿破仑战争爆发的前一年，梅耶在法兰克福最富有的犹太人中还排位第十，但5年之后便跃身为法兰克福的首富。梅耶创建的商业模式常以家训的形式传承给后人，那就是“最好与处在国难中的政府打交道，而不是一切平稳的政府”。道理很简单，国难当头的政府才需要帮助，也才能借机觅得发财的机会。于是人们看到，即便是200多年以后，人们依然能够看到罗斯柴尔德家族穿行于各国政府与政要间的脚步。在金融危机期间，罗斯柴尔德家族为英国政府提供资金，帮助其维护国内金融市场稳定，同时注资汽车业；在荷兰，罗斯柴尔德家族与政府合作，实现了价值100亿欧元的荷兰国际集团下属安银银行的资本重整计划。

五支箭的故事

罗斯柴尔德家族每一位主政人的办公室中都悬挂着一幅油画，画的内容取自于《圣经》里的一个故事：生命垂危的父亲要五个儿子折断捆在一起的五支箭，正当他们一筹莫展时，这位父亲把这捆箭拆开，将其中一根折断并告诉儿子们说，家族的力量来自团结，一根箭容易被折断，五支箭抱成一团就不容易折断。有意思的是，罗斯柴尔德家族的族徽也是绑在一起的五支箭，而在著名的拉菲红酒标签上，也能看到同样的五支箭。显然，这些场景不约而同所传递出的就是类似于“一双筷子易折断，十双筷子抱成团”及“兄弟同心，其利断金”等中国人熟知的基本道理。

梅耶·罗斯柴尔德共有五个儿子，人称“罗氏五虎”，五支箭的故事无疑代表的是梅耶之后罗斯柴尔德家族的后人们是如何继承前辈衣钵，并在生意场上进一步大展拳脚，从而建立起一个跨越18世纪和19世纪全球最大金融王国的传奇经历。当然，这场精彩故事的总导演还是梅耶，这位历经若干次商场风雨的父亲心中非常清楚，德国还只是罗氏家族安营扎寨的弹丸之地，他必须将五个儿子派往更广阔的天地让他们展翅高飞。

内森·罗斯柴尔德是梅耶的第三个儿子，也是“罗氏五虎”中最具胆识的一个，有着“金融界拿破仑”的绰号。20岁刚出头，内森就只身来到英国伦敦，虽然当时一句英语都不会说，但内森学着做起了棉布贸易生意。巧合的是，威廉国王因拿破仑战争逃难到英国，并委托内森在市场中购买了大批英国债券，内森也借此干起了债券和股票交易的营生。凭着惊人的金融天赋和神秘莫测的手段，内森在滑铁卢战役的押赌中大获全胜，之后在伦敦建立起了罗斯柴尔德家族的第一个银行机构。也就在拿破仑因战败被流放的那一年，内森跃居为伦敦首屈一指的银行寡头。

梅耶还将其他几个儿子空降到欧洲各国。于是，除了让老大阿姆斯洛留守法兰克福帮助打理家族银行的大本营外，老二所罗门抵达奥地利的维也纳创建了一家银行分行，老四卡尔进驻意大利的那不勒斯建立了又一个银行机构，老五詹姆斯在法国巴黎建立了一家银行，由此形成了世界上第一个跨国银行集团，同时也是当时世界上最大的银行体系。更为重要的是，五大银行机构互相支持与紧密策应，构成了外界所熟知的“罗斯柴尔德机制”。

“罗斯柴尔德机制”的显著作用首先在滑铁卢战役后法国的“七月革命”之中体现了出来。当时法国人推翻了波旁王朝，但革命运动的失序也让巴黎的整个经济与金融失控，市民到当地仅有的几家银行抢兑成风。紧急情况下，伦敦的罗斯柴尔德家族快速向巴黎银行分支输送金钱“弹药”，使巴黎的罗斯柴尔德银行转危为安。如此化解风险的例子其实可以扩展到每一次单个国家的危机中。当然，罗斯柴尔德家族在伦敦和巴黎的巨大融资能力也可让其在法兰克福、维也纳和那不勒斯的分支机构在同本地区金融机构的竞争中占据上风。

就像他们的父亲一样，“罗氏五虎”也在当地与政要们建立了非常不错的关系。内森八面玲珑，博得了大多数英国官员的好感；詹姆斯经常参与法国部长们的施政计划，甚至能提前得知政府的决议，临死前他的财富已与法国国王不相上下；所罗门与奥地利首相梅特涅公爵交情甚好，甚至成了几乎全奥匈帝国权贵们的私人银行家；卡尔也赢得了意大利大多数地方官的信任，垄断了整个意大利直至梵蒂冈的财源；后来，阿姆斯洛的长子阿姆谢尔还成了普鲁士的秘密商业顾问和御用银行家及巴伐利亚王室顾问。如此整齐划一地挤入一国甚至一洲的显赫地位，除了罗斯柴尔德家族之外恐怕再也找不到第二例。

梅耶不仅指挥着儿子们在欧洲各国安营扎寨，同时在家族内部建立了合伙人制度。按照与儿子们签署的合伙制协议，梅耶将公司的名称改为“梅耶·罗斯柴尔德与儿子们”，同时确定自己是商业首领，所有交易的决定最终都由他做出。另外，梅耶还特地给自己保留了这样的权力，即如果他觉得合适，可以从生意资本中抽取出资金，而其他合伙人只能拿出他们的年利润和他们家族认为必要的资金数额。不仅如此，为了分摊利润或损失，协议还将家族的生意分成了 50 份，以便将来可以在五个兄弟之间进行平等分割，同时还留有一小部分，以根据五个儿子不同年龄和能力分配利润。看得出，梅耶在家族中实行的合伙人制度既体现了公平，也注重了效率，罗斯柴尔德家族的合伙人制度由此成为早期最严谨的企业合伙人制度。

然而，罗氏家族的合伙人制度对女儿及外姓的排挤却是有目共睹的，如合作协议规定，女儿或女婿没有查看公司账本的权利，而且这样的苛刻要求在梅耶去世前留下的遗嘱中达到了极致。在遗嘱中，梅耶申明，“我希望公司应该只属于我的儿子，我的女儿和她们的后人对公司不具备任何权利”，而且任何违反遗嘱的人，将失去一切财产继承权。也许是出于对梅耶的敬畏与忠诚，这些看上去十分霸道的家规在罗斯柴尔德家族中一直沿用至今。

第六帝国

19 世纪初期后的 100 年时间应当是罗斯柴尔德家族对世界金融领域的影响达到登峰造极的时期。当时作为世界经济中心的欧洲流行着这样一种说法：欧洲有六大强国——大不列颠王国、法国、俄罗斯、奥匈帝国、普鲁士和罗斯柴尔德家族。这种说法除了反映罗斯柴尔德将当时世界上一半以上的财富装进了自己口袋的事实外，更隐含着罗氏家族对欧洲主要国家财政金融的渗透力与影响力。

提前获知滑铁卢战役英国获胜的结果并在债券市场上对英国公债的成功操盘不仅让罗斯柴尔德家族赚得盆满钵盈，而且一举成了英国政府最大的债权人。当时的英国政府由于没有货币发行权，只能靠发行公债维系财政支出。说得通俗一点，就是政府依赖向私人银行借钱来维持生计，但前提是每年支付 8% 左右的利息，而且所有的本息都是以金币结算。这就意味着凭借手里攥着的具有压倒性优势数量的英国公债，罗斯柴尔德家族实际上操控了公债的价格，左右了整个英国的货币供应量，英国的经济命脉也从此被罗斯柴尔德家族紧紧地捏在了手中。另一方面，公债的利息代表的是全民对政府未来的纳税，而由于罗氏家族控制了英格兰银行，主导了英国日后的公债发行，这就使全民变相向罗斯柴尔德家族银行纳税，且实际沦为罗斯柴尔德家族的打工者。

拿破仑战争结束的第三年，罗斯柴尔德家族以其雄厚的财力做后盾开始在欧洲各大城市悄悄吃进法国债券，法国债券随之慢慢升值。然而，在罗氏家族隐形扫货不到一个月后，市场突然传出法国政权即将更迭的谣言，法币开始大跌，恐慌弥漫之际，欧洲各地的法国债券被大量抛售。看着自己的债券价格如同自由落体一般滑向深渊，执政的路易十八预感到头上的王冠也将随之飘逝的危机。就在此时，罗斯柴尔德家族以“宫廷代理人”身份向路易十八进言表忠心，愿意出面挽救危局。原本瞧不起罗斯柴尔德家族的路易十八此时不得不低下高傲的头颅，接受了罗氏家族的建议。当然，罗斯柴尔德家族没有辜负国王的期望，真的阻挡住了几近崩溃的法国债券颓势，但也从此控制了法国金融。

亚琛会议是讨论拿破仑战争之后欧洲未来的一次重要会议，来自英、俄、奥、普、法等国代表决定了法国的战争赔款和同盟国撤军等问题。也正是在这次会议上，以列席身份参会的所罗门·罗斯柴尔德经人介绍认识了奥地利首相梅特涅，并很快与对方成了无话不谈的密友。会后，罗斯柴尔德家族开始对梅特涅政府提供大力资助，支持奥地利四处派出军队去问题多发地区"保卫和平"。作为回报，梅特涅政府将第一条中欧铁路建设项目交到了罗斯柴尔德家族的手上。不久，维多科维斯（Vitkovice）联合矿业公司和奥地利一匈牙利冶炼公司也先后被罗氏家族收购，而这两家公司都是当时所在行业世界10家最大的重工业公司之一。亚琛会议之后的30年，罗斯柴尔德家族完全成为奥地利金融和经济的主宰者。

帮助甚至决定以色列建国的壮举再一次显示了罗斯柴尔德家族的巨大威力。作为犹太人的代表，罗斯柴尔德家族一方面在"二战"中与希特勒的纳粹主义进行着直接较量，它不仅以拒绝向反犹国家贷款来抵制反犹国家，而且拿出600万英镑在巴勒斯坦建立了第一个犹太人定居点，这便是后来以色列国家的第一块领土。以色列建国的基础文件《贝尔福宣言》便是英国政府以外交大臣贝尔福写给罗斯柴尔德家族的一封公开信的形式出现的。时至今日，以色列到处都保留着罗斯柴尔德家族的印记。政治中心特拉维夫最宽阔的街道就叫"罗斯柴尔德大道"，许多人将自己的孩子取名为罗斯柴尔德，以表达对罗斯柴尔德家族的敬佩。

有关罗斯柴尔德家族对欧洲金融与经济的渗透性控制与极具张力的影响，我们可以列出长长的清单：1835年罗斯柴尔德家族获得了在西班牙阿尔马登水银供应的权利，1845年罗斯柴尔德家族中标法国第一个铁路建设合同，1872 年罗斯柴尔德家族斩获英吉利海峡隧道首个项目，1873 年罗斯柴尔德家族成为力拓股东，1875 年罗斯柴尔德家族买下苏伊士运河 44% 的股份，1886 年罗斯柴尔德家族染指俄国的石油开发，1919 年第一次黄金定价在内森·罗斯柴尔德的办公室进行。当然，在这些眼花缭乱的事件中，最引人注目的还是阿姆斯洛·罗斯柴尔德担任德意志邦联首届财政部部长之职，罗斯柴尔德银行自此也变成了德国的金融中心。

美国市场中的得与失

虽然罗斯柴尔德家族盘踞着欧洲大本营，已经到了在市场上呼风唤雨的程度，但资本的眼光没有国别与洲际界域，一个更大的棋盘从大西洋东海岸开始朝着西海岸布局和延伸。而这一次，罗斯柴尔德家族选择的合作对象则是美国的 J. P. 摩根及洛克菲勒家族。值得注意的是，虽然三者的发迹年代与商业起点不同，但摩根家族、洛克菲勒家族与罗斯柴尔德家族穿行于世界各个角落的脚步声至今依然十分铿锵有力。

J. P. 摩根的前身是乔治·皮博迪公司，而乔治·皮博迪公司由美国人乔治·皮博迪于 1835 年在英国伦敦创建，此时的罗斯柴尔德家族在伦敦已经如日中天，地缘上决定了二者之间必然会发生关联，而且攀上罗斯柴尔德这个名门望族无疑是乔治·皮博迪当时的热望。很快，在罗斯柴尔德家族的扶持下，皮博迪公司便成为伦敦著名的社交中心。但是，皮博迪一生没有子嗣，为找到合适的继承人，他最终决定邀请年轻的 J. P. 摩根入伙。也就是在皮博迪的串联下，J. P. 摩根在伦敦与罗斯柴尔德家族会面，并将他们的合作发展到一个新的高度，同时 J. P. 摩根也华丽转身成美国银行业的一颗耀眼新星。

当罗斯柴尔德家族在金融领域寻找可以在美国代言的合作者的同时，也将目标瞟向了产业界，其选择的伙伴是洛克菲勒家族。就这样，通过半个多世纪的不懈努力，罗斯柴尔德家族已经在美国这个当时代表世界政治经济未来的新兴大国进行了从金融覆盖到产业蔓延的基本布局。后来有一段话可以说明罗斯柴尔德家族对美国的影响：民主党是属于摩根家族的，共和党是属于洛克菲勒家族的，而摩根和洛克菲勒都是属于罗斯柴尔德家族的。尽管如此，罗斯柴尔德试图像控制英国、法国等国那样来控制美国，其气候还远未形成，它需要一个重大的历史机缘成就自己。

由于白银严重短缺引发的财政危机，欧洲各国在 18 世纪初期不得不放弃白银本位制，英国于 1717 年率先建立起金本位制并以黄金为储备发行纸币，随后得到了其他欧洲国家的借鉴与效仿，一场轰轰烈烈的现代财政金融货币体系的改革在欧洲大地席卷开来，从而使欧洲经济在全球的竞争力更加凸显。与此相对照，19 世纪末期的美国还是一个恪守白银本位与黄金本位的双本位制国家，这似乎与强大的欧洲有些格格不入。而更大的软肋是，美国手中当时的黄金又非常有限，与世界霸主欧洲的经济往来无疑因有限的支付能力而受到极大的约束，并且由于黄金短缺而险些将美国金融体系推到悬崖的边缘。当然，危急时刻又是罗斯柴尔德家族以救赎者的身份出面，并最终实现了对美国金融大权的控制。

1889 年引爆的阿根廷金融危机及随后导致的伦敦巴林银行倒闭让外国人尤其是欧洲人对美元证券完全失去了信心（19 世纪时巴林银行牵头财团为美国购买法国北美殖民地及在对外贸易与政府投资中提供融资支持，因此一度被看成是美国金融变化的晴雨表），进而引发市场抛售并连带引起美元持有人兑换黄金的风潮。很快，美国的黄金储备不断下降，从最初的 7000 万美元（相当于 95.71 吨）降至 900 万美元。黄金的外流速度让美国政府惊慌失措，美元更是溃不成军，美国财政赤字一路加速飙升，国内失业率创出历史新高，华尔街笼罩在乌云压顶的恐怖阴霾之中。

在黄金近乎耗尽的情况下，美国政府不得不向欧洲银行家发出求救的信号，而且面对美方巨大的黄金需求，也只有当时拥有价值 16 亿美元的黄金的罗斯柴尔德家族才能挑起大梁。就这样，由罗斯柴尔德家族与 J. P. 摩根牵头组织的一个欧洲银团正式出现在美国财政部面前，双方达成协议，罗氏与摩根承销美国财政部在欧洲发行的 6500 万美元债券，美国政府相应地取得 350 万盎司金币（约 100 吨）。罗斯柴尔德家族从此成为美国财政金融的控制者，这种状况直到布雷顿森林体系解体，美元与黄金脱钩才得以改变。

然而，也许是太迷恋自己的财富发祥地欧洲，也许是太不在意一个在大洋彼岸受到自己救助的新兴大国，当 19 世纪下半叶美国开始悄悄崛起及当时世界经济和政治的中心也逐渐向美国转移时，罗斯柴尔德家族表现出了极度地藐视与麻木。他们不仅错误地做出了美国经济不可能大发展的结论，而且撤销了自己在美国的分行与网点，甚至后来没有一个罗斯柴尔德家族的后代被派往美国去负责开拓当地的生意。与此相反，洛克菲勒家族、杜邦家族和梅隆家族相继崛起，他们与 J. P. 摩根家族一样开始将大部分财富转移到美国，在屯兵扎营的同时不断开疆拓土。值得注意的是，无论是 J. P. 摩根家族，还是洛克菲勒家族、杜邦家族及梅隆家族，他们走出了完全不同于罗斯柴尔德家族的经营路线，即主要专注于国内金融业务，为大工业公司提供市场化融资。而对国内金融事业的忽略和反过来对国家及政府融资的过渡性依赖，也正是罗斯柴尔德家族影响力日后逐步趋弱的一个重要原因。

登陆罗斯柴尔德的官方网站可以看到，作为罗氏家族核心业务的银行金融业目前主要是帮助大企业进行收购与兼并，以及协助收购方对目标企业进行资产结构重组，而且许多并购重组业务还是发生在欧洲地区。罗斯柴尔德家族的金融产业规模相比于鼎盛时期已经大大萎缩，整个银行业板块的年度营业额在 150 亿美元左右，利润约为 60 亿美元，全球金融资本价值估计不超过 370 亿美元，放在今天犹如庞然大物的欧美大银行面前，罗斯柴尔德银行显得是那样的瘦弱与娇小。不过，如果你据此认为罗斯柴尔德家族已然没落的话，那就大错特错，因为其旗下所拥有的财富照样可以用富可敌国来形容。

低潮与至暗时刻

由于把主要的经营重心长期放置于欧洲，而且还将自己的利益绑定在了德、法、英等各个单独的国家经济体身上，因此，在许多分析人士的眼中，罗斯柴尔德家族其实并不害怕某一个欧洲国家的政治变动，甚至他们还可能会从局部变动中获得利益，如在一些局部战争中罗氏家族可以向资金需求国提供贷款或者购买一国的债券等。然而，罗斯柴尔德家族却非常惧怕整个欧洲卷入全面的战争，因为这种结果带给罗斯柴尔德家族的不是某个支行受损，而是可能遭遇灭顶之灾。

19 世纪的欧洲地区的确很少长时期安宁过。拿破仑战争结束后不久，一场名为“民族之春”的大革命首先从意大利爆发，接着在法国引起了堪称狂暴的“二月革命”风潮很快席卷到整个欧洲。尽管这场旨在摧毁君主与贵族体制的大革命均以失败而告终，但罗斯柴尔德家族在巴黎、维也纳和法兰克福的银行机构都整齐划一地陷入了恐慌性“挤兑”的包裹之中，幸亏罗斯柴尔德伦敦分行迅速调集资源给予驰援，才勉强渡过了危机。不过，接下来出现的新动荡与激烈变局却让罗斯柴尔德家族真正感受了战争带来的刻骨铭心之苦。

法国“二月革命”之后，奥地利先前的威风已经渐失，当朝的梅特涅首相也不再是欧洲各国的座上之宾。相反，位于德国境内的普鲁士王国迅速崛起，并在“铁血首相”俾斯麦的带领下直接点燃了对奥地利的战火，最终战争以普鲁士的完胜而告结束。作为普奥战争中奥地利的坚决支持者，罗斯柴尔德家族不仅拿出了真金白银帮助奥地利向普鲁士赔款，而且也在战后感受到了俾斯麦政府依靠本土市场力量的壮大而进行的无情排挤。

继普奥战争后，俾斯麦又与法国展开了为期两年的战争，并最终获胜，同时拿到了法国的赔款。不仅如此，俾斯麦还成立了德意志帝国，实现了德国的统一，并成为德意志帝国的第一任首相。更为重要的是，运用两次战争获得的赔款，俾斯麦在德国本土组建了德意志银行，并通过工业化和一系列眼花缭乱的并购，迅速构造出了新的容克财团。这一全新金融集团的崛起与壮大应当是罗斯柴尔德家族所没有想到的，其所蕴含的意义在于，罗斯柴尔德家族不仅因为押错了宝而很难再受到德国政府的青睐，而且在新的竞争者面前很可能逐渐被边缘化。到了此时，罗斯柴尔德家族才真正感受了将自己的命运绑在一个国家的政权身上带来的切肤之痛。

普法战争之后，欧洲地区赢得了长达 43 年的和平时期。然而，也许是欧洲人自从大航海成功之后一直没有丝毫退潮的征服勇气在作怪，长达四年的第一次世界大战又在 20 世纪初骤然引爆，而且战争的烽火燃遍德意志、奥地利、意大利及英国与法国等国。这些国家是罗斯柴尔德家族盘踞的地区。罗斯柴尔德家族在立场上的任何选择都变得格外困难，最终，尽管自己作壁上观，但罗斯柴尔德家族的银行机构也不得不在战火的蔓延之中纷纷关张歇业。

相比于第二次世界大战，罗斯柴尔德家族在“一战”中所承受的损失可以说是毛毛细雨。除了战争的硝烟弥漫于整个欧洲让罗氏家族备感天塌地陷之外，“二战”狂人希特勒手中舞动的剿灭犹太人之剑让罗斯柴尔德家族更是觉得自己已被逼到了鬼门之关。最终，罗斯柴尔德家族中有两名成员直接死于纳粹的种族灭绝，还有大量成员被炮火直接击中。此外，罗斯柴尔德家族在奥地利、英国超过 2/3 的金融机构不复存在，位于德国、法国和意大利的许多资产被战火摧毁，罗斯柴尔德家族在欧洲大陆的商业势力基本丧失。“祸不单行”，“二战”之后美苏进入冷战期间，罗斯柴尔德家族在东欧的许多资产又被苏联所接管。

实际上，除了连绵不断的战争让罗斯柴尔德家族尝尽了世间苦难外，新兴市场力量的进一步成长也让罗斯柴尔德家族似乎感到自己很难跟上时代变局的节拍。除了“一战”之后洛克菲勒家族、杜邦家族、摩根家族和梅隆家族快速崛起，以及罗斯柴尔德误判美国市场而最终痛失可以转身的机会外，“二战”之后美国金融财团还不断吞并罗斯柴尔德家族在澳洲与加拿大的近乎全部资产，而且花旗财团作为一支新锐加入了蚕食之列，同时容克财团在战后成为欧洲第一大金融寡头财团。自此，罗斯柴尔德家族在欧洲之外的全部金融机构和资产几近覆没，最终只有法国、英国及瑞士等地的金融机构在艰难度日。

更让罗斯柴尔德家族没有想到的是，和平时期竟然也会有苦难降临到自己的头上。20 世纪 80 年代初期，执政的法国密特朗政府做出了对罗斯柴尔德银行进行国有化的决定，并且规定家族成员在一定期限内不得再使用罗斯柴尔德的名字开设金融机构。幸运的是，四年之后，密特朗政府倒台，罗斯柴尔德家族很快设法获得了一个新的银行牌照，从起初只有 5 个员工的小银行起步，到如今扩展到了超过千人的大型金融机构，罗斯柴尔德家族总算在法国再次站稳脚跟，长达 250 多年的金融血脉也得以继续延展。

坚守与改变

就像所有的家族企业一样，作为奠基者的梅耶·罗斯柴尔德对家族的影响无疑是非常巨大和深远的。除了梅耶所制定的家族企业掌舵人只能禅让给本族男性这一规则至今得到了雷打不动的传承外，还有不少的约定俗成也得到了延续。然而，时代进化所产生的倒逼之力又推动着罗斯柴尔德家族不得不做出某些改变，而且正是这种依时而变的选择才让罗斯柴尔德家族的金字招牌至今仍在熠熠发光。

对于犹太人传统的坚守及对本民族利益的有效维护，可以被奉为历代罗斯柴尔德家族传人的最高精神圭臬。除了拿出真金白银为犹太人创立以色列这一主权国家做出贡献之外，罗斯柴尔德家族的下属公司与企业至今还按照犹太教安息日的规矩，在星期六不做任何生意。另外，凡是拒绝给犹太人公民权或者迫害犹太人的国家与地区，罗斯柴尔德家族会毫不犹豫地拒绝提供金融贷款服务。

此外，梅耶还在遗嘱中定下了不少让人匪夷所思的条款，如所有家族银行中的要职必须由家族内部人员担任，绝不用外人；家族通婚只能在表亲之间进行，防止财富稀释和外流；绝对不准对外公布财产情况等。的确，所有的人事职务安排都在按照梅耶所划定的道路运行。

然而，再执着的坚守也抵挡不住岁月的洗礼及人性的自我张扬。虽然如今家族女性从事商业活动并不很多，但至少第七代罗斯柴尔德掌门大卫·罗斯柴尔德的女儿成了银行家，已经完全打破了女性不可经商的家族铁律。不仅如此，原来只限于本家族通婚的天条如今也被彻底颠覆。从一开始通婚在表亲之间进行，到后来放宽到可以与其他犹太银行家族通婚，再到后来罗氏第二代掌门人内森·罗斯柴尔德的女儿汉娜·迈耶嫁给一个基督徒，以及第三代掌门人詹姆斯·罗斯柴尔德直接与希尔顿家族的二小姐妮基·希尔顿完婚，罗氏家族已经打开了与外族通婚的大门，而这无论是从遗传学的角度评判，还是从人性的角度考量，都无疑是一个重大的进步。

“五支箭”的故事的确是一个美谈，“罗斯柴尔德机制”看上去也似乎完美无缺，然而，由于在商业价值观及利益表达与选择上的不同，罗斯柴尔德家族也难免会上演分道扬镳的“剧情”，甚至我们今天也很难用命运与利益共同体的概念对其进行定论，其中最主要的表现就是年轻的罗斯柴尔德们既想成为和父辈一样的“伟大人物”，又不想让自己被束缚，于是独立的倾向越来越强。在詹姆斯·罗斯柴尔德掌管家族期间，首先是内森的儿子闹着要将自己手中的伦敦分行独立出去，接着维也纳分行、法兰克福分行等都提出了同样的要求。更有甚者，当罗斯柴尔德成员阿道夫决定关闭罗斯柴尔德那不勒斯银行时，虽然詹姆斯坚决反对，但阿道夫依然我行我素，并最终清退了自己在家族的资本，退出了合伙体系。

相比于通婚方式及合作的紧密程度出现了不小变化而言，罗斯柴尔德家族对低调行事态度的笃定不移，完全可以同自己在犹太人精神上表现出的顽固性坚守画上等号，其中既有家族遗传基因的作用及对父辈的尊敬与崇拜，更可能因为经过太多战争的磨难而让罗斯柴尔德家族不得不为自己涂上厚厚的保护层。所以，除了至今依然不对外进行任何财产的公布外，人们还可以寻找许多有关罗斯柴尔德家族低调行事的痕迹。

1911 年泰坦尼克号出海时，人们围绕着这艘巨轮是否会沉没展开了一场激烈的“口水战”，当时几乎所有的保险公司都争先恐后地押注泰坦尼克号不会沉没，继而纷纷提出愿意为此提供保险。显然，泰坦尼克号如果平安无事，这些保险公司就可做成一笔稳赚不赔的生意。但是，罗斯柴尔德旗下的皇家太阳保险公司就没有跟风。事后有人追问罗斯柴尔德，怎么就会有这种先见之明呢？其回答是，这艘船太大了，它未必能浮得起来。

美国次贷金融危机爆发前，许多人对大卫·罗斯柴尔德所表现出的冷漠嗤之以鼻，因为比起其他现代投资银行，大卫的银行对当时华尔街的金融衍生品显得格外迟钝甚至完全不从事此类产品的交易；尤其是不少大型投资银行在金融衍生品市场上赚得盆满钵满，而罗斯柴尔德的排名却相对靠后，大卫所听到的奚落声更是格外刺耳。然而，只有潮水退去后，才能知道谁在裸泳。金融危机刮起的海啸将雷曼、贝尔斯登完全吞没，无数银行金融机构被撕得遍体鳞伤，只有罗斯柴尔德家族毫发无损。同样，事后有人追问罗斯柴尔德，得到的答案是：我们更倾向于与客户建立长期的合作关系，为他们提供咨询意见。

坚守时毫不含糊，在改变中重塑自己。经历了两个半世纪风雨的罗斯柴尔德家族显然不会故步自封，而是灵活处事，甚至对许多新兴事物的敏感程度丝毫不亚于当代的许多科技公司。比如，罗斯柴尔德家族曾为英国政府的移动通信 3G 牌照拍卖充当过融资顾问，而且罗氏家族旗下名为 IMMO 的数字货币项目也做得风生水起，至于 IMMO 到底是个什么玩意，就如同人们总想知道罗斯柴尔德家族究竟有多少钱那样充满着许多的猜想。

富过所有国家

罗斯柴尔德家族究竟有多富有？由于其始终对外守口如瓶，人们至今依然没有得到比较确切的答案，更多的数据也都只是推测的结果。按照《货币战争》一书的估计，罗斯柴尔德家族的资产至少在 50 万亿美元以上。果真如此，罗氏家族的财富比美国 2021 年的 GDP 还多出 27 万亿美元。当然，数字是枯燥的，人们还可以用很多的事实拼接出罗斯柴尔德家族巨大的财富地图。

罗斯柴尔德家族在金融方面的阔绰程度自然是应当首先提及的。罗斯柴尔德银行遍布于全球 30 多个国家，其中英国与法国是两个最核心的银行金融羽翼，而且英国的罗斯柴尔德银行储存着数量不菲的金条，至少在私人银行方面其黄金拥有量可能是目前世界上最多的，价值在 1000 亿美元以上；同时罗斯柴尔德银行还是美联储的最大私人股东。此外，有人推测，罗斯柴尔德家族掌握了全球证券业及房地产业 1/3 的财富，虽然这些数据听上去有些不靠谱，但多少说明罗斯柴尔德家族的金融覆盖力与渗透力。

人们对那句“钻石恒久远，一颗永流传”的广告语可能很熟悉，但很少有人知道钻石的生产商南非戴比尔斯后面站着的大老板同样是罗斯柴尔德家族。在这家占有全球 70% 钻石产量的生产企业中，罗斯柴尔德家族的投资至少在 200 亿美元以上。除了入股戴比尔斯外，在巴西淡水河谷、力拓、必和必拓等三家全球著名的铁矿石集团中，依然能够看到罗斯柴尔德家族的身影。与此同时，罗氏家族还有自己的酒店业，如著名的圣雅克大酒店就是很多国家领导人去法国时都想要住的一家酒店。至于罗斯柴尔德家族参与了 80% 的印度铁路投资建设及在全球十几家石油公司中拥有股权等，也早已不是什么商业秘密。

在罗斯柴尔德家族庞大的投资产业版图中，最值得强调的恐怕应当是葡萄酒业。一方面，葡萄酒、艺术和银行是罗斯柴尔德家族最主要的三大传统投资领域；另一方面，罗斯柴尔德家族在葡萄酒领域的深耕与辐射力目前还没有任何一个竞争者能与其比肩。特别值得提及的是，全球最为顶级的两大红酒品牌是拉菲与木桐，因为它们不仅是极品的代表，更是身份的象征，而这两大红酒产品恰恰是罗斯柴尔德家族所酿造的。

从詹姆斯·罗斯柴尔德开始，罗斯柴尔德家族就接手了拉菲酒业，至今已经有 150 多年的历史。公开资料显示，拉菲产业目前年产葡萄酒 130 万箱左右，相当于 1600 万瓶葡萄酒，一年的销量保守估计在 100 亿美元以上，累计资产估计至少在 500 亿美元以上。当然，作为酒业的有力支撑，罗斯柴尔德家族还在世界上拥有很多葡萄园。不过，仅仅看到了光鲜亮丽的葡萄酒还不够，因为每一个品牌的背后还有着一个个巨大的葡萄酒酒窖，而这些恢宏的酒窖又组成了许多普通人很难近足的豪华酒庄。

罗斯柴尔德家族目前在世界各地兴建了 40 多所酒庄，其中最为著名的是拉菲酒庄、杜哈密隆酒庄、莱斯酒庄和乐王吉酒庄。相比于这四大驰名的酒庄，坐落于英格兰白金汉郡村庄的沃德斯登庄园可能在贵族头衔上要逊色很多，但这座点缀着文艺复兴式风格的法式城堡在接地气方面远远走在了前面。在维多利亚女王时期，女王就将自己的御厨送到庄园来向罗斯柴尔德家族的厨师学习厨艺，后来到庄园来访的名人还包括里根、克林顿和密特朗。更为重要的是，在罗斯柴尔德家族 40 多所庄园中，沃德斯登庄园是唯一一个面向公众完全开放的酒庄，每年接待游人近 40 万人次，也是英国国民信托公司资产中被参观最多的建筑。

对于这座如同罗斯柴尔德家族头上皇冠般的城堡，有人形容说罗斯柴尔德家族简直就像生活在《睡美人》的世界里。更让人惊讶的是，后来有人发现，罗斯柴尔德家族的庄园中还陈设着价值不菲的艺术品，其中仅画作的每幅价值都至少达1000万美元以上。当然，如果仅仅以物质财富占有来框定罗斯菲尔德家族的全貌，那也未免太过于俗气。目前来看，除了在财富拥有量上已经登峰造极之外，罗斯柴尔德家族在对艺术品、音乐和文学的品位上都表现出了贵族的气质。罗斯柴尔德家族在对英语、德语、法语的掌握程度上超过了同时代的任何名门望族。而让人叹为观止的是，全球有153种或次种类昆虫、58种鸟、18种哺乳动物、14种植物、3种鱼、3种蜘蛛和两种爬行动物竟然也冠以“罗斯柴尔德”之名。此外，按照中国人的说法，“富不过三代”，但罗斯柴尔德家族传至如今的第八代还依然富可敌国，其不可复制的经商能力也堪称一绝。

洛克菲勒家族

贪婪与高贵的“超级财阀”

聪慧的商业大脑，洛克菲勒转动起来定能马到功成；独到的商业眼光，洛克菲勒凝聚起来定能望断天路；灵敏的商业嗅觉，洛克菲勒发散起来定能乾坤挪移；超人的商业禀赋，洛克菲勒调配起来定能旗开得胜。作为美国历史上第一个白手起家的亿万富翁，洛克菲勒虽然赢得了很多人的敬仰与膜拜，但也因冷酷与嗜血的商业本能及刻薄与诡谲的竞争手法招致了连绵不断的非议与针砭。但经久的历史没有淘汰洛克菲勒，穿越 100 余年商业烽火的家族江湖事迹如今依然历历在目。

神奇的基因密码得到了嫁接与传承，洛克菲勒家族在生命机体的繁衍中播撒着旺盛的火种；雄厚的资本张力获得填充与累积，洛克菲勒家族在产业图景的编织中散发出巨大的能量；超凡的商业智慧获得强化与更新，洛克菲勒家族在财富王国的构建中释放出变革的活力；浓郁的惠人理念获得推演与持续，洛克菲勒家族在慈善跑道的铺展中传递着不朽的功勋。经过百余年市场风雨的洗礼，经受无数个险滩暗礁的考验，洛克菲勒家族所发生的改变是商业手法的迭代，而始终如一的是从未有任何褪色的节俭与善举。

从小伙计到大商人

中国作家张爱玲说“成名要趁早”，而美国电影《阿甘正传》中反复出现的一句台词就是“快跑，弗雷斯特”。现在看来，约翰·洛克菲勒既算得上是张爱玲笔下那个成名很早的幸运儿，更是《阿甘正传》里那个不断向前的奔跑人。所不同的是，洛克菲勒周身还萦绕了冷静、精明及极富远见的特质，并且凭借着自己独有的魄力和果敢，他首次打开了美国历史上普通民众白手起家的历史天窗。

洛克菲勒的父亲是当地出了名的流动商贩，从倒卖土地到贩运木材，再到买卖私盐与兜售动物毛皮，什么赚钱就干什么；母亲则是一个虔诚的基督教徒，身上集结了勤快、节俭、朴实与善良等优良品质。如同洛克菲勒后来不抽烟、不喝酒、不近美色甚至不参加舞会的行为都是因为受母亲的影响那样，其旺盛的商业天赋及对赚钱的狂热与执着也得到了父亲的真传。

1839 年 7 月 8 日，洛克菲勒出生在一个人口稀少的小镇，父亲威廉只能以游走江湖的方式积累财富，而且一外出就是数月至半年之久。不过，只要路途中能够有空停留下来，威廉就会给洛克菲勒写信，教儿子如何准确而迅速地付款，以及如何清晰地记账和怎样同客户打交道。作为商人，洛克菲勒的父亲也许更能直接感知世道的冷酷与竞争的无情，他采用这种滴管式的方式教育孩子，无疑是希望儿子能够早日从中得到启蒙且率先觉悟与自立起来。

洛克菲勒没有辜负父亲的期望，只要父亲回到家并在居住地的小镇上做生意，他就争着给父亲当“雇工”以赚取零花钱。而且，为了与父亲保持清晰的财务关系，洛克菲勒还专门准备了一个记账本，将自己的工作量化，并按每小时 0.37 美元记入账单，时间一到准时与父亲结算。不仅如此，父亲外出不在家，洛克菲勒还懂得发放“高利贷”，将自己积攒的余钱以生息的方式借给邻居。父亲一回家，洛克菲勒就会兴致勃勃地向他讲述自己的独立“战果”，并很快能够得到父亲的褒奖。上中学时，同学们问洛克菲勒长大后想干什么？洛克菲勒毫不掩饰地说：“我要成为一个有 10 万美元的人。”

但是，相比于商业偏好与追求而言，洛克菲勒在学业上却要逊色很多。因此，还没有读完高中二年级，洛克菲勒就觉得自己实在读不下去了，并做出了辍学的决定。不过，为了能够找到一份赚钱的职业，辍学后的洛克菲勒接着又读了三个月商业专科学校的短期职业培训班。培训结束后，洛克菲勒跑到纽约市挨个敲开一家家公司的大门。但一个月下来不是遭遇白脸，就是被婉言相拒，无奈之下，洛克菲勒只能取道前往俄亥俄州的克利夫兰市，最终在一家名为休万一泰得的货运中介公司谋到了一份差事。

休万一泰得分配给洛克菲勒的工作是会计助理，除了为公司财务记账外，洛克菲勒还特地为自己的私人收支准备了一本账簿，封皮上写着“总账 A”，上面记满了他的月收入与支出明细。在洛克菲勒看来，自己的小账本与公司的大账本一样重要，因为一个连自己的收支都不能打理好的人是不可能成为称职的财务管理人员的。正因如此，自从有了洛克菲勒这位账房先生后，休万一泰得的财务运行出现不小的变动，如每当水电工人来公司收取水电费的时候，先前的惯例总是照账单直接支付，但洛克菲勒非要将每一项逐一仔细检查清楚后再付款，很多时候弄得收费员搔头抓耳。

然而，洛克菲勒近乎挑剔的财务管理态度并没有引起休万一泰得管理层对他过多的关注，倒是洛克菲勒独特的商业眼光与危机处理能力令公司老板刮目相看。一次，公司高价买入一批大理石，打开包装后竟发现大理石材上有瑕疵。正当老板一筹莫展之际，洛克菲勒建议把责任推到负责运货的三家运输公司头上，让它们赔偿损失，此举竟然为公司挽回 1000 多美元损失。第二年，老板因此将洛克菲勒的年薪提到了 500 美元。还有一次，洛克菲勒自作主张地大胆购进了小麦和火腿，惹来了老板的一顿训斥，但在陈述清楚了英国即将发生大规模饥荒且必然会对食品产生大量需求的理由后，对方只能缄口默认。结果正如洛克菲勒所料，遭遇灾荒的英国开始大量高价进口粮食，休万一泰得因此狠狠地赚了一笔。不过，当洛克菲勒要求老板论功行赏并将自己的年薪提高到 800 美元时，得到的却是一口回绝。怅然若失之下，洛克菲勒决定辞职。

回到家后，洛克菲勒向父亲讲述了所发生的一切，并希望父亲能够按 10% 的利息给自己提供 1000 美元的借款，外加自己的 800 美元积蓄，洛克菲勒以此与英国朋友莫利斯·克拉克一起合资创建一家公司。不久，原始资本规模为 4000 美元的“克拉克—洛克菲勒公司”顺利开张，公司的核心业务是经营谷物、牧草和肉类等产品，主要买家是英国、法国和德国的客户。此时，洛克菲勒只有 20 岁。

出乎洛克菲勒的意料，运行一年后，公司竟然获得了 4000 美元的纯利进账。不仅如此，抢在南北战事爆发之前，洛克菲勒倾其所有地大手笔购进与囤积谷类、食盐、火腿、棉花、煤炭和铁矿石等生活和战略物资，结果战争爆发后，所有生活物资的价格扶摇直上，订单如同雪片似的朝着洛克菲勒飞来。初步统计，短短四年间洛克菲勒狂赚了至少 10 万美元。

踏入“黑金”之河

宾夕法尼亚州蜿蜒崎岖的山路在炎炎烈日的蒸烤下几乎能够看见从地面冒出的轻薄烟雾，即便是如此酷热难耐，依然有一个孤独的人影吃力地朝前行走着，这个人便是洛克菲勒。此前，洛克菲勒得知宾州已经发现了石油，而且成千上万的人就像当初采金热潮一样涌向了采油区，洛克菲勒不免也有些心动，最终作为克利夫兰商界推出的代表，他决定前往采油区去看个究竟。

来到产油地后，眼前的一切让洛克菲勒大大吸了一口凉气：密集的石油井架毫无规律地排开着，地面上大小各异的窟窿面目狰狞地裸露出来，凌乱简陋的小木屋坐落于尘土飞扬之中，工地上横七竖八地躺着各种怪模怪样的挖井设备和储油罐。目睹如此忙乱的景象，洛克菲勒强烈地感到对石油的盲目开采将是某种危机的前兆。一个月后，洛克菲勒回到克利夫兰，他明确地告诉当地商人，不仅自己目前不会在石油上去投资，而且建议他们也打消开发石油的念头。道理很简单，宾州的石油开采已经过度且需求有限，油市的行情必有一跌。

果然，在洛克菲勒回到克利夫兰的一年半之后，原油价格开始出现暴跌。从最初的每加仑两美元跌到后来的 1 美元，最终跌到 0.22 美元。惊慌失措的采油商虽然联起手来人为抬价也未能挽救油价的颓势，因为面对一个看不见底的油价行情，任何一位石油采购商都不会贸然出手。最终，石油出现空前的滞销，油价惨跌至每加仑 0.13 元。此时的洛克菲勒认为自己出手的时机到了。

实际上，就在石油价格开始下行不久，洛克菲勒就与克拉克各自出资 4000 美元成立了名为安德鲁斯—克拉克的石油精炼企业。虽然新公司中并没有出现洛克菲勒的名字，但并不等于他作为投资人没有所有权。这中间一方面是出于对安德鲁斯的充分尊重，另一方面是洛克菲勒暂时还不想与克拉克平起平坐引出矛盾。因此，按照分工，克拉克主管原油采购，而洛克菲勒则负责公司的财务和市场推销。

其实在洛克菲勒踏入石油领域中有两个人起到了至关重要的作用。一个是自己的妻子罗拉，另一个是英国化学家安德鲁斯。南北战争结束前，罗拉就与洛克菲勒完婚，这位俄亥俄州议员的女儿无疑为洛克菲勒带来了不可估量的无形资产，自此洛克菲勒不仅在克利夫兰的社会声望和地位大幅提高，而且借此获得了当时许多商人所觊觎的金融资源。克利夫兰银行不仅在洛克菲勒的公司扩张中提供了充足的信贷支持，而且在日后与克拉克的股权争夺中充当了坚实的后盾，并最终成就了洛克菲勒对公司的绝对控制权。

安德鲁斯曾在大不列颠帝国大学做过油母岩研究，后从英国移民来到美国，且与克拉克还是同乡。起初，安德鲁斯试图说服克拉克投资支持自己的石油精炼实验，在遭到拒绝后，便通过旁人关系找到了洛克菲勒。也正是在与安德鲁斯的交谈中，洛克菲勒第一次了解到煤油燃烧时发出的光亮比任何照明油都亮，并且最终必将取代其他照明油。还是在安德鲁斯的启发之下，洛克菲勒做出了到宾州采油区实地考察的决定，并最终看到了石油销售与应用的庞大市场前景。可以说是安德鲁斯让洛克菲勒的商业人生发生了重大转折，并从此步入一个潜力无限的产业帝国之中。因此，对于懂得石油提炼技术的安德鲁斯，洛克菲勒只有更多的尊重与敬畏。尽管安德鲁斯没有在公司起步时投入一分钱，但洛克菲勒坚持要将他的名字作为企业的名称，并置于克拉克之前。

但是，与克拉克关系的日益恶化超过了洛克菲勒的预料。面对不到一年炼油生意就赚到了农产品贸易数倍的利润，洛克菲勒主张扩大炼油投资，但克拉克始终举棋不定，两人因此不止一次发生激烈的口水战，最终发展到了水火不相容的地步，解散并拍卖公司成了最好的出路。竞价从 500 美元开始起步，“800 美元”“1000 美元”“1500 美元”……拍卖价一直升到 5 万美元、7 万美元，双方各不相让。“7.25 万美元”，当克拉克脸色苍白地喊出了最后底价时，他听到了来自对方“7.25 万美元”这一犹如狼嚎般的咆哮声。无奈，瘫坐在椅子上的克拉克只能将全部股权转卖给了洛克菲勒。后来回忆起这个有重大意义的时刻时，洛克菲勒直言不讳地说：“这是我平生所做的最大决定。”

托拉斯王国的兴与废

克拉克退出后，公司改名为洛克菲勒—安德鲁斯公司。自此，洛克菲勒开始趁机扩大炼油设备，日产量迅速增至500桶，在当时克利夫兰地区55家炼油企业中，洛克菲勒—安德鲁斯公司遥居霸主地位。更幸运的是，三年后，原油的价格又从每桶20美元暴跌至0.52美元，如同白菜价格的原油供应品让洛克菲勒在不到两年的时间内就进账120万美元。“春风得意马蹄疾”，洛克菲勒将公司总部迁到了纽约的金融中心——百老汇26号。

然而，尽管登上了魂牵梦绕的纽约市场高地，但洛克菲勒每每想到那环伺在自己周边的竞争对手时依然寝食难安。除了当时的克利夫兰地区50多家炼油企业外，在纽约长岛还有8家，同时波士顿、新泽西及巴尔的摩等东岸工业城市附近新的炼油厂也不断破土动工。由于新发现的石油产地是在宾州阿利格尼河的上游，当时人们就习惯把勘探和采油等工作称为上游工业，而把精炼和销售称为下游工业。洛克菲勒的目的显然是想控制下游工业，而且洛克菲勒非常清楚他迟早要和这些竞争对手一决雌雄。

盘点完周围竞争对手的家底后，洛克菲勒已经非常清楚自己公司已增至每日900桶的炼油量其实非任何一家所能企及，此时趁早出手应当是最好的时机。但是，直接与对方硬碰硬，这种零和博弈最终伤害的可能是双方；而主动找到对手进行谈判，给出收购的筹码，这种操盘方式的成功可能性同样很低。环顾四周与沉思良久，洛克菲勒最后将突破口选在了石油运输环节上。

当时，为了抢夺油运市场的大蛋糕，包括湖滨铁路等在内的多家铁路公司纷纷向炼油企业抛出运费折扣的优惠大礼包，彼此之间的价格战进行得你死我活。见到如此市场态势，洛克菲勒主动找到了湖滨铁路的董事长，承诺愿意包租该公司上下游运输业拥有的全部油轮与货厢，但同时要将支线列车上的运输费每桶降低 7 美分，将东海岸的长途运费每桶降低 50 美分。虽然面对着单位收费的降低，湖滨铁路的董事长难免有些心痛，但掂量一下每天 60 辆车皮的石油运量，最终还是爽快地在合同上签了字。

看着湖滨铁路与洛克菲勒套上了关系，宾州铁路等多家运输企业的董事长纷纷举起了白旗，异口同声地要求与洛克菲勒建立更互惠的商业同盟，而此时的洛克菲勒无疑手中掌控了更加有分量的谈判筹码。经过筹划，洛克菲勒最终与运输公司签订了名为大联盟的秘密协定。协定规定，石油原产地克利夫兰与匹兹堡之间原油运费为每桶 80 美分，但参加大联盟的炼油企业则每桶 40 美分；同时，从克利夫兰到美国东部海岸每桶运费定价为 2 美元，但参加联盟的企业每桶则只需 1.5 美元。看得出，这份被称为“美国工业发展史上最残酷的死亡协定”不仅倒逼着那些未能进入联盟的中小企业付出双倍的代价，而且最终也会在磕磕碰碰中对洛克菲勒俯首称臣。

不错，大联盟让许多炼油企业步履维艰，同时也波及了上游领域的原油开采业。为了不让自己的利益受到冲击，在将原油价格一下提高到 4 美元一桶的同时，开采商们还与排除在大联盟之外的其他公司成立了另一个炼油企业联盟。“打蛇打七寸，擒贼先擒王。”洛克菲勒找到了石油原产地的首领雅西帕多，答应愿意以每桶 4.75 美元的反常超高价格收购石油，并且以现金交易。受到影响，新油井出现“井喷”，但过了两个星期，石油供过于求的状况打破历史最高纪录，此时的洛克菲勒公司迅速宣布将收购价格下调至 2.5 美元 / 桶。三个月后，在无数石油开发商破产上吊和用手枪自杀的同时，他们名下的采油企业也纷纷划归到了洛克菲勒公司的旗下，雅西帕多不久之后被提升为洛克菲勒石油公司副董事长。

就在洛克菲勒将采油企业一个个收编到自己门下时，欧洲大陆爆发了普法战争，战火的蔓延造成美国石油出口市场萎缩并导致原油销售价格的下降，许多炼油厂商叫苦不迭。洛克菲勒见缝插针，用公司股票买通了克利夫兰各大银行的总裁，双方心照不宣地达成了不向当地中小炼油厂提供贷款的协定，最终，遭受“断粮”的炼油企业不是倒闭破产，就是被洛克菲勒公司“吃掉”。其中，洛克菲勒的亲兄弟富兰克林的炼油厂也在阵亡之列，二人从此反目成仇。

从上游的石油开采到中游的石油运输，再到下游的石油提炼与销售，仅仅用了九年时间，洛克菲勒便完成了整个石油产业链的大布局。1870 年，标准石油公司正式挂牌成立，新的股份公司资产总额为 100 万美元，洛克菲勒担任董事长。在洛克菲勒的眼中，他的产品被公认为保质保量并能引领行业风向，因此才给企业取了标准石油的名字。数据显示，巅峰时期，标准石油垄断了美国 95% 的炼油能力、90% 的输油能力和 25% 的原油产量。美国历史上还从来没有一家企业能如此彻底地独霸市场，而洛克菲勒则成功地造就了全球第一个独特的企业组织——托拉斯，美国经济也从此进入垄断时代。

然而，这样一个可谓掌控国家经济命脉的庞然大物也引起了美国政府的恐慌，最终美国法院依据《谢尔曼反托拉斯法》做出拆散标准石油的判决。气急败坏的洛克菲勒收到判决书后放下了往日的矜持，破口大骂总统罗斯福为卑鄙小人，而且发誓不再资助共和党的候选人。标准石油被拆分为 37 家地区性石油公司，今天我们依然能从这些肢解后的“后裔”身上看到昨日标准石油的影子。其中，拆分出的新泽西标准石油和纽约标准石油后来被埃克森美孚兼并。埃克森美孚在 2022 年世界 500 强中位居第 12 位，并曾一度荣登 500 强之首；拆分出的加利福尼亚标准石油和肯塔基标准石油后来合并成为雪佛龙石油，在 2022 年世界 500 强中排名第 37 位；拆分出的印第安纳标准石油后来被英国石油公司收购，在 2022 年世界 500 强中高居第 35 位；拆分出的俄亥俄石油公司后更名为马拉松石油，在 2022 年世界 500 强中位列第 184 位；拆分出的大陆石油公司后被康菲公司合并，在 2022 年世界 500 强中排名第 284 位。

贪婪的真面目

时至今日，无论是国内外的专家学者，还是擅于挖掘题材的媒体记者，抑或是闯荡江湖的商贾名流，许多人都在不约而同地试图管窥与解开洛克菲勒的成功密码。而对于洛克菲勒本人来说，诸如“是什么成就了你的财富传奇”之类的设问也许有万余人次。当被问及自己成功之因时，洛克菲勒总是笑而不答，而且还留下遗言，禁止后人撰写家族回忆录。

应当说洛克菲勒以无声与微笑的方式面对外界的探究与追问并非是为了故弄玄虚，更不是为了显示自己超凡脱俗或者不可一世，其沉默低调的背后一定隐藏着不便于言表甚至难以启齿的东西。“一将功成万骨枯”，至少在迈向托拉斯的路上，无论洛克菲勒还是历史见证者，彼此都看到了风扫残云之后堆积起来的累累商业白骨。

然而，洛克菲勒并不是没有留下只言片语。洛克菲勒夫妇共生养了六个孩子，其中小约翰·洛克菲勒是唯一的儿子。在父亲的心中，小约翰的分量是不言而喻的，同时寄托的期待也格外厚重。也正因如此，洛克菲勒在世时，一共给儿子写了 38 封家信。作为留给后人最宝贵的精神财富，38 封信如今在全球各地广为流传。虽然信中更多洋溢了一个父亲对儿子的教诲与希冀，但也吐露出了这位商界奇人的成功关键——贪心。

在洛克菲勒看来：“每个人的内心都深藏着一颗活泼、灵敏、有力量的贪心。但你必须热爱她，告诉自己我要贪心，叮嘱自己我要，我要的更多，她才会出来玩耍，助你成功。如果你要想创造财富、创造非凡的人生，我认为已不是‘贪心是件好事’可以了得，而是贪心大有必要！”洛克菲勒这样告诫儿子并且强调说，“我由一个周薪只有 5 美元的簿记员到今天美国最富有的人，是贪心让我实现了这个奇迹。贪心是推动我创造财富的力量，正如它是推动社会演进的强大动力一样。”

自己的贪心是如何形成的？洛克菲勒的解释其实并没有超出一般人的

思维范畴："要知道，地狱里住满好人，失败的痛苦是商战的一部分，我们彼此都在扼杀对手，没有竞争到底的决心，就只能做失败者。"因此，"不能只想当好人，不能保留实力，不能逃避或延后让对手出局。经商是一场残酷的竞争，没有什么东西比决心迫使别人出局更无情的了。可是，你只能想方设法战胜对手，才能避免失败的悲惨命运。有竞争出现的地方都是这样"。在此基础上，洛克菲勒对儿子说："只有数字作数。"

有意思的是，小约翰在与父亲谈到是否将贪心一词更换成抱负，从而听上去更高雅与更能令人容易接受时，洛克菲勒则在信中明确表示："在我使用贪心一词时，你希望我把它换成抱负。不，我们都处在一个贪心的世界之中，我认为使用贪心较使用抱负更纯朴。纯朴是灵魂中一种正直无私的素质，它与真诚不同，比真诚更高尚。"的确，正如洛克菲勒在与对手的较量中从来就是明火执仗那样，在看待贪心的问题上，他同样也不想进行任何遮掩，在他看来，贪心是人类内心真迹的流露。

当然，洛克菲勒非常清楚自己的贪心肯定会招来流言蜚语，对此，他指出："绅士永远不会与无知者争辩，我当然不会同那些'恭维'我贪心的人论战，但我抑制不住蔑视他们无知的情绪。冷静地回溯历史、检视人类的脚印，我们就能得出这样的结论：没有一个社会不是建立在贪心之上的。那些要诋毁我的人，看似道德的守望者，他们有谁不想独占自己拥有的东西？有谁不想掌控所有好的东西？有谁不想控制每个人都需要的一切？虚伪的人总是那么多。"

是的，正是唤起了自己的贪心，并让这种贪心得到膨胀，才有了洛克菲勒在人生的商业舞台上的纵横捭阖与长袖善舞。在面对一个又一个竞争对手时胸有成竹，在成功之后才有能力来反馈社会与人类。正义与公平，平等与博爱，对洛克菲勒来说已经不是毫无意义的空洞说教，而是普惠众生的实际行动。对此，洛克菲勒也道明了自己贪心的真谛："从其他恶性竞争的商人身上赚取尽可能多的金钱，再用此金钱发展有益人类的事业。"而比尔·盖茨也曾这样评价道："我心目中的赚钱英雄只有一个，那就是洛克菲勒。"

年少时的洛克菲勒为自己的人生设计了两个"小目标"：一个是赚到10万美金，另一个是活到100岁。第一个目标洛克菲勒在24岁时就已经实现，而他离第二个目标也只有一步之遥。98岁时，洛克菲勒撒手归西，留下了估值约14亿美元的巨额财富，是当年美国GDP的1.5%，且这一比例至今无人超越。

金融"兄弟营"

洛克菲勒曾经告诫儿子说："没有一杆完成的高尔夫比赛，你需要一杆一杆地打下去，你每打出一杆的目的，就是离球洞越近越好，直到把球打进。"如今看来，虽然小约翰·洛克菲勒在商场的表现上没有父亲那样的出色和优秀，但他养育的儿女经过他的培养后几乎个个成了能征善战的人中之杰，并最终将洛克菲勒家族的事业推向了巅峰。

劳伦斯·洛克菲勒是小约翰·洛克菲勒的第三个儿子，而他的"头衔"竟然并不比祖父逊色——"风险投资之父"。受益于祖父买下的纽约证券交易所，劳伦斯在37岁时便坐到了这家金融机构的头把交椅位置上。不过，劳伦斯杰出的金融才能并没有体现在当时华尔街的股票交易方面，而是一个偶然的因素将他导向了风险投资王国，并最终成了美国风险投资的先驱。

那还是在劳伦斯新婚之前，他与妻子逛了许多个家具商店，可就是一直没有看到双方都中意的产品。一天，劳伦斯在一本时尚杂志上浏览到了芬兰设计师阿尔瓦阿尔托设计的曲木家具照片，眼前感觉一亮，他强烈预感到这类款式的家具会成为现代家居的理想选择，于是在为婚房订购了一款家具的同时，劳伦斯还在纽约开了一家专卖店。结果真如劳伦斯预想的那样，家具卖得非常红火。虽然后来因芬兰国内发生战争而货源中断不得不关闭家具店，但这件事让劳伦斯明白在石油之外投资一个新的产品或者新的企业同样可以打开商业成功的门道，于是不久之后劳伦斯便有了第二单创投生意。

空军上校埃迪·瑞肯贝克是劳伦斯的好朋友。一次酒酣之际，瑞肯贝克在劳伦斯面前眉飞色舞地谈论着商业飞行即将兴起的美好图景。尽管当时听着还是云里雾里，但第二天劳伦斯便打电话给瑞肯贝克，说自己可以资助他成立一家航空公司。就这样，名为东方航空的航空公司诞生了，而且10年之后竟然成了美国盈利最多的航空公司。不仅如此，劳伦斯还同时投资了麦道航空公司，直接促成了后者发展成美国军用航空器的主要供货商。

不过，尽管自己投资的公司都开局良好，且盈利持续不断，但就像很多当时的美国热心青年那样，第二次世界大战爆发后劳伦斯果断冻结了自己的生意，进入海军服役。战争结束后，劳伦斯重操旧业，继续寻找新创立的企业进行投资。在94岁去世之前，劳伦斯大大小小投资了数百家企业，涉及航空、电子、计算机、生物科技等诸多领域，其中大名鼎鼎的英特尔和苹果公司在发展初期都得到过劳伦斯的资金支持。《华尔街日报》曾发表一篇长文特别指出劳伦斯在“风险资本”领域所做的开创性贡献，并由此确立了他“风险投资之父”的地位。

与三哥劳伦斯相比，作为老幺的戴维·洛克菲勒在金融江湖上的表现似乎更为出色。戴维在哈佛大学获得了学士学位，毕业后又去了伦敦政治经济学院学习一年，25岁时拿到了芝加哥大学经济学的博士学位。仅凭自己学霸般的学习经历，戴维就可以脱离家族石油产业的庇荫而独立谋到一份薪水不错的工作。更为重要的是，戴维还是著名学者哈耶克和熊彼特的学生。在老师与同学都摘得了诺贝尔经济学桂冠的同时，奔波于商场的戴维对经济学及企业管理也不乏自己的深刻见地，如熊彼特认为“企业家就是一个创新的群体”，而戴维则指出“企业家身份本身代表着一种机会，用于满足人的发明创新、追求权力和赌博的本性”。这样的定义与熊彼特的观点比较起来显然更接地气。

总部设在纽约的大通曼哈顿银行对戴维·洛克菲勒的金融职业生涯而言有着特定的意义。博士毕业后，戴维便进入大通银行工作。10年之后，在戴维的直接操盘下，大通与曼哈顿银行合并，成为大通曼哈顿银行。46岁的时候，戴维升任大通曼哈顿银行首席执行官。但是，由于在业务发展方向上是以海外扩张为主还是国内经营为主，戴维与时任董事长的乔治·钱皮恩发生分歧与冲突，三年后戴维取代了钱皮恩成为董事长和唯一的首席执行官，从此以后，大通曼哈顿银行便在戴维的统帅下将经营触角从德国、英国等经济发达国家延伸到了中国、埃及等新兴市场国家，足迹遍及世界每一个大洲。

因此，戴维对大通曼哈顿银行的贡献主要体现在全球化经营理念的确立及实际版图的扩张上。资料显示，戴维主政的第12个年头，大通曼哈顿银行的国际部门贡献了1.05亿美元营业利润中的80%。受此影响，该行的资产从48亿美元上涨至后来的762亿美元，并一度成为全球第三大银行。到戴维退休时，《纽约时报》发表文章称，尽管洛克菲勒家族在大通曼哈顿银行的股份从未超过5%，但该银行长期以来还是被称作“洛克菲勒银行”或“戴维的银行”，戴维的影响力由此可见一斑。还有一个细节值得注意，据说戴维·洛克菲勒的名片盒里装着大约15万张名片，来自他结交的各种银行家与合作伙伴。因为名片数量太过庞大，戴维不得不在自己办公室旁单独设置一个屋子专门存放名片，由此也可以看出戴维当时广阔的商脉与人脉。而在这点上，即便是他的爷爷恐怕也得自叹弗如。

政治舞台上的跳跃

商业与政治本来就不是完全绝缘的，特别是当一个家族王朝发展到足以影响到一国产业甚至经济命脉的时候，商业朝着政治渗透似乎就成了必然。通过简单地梳理可以发现，从创立标准石油公司算起，到这个托拉斯最终被分解，洛克菲勒的石油王朝至少垄断了美国石油产业长达 85 年之久，此间乃至以后的很长一段时间都与美国政治产生着某些关联。在这里，除了美国前国务卿亨利·基辛格担任过纳尔逊·洛克菲勒这一洛克菲勒家族政治明星的外交政策私人顾问外，还有前国务卿杜勒斯、腊斯克也都担任过洛氏基金会董事长的职务，甚至老布什总统的爷爷也曾任职过洛克菲勒家族的钢铁企业总经理和总裁。当然，洛克菲勒家族对于美国政治的影响并不只是与白宫高官有瓜葛，更多的则是家族内部直接培养出的政治精英。

纳尔逊·洛克菲勒是小约翰·洛克菲勒的次子，虽然患有严重的阅读障碍症，但成功创下四次连任纽约州州长的惊人纪录，而且还担任过美国副总统。关于纳尔逊，有两则这样有趣的故事：一是纳尔逊竞选纽约州州长成功，并连任三届，但在冲击党内总统候选人提名时连续三次落败。对于这一结果，有人说，美国人喜欢自我奋斗的平民英雄，而不喜欢像纳尔逊那样含着金钥匙出身的贵族，即使他能力比尼克松强十倍。另一则是有关“副总统”的故事。当美国总统福特邀请纳尔逊出任副总统时，在国会听证会上，纳尔逊迫于压力公布了当时家族约 13 亿美元的资产，而这样的做法显然违反了祖父留下的遗训，于是被其兄长约翰·洛克菲勒三世视为对家族的背叛，后者从此接管了洛克菲勒家族产业，并在很长时间不和纳尔逊交谈。更加凄凉的是，福特总统竞选连任时，在党内右派的压力下并没有选择纳尔逊作搭档，从此以后纳尔逊便与共和党事务再也没有出现过交集。

同二哥纳尔逊相比，虽然戴维·洛克菲勒没有直接染指政治，但作为洛克菲勒经济帝国的第三代掌门人，戴维与最有权势的政治家打交道的机会其实并不比纳尔逊要少。戴维掌管家业期间与每一届美国总统都有接触，其中作为民主党代表的卡特总统及作为共和党代表的尼克松总统都先后力邀戴维出任财政部部长一职，但都被戴维婉言拒绝。当然，戴维的政治浸染力并不只局限在美国国内，而是伴随着大通曼哈顿银行经营触角的伸展，对整个世界的政治格局也产生了不可忽视的改变。

没有遵守爷爷不准出版有关个人自传的遗训，戴维公开出版了名为《洛克菲勒回忆录》的个人传记，书中不仅记录了家族的背景让他自年轻时代就有机会接触到其他人难以接触的名人，如商界大亨、著名经济学家等，而且重点披露了随同美国总统和政要出访或单独访问一些重要国家的细节。冷战时期戴维就造访过苏联，并与当时苏联领导人赫鲁晓夫和戈尔巴乔夫有过直接的对话，同时戴维还与埃及总统萨达特进行过直接交流。

值得注意的是，在家中排行老四的温斯罗普·洛克菲勒既有与三哥劳伦斯·洛克菲勒及小弟戴维·洛克菲勒一样的金融作战经历，也有如同二哥纳尔逊·洛克菲勒那样的政治作为。受父亲之命，温思罗普接管了权益信托公司的总裁之职，次年便通过兼并重组创建了当时全世界最大的银行——大通国家银行。在20世纪30年代初期的美国与世界经济大萧条中，许多商业银行都折戟沉沙，但大通国家银行却毫发无损。后来，温思罗普转战政治，被推选担任阿肯色州州长，而此时一个叫比尔·克林顿的年轻人还在洛克菲勒的油田里打零工。

回过头去看，虽然戴维·洛克菲勒一直与政治保持着若即若离的距离，但纳尔逊·洛克菲勒在副总统的职位上画上了自己政治生涯的句号。温斯罗普·洛克菲勒后来也从州长位置上退了下来，但洛克菲勒家族的政治生命并没有就此终止，其中最有代表性的就是约翰·洛克菲勒的曾孙杰伊·洛克菲勒。自当选西弗吉尼亚州众议员以后，杰伊·洛克菲勒一路当选州务卿、州长和联邦参议员，并在参议员的职位上连任超过28年，如果不是自己不想连任，杰伊·洛克菲勒绝对会在参议员的席位上端坐更长时间。

有趣的是，出身富豪家族的杰伊·洛克菲勒却没有加入与富裕阶层更为亲密的共和党，他是美国有名的倾向底层民众、与富裕阶层“作对”的民主党参议员。一个代表性的事例是，为了抗议小布什政府大幅削减遗产税的政策，洛克菲勒曾联合巴菲特、比尔·盖茨、索罗斯等一起在《纽约时报》上登载题为《请给我们增税》的广告。此外，杰伊·洛克菲勒担任西弗吉尼亚州州长期间，推动通过了惠及20万人的《煤矿法案》，为煤矿工人和他们的配偶提供终身医疗保障。不仅如此，在日美贸易摩擦频发的20世纪80年代，能讲流利日语的杰伊·洛克菲勒显示出了自己的独特优势，一口气将丰田等21家日本企业引入西弗吉尼亚。也正是凭着这些骄人的业绩，美国国内一度要求杰伊·洛克菲勒参加总统大选的呼声一浪高过一浪。当然，杰伊·洛克菲勒最终还是因为放弃了参议员的连任而无缘总统竞选。

恢宏的资产城堡

戴维·洛克菲勒的《洛克菲勒回忆录》一书中这样写道：“经过多年的积累，我的家族最终收获了一块3400英亩的土地。这块土地几乎将波坎蒂科山附近所有的小村庄全部囊括在内。这些村庄的村民大部分为洛克菲勒家族打工，居住在祖父拥有的房屋之中。”戴维所描述的这块土地位于纽约州的威斯特彻斯特县境内，由约翰·洛克菲勒买下，并在上面建造了共有107间屋子的“小别墅”，从远处眺望就好比一座小镇。在离“小镇”不远的柏油村市，洛克菲勒还修建了一个规模不大的庄园，只要时间允许，洛克菲勒就会带着家人到这里避暑或者放松。

在操控石油产业的同时进行地产布局应当说并不只是买田置地，其中“9·11”事件中被撞毁的世贸大楼也是由洛克菲勒家族推动建设的，而最有代表性的还是由小约翰·洛克菲勒亲自督阵建造的洛克菲勒中心。洛克菲勒中心位于寸土寸金的曼哈顿中心，从第五大道到第七大道，占了整整三个街区，是全世界最大的私人建筑群。进入建筑群中，仔细数一下发现共有 19 栋建筑。进入高达 260 米奇异电器大楼的电梯，往上要经过 70 层才能登上楼顶，接着凭借著名的 360 度观景台，便可以看到帝国大厦、自由女神，以及鸟瞰曼哈顿全景。对于游人而言，登上名为“巨石之巅”的观景台拍照留念根本不用担心铁栅栏破坏美感，因为环绕着“巨石之巅”的是玻璃幕墙。

当然，洛克菲勒中心并不仅是一个著名的旅游观赏场所，其代表着的是洛克菲勒从平民成长为富人的历史，更是美国民众心目中平等思想的象征，与自由女神所代表的自由理念遥相呼应、合为一体，成为美国人共有的精神图腾。自 1933 年开始，每年 12 月初，纽约州政府都会在深山中选一棵最好的圣诞树，然后用直升机运到洛克菲勒中心，举行点灯仪式，开启圣诞季。此时，楼宇之间灯火璀璨，非常浪漫。

与第一代和第二代洛克菲勒打下了石油与地产江山相比，洛克菲勒第三代建构的金融城堡同样恢宏与壮观。除了大通曼哈顿银行与大通国家银行外，洛克菲勒家族还在 19 世纪末 20 世纪初牢牢控制了花旗银行，并将该行作为美孚石油系统的金融调度中心；另外，洛克菲勒旗下还有大都会人寿保险公司及公平人寿保险公司等三家保险公司；通过这七大核心金融机构，洛克菲勒家族控制了全美银行资产的 12% 和全国保险业资产的 26%，除去证券市场外，意味着美国 1/5 的金融江山为洛克菲勒家族所占据。

更重要的是，在给自己带去数十倍财富增长结果的基础上，洛克菲勒家族还通过资本运作编织出了一张庞大的金融—产业网，足迹遍及冶金、化学、橡胶、汽车、食品、航空运输、电信事业等各个经济部门及军火工业，其中洛克菲勒控制的军火公司有麦克唐纳·道格拉斯公司、马丁·马里埃塔公司、斯佩里·兰德公司和威斯汀豪斯电气公司等。不仅如此，洛克菲勒财团还单独或与其他财团共同控制着联合航空公司、泛美航空公司、美国航空公司、环球航空公司和东方航空公司五家美国最大的航空公司。

医疗卫生、文化教育及文学艺术的投资同样是洛克菲勒家族资产组合中的重要部分，其中芝加哥大学和洛克菲勒大学直接由洛克菲勒所创建，而且后者还是世界上在生物医学领域拥有诺贝尔奖最多的机构之一，目前已经有24位诺贝尔奖获得者。此外，集教学、临床、科研于一体的中国北京协和医学院也是由洛克菲勒基金出资创办的，著名的纽约现代艺术博物馆MoMA也是洛克菲勒家族的文化不动产。不过，以上投资很多都不属于商业性质，而是以慈善的名义捐赠，因此即便是后来有了不小的增值，但都不会在洛克菲勒家族财务账目的名下反映出来。

令人感到意外的是，虽然时至今日经历了七代人的更替，但洛克菲勒家族从没有因财产问题发生任何内斗风波。之所以如此，就是在父亲去世后，小约翰·洛克菲勒创立了资产信托管理模式，在这种模式下，洛克菲勒家族的信托本金自动传给受益人的子女，委托人把资产注入信托之后，即在法律上完全失去该资产的所有权及控制权。受益人在30岁之前只能获得分红收益，不能动用本金，30岁之后可以动用本金，但要信托委员会同意。这种机制不仅可以使遗产始终是一个整体，家族企业不会因分家而变小或终止，而且还能发挥出资产收益的规模化优势。

灵魂摆渡人

与全球其他富有家族相比，洛克菲勒家族110亿美元的财富规模真的算不上很有钱。以2022年《福布斯》富豪榜的排名计，全球首富亚马逊创始人杰夫·贝佐斯的个人财富是洛克菲勒家族财富的17.4倍，特斯拉创始人埃隆·马斯克的个人财富是洛克菲勒家族财富的15倍之多，比尔·盖茨的个人财富是洛克菲勒家族财富的11.8倍，Facebook创始人迈克·扎克伯克的个人财富是洛克菲勒家族的10.4倍。然而，在醉心慈善及用财富回馈世界方面，洛克菲勒所拥有的精神财富及其影响力恐怕少有人能比。

洛克菲勒家族并不是与生俱来的富有，但富有之后并没有让他们拥有尊贵的血统或者奢靡的生活方式。作为虔诚的基督徒，约翰·洛克菲勒严格遵循不喝酒、不抽烟的守则，其一生最大的爱好就是骑马。24 岁与高中同学劳拉举行婚礼时，已经拥有巨额财富的洛克菲勒并没有给自己买一件代表中世纪韵味的高档西服，送给妻子的也只是一枚价值 15.75 美元的钻戒，而且所有的花销都记在了“总账 A”的杂项开支项下。

不仅自身十分简朴，在对待子女的教育与要求上，洛克菲勒同样非常苛刻。除了自己有一个账本“总账 A”以外，洛克菲勒还给每一个孩子配发一个“小账本”，并要求儿女们认真记账。而孩子们唯一的收入来源就是做家务挣来的零花钱：打苍蝇 2 美分，削铅笔 10 美分，练琴每小时 5 美分，修复花瓶则能挣 1 美元，一天不吃糖可得两美分等。为了让孩子们学会相互谦让，洛克菲勒只买一辆自行车给四个孩子。小洛克菲勒长大后不好意思地承认说，自己在 8 岁以前穿的全是裙子，因为他在家里最小，前面三个都是姐姐。

对自己与家人非常抠门的同时，洛克菲勒做起公益慈善来却格外的慷慨大方。作为美国历史上第一个 10 亿美元富翁，洛克菲勒一生直接捐献了 5.3 亿美元的巨额财富，除投资创办了许多闻名世界的大学和医院外，洛克菲勒还成立了洛克菲勒研究所，资助北美医学研究机构攻克十二指肠寄生虫病和黄热病，投资支持野口英世研究所研发多种抗生素。不仅如此，洛克菲勒对黑人族群非常关照，并斥巨资提升黑人教育。对于慈善，洛克菲勒同样采用了“托拉斯模式”，除了洛克菲勒研究所外，还有洛克菲勒教育委员会、洛克菲勒基金会等，从而开创了美国富豪行善捐助的先河。

当然，由于与托拉斯这一嗜血的商业垄断组织存在着无法割断的渊源，洛克菲勒在表现出友善与同情这一高大形象的同时，也难以抹去其在不少人头脑中留下的贪婪与狡诈的灰色记忆。但必须肯定的是，无论持什么立场的政治家，包括那些同他有过过节的人，也无不对洛克菲勒大加褒扬。一位检察官回答状告洛克菲勒的商业对手时这样陈词道：“除了我们敬爱的总统，他（洛克菲勒——作者注）堪称我国最伟大的公民。世界因为有了他而变得更加美好。这位世界首席公民将永垂青史。”丘吉尔则这样评价洛克菲勒：“他在探索方面所做的贡献将被公认为是人类进步的一个里程碑。”

作为家中唯一的男丁，小约翰·洛克菲勒不仅继承了父亲庞大的石油产业，而且在子女教育上也紧紧追随者父亲的脚步。对此，人们看一看其与长子约翰·洛克菲勒三世制定的《零用钱处理细则》便可一目了然：第一，从 5 月 1 日起约翰的零用钱起始标准每周为 1 美元 50 美分；第二，每周末核对账目，如果当周约翰的财务记录让父亲满意，下周的零用钱上浮 10 美分，相反就下调 10 美分；第三，在任何一周，如果没有可记录的收入或支出，下周的零用钱保持本周水平；第四，爸爸是零用钱水准调节的唯一评判人；第五，双方同意至少 20% 的零用钱用于公益事业。

在慈善事业的拓展上，小约翰·洛克菲勒也表现出了如同父亲那样的执着与偏爱，甚至有评论指出小洛克菲勒把大半生都花在了把家族财富送出去方面，而不是积聚更多财富上面。的确，除创建了洛克菲勒中心外，小洛克菲勒还设法挽救了美国西部山区的许多古老红杉。同样也是在小洛克菲勒的努力下，英国在北美大陆殖民时代所创建的威廉斯堡古城和法国的凡尔赛宫才得以完整地保存下来。

到了洛克菲勒家族的第三代，慈善之风同样得到了传承与光大。戴维·洛克菲勒曾一次性地向哈佛大学捐赠 1 亿美元，而且在与比尔·盖茨和“股神”沃伦·巴菲特联合发起的“捐赠承诺”行动中，戴维承诺将自己过半财产捐赠给慈善事业。此外，戴维一生对艺术收藏颇有建树，现代艺术博物馆 MoMA 收集着大约 1.5 万件由戴维提供的藏品，其中包括数千件油画、彩绘玻璃、瓷器及木化石等，价值超过 1 亿美元。

老洛克菲勒说："接触资本是最大的罪过，你应努力靠自己的收入生活。"小约翰·洛克菲勒说："财富属于上帝，我们只不过是管家而已。"戴维·洛克菲勒说："用财富惠及他人是一种享受。"美国知名财富管理律师詹姆斯·休斯在其《家族财富传承：富过三代》一书中提到，财富传承分为五个维度，最底层是金融资产，最高层是精神资产。洛克菲勒遗传给家族后人的显然不只有商业智慧与赚钱能力，其始终作为灵魂摆渡人牵引每一个家族成员前行脚步的力量格外强大。

摩根家族

遥控国家经济命脉的“金元帝国”

起步于移民迁徙之时，摩根家族崛起的每一个标志都体现着自己的智慧与果敢；兴旺于战争烽火之中，摩根家族做出的每一次选择都关联着时代的必然与偶然；纵横于金融市场之内，摩根家族做出的每一个举动都影响着国家的生存与盛衰；穿梭于美欧大陆之间，摩根家族迈出的每一次脚步都牵引着政府的眼光与神经。置身于以金融自由与私人资本为王的特殊时代，面对近代世界经济版图进行重新切割的环境，摩根家族精准拿捏住了一个又一个历史与市场巨变的时空节点，并以独到的心智和高超的手法定制与创造出了一场又一场精美的财富盛宴。

挥舞着点石成金的债券工具，摩根家族聚集与编织出了气势恢宏的实体产业阵容；依靠着源源不断的金融资源，摩根家族捍卫与支撑住了摇摇欲坠的黄金本位架构；吞吐着翻云覆雨的资本能量，摩根家族拯救与托举起了险象环生的美国经济肌体。绝代银行王朝，华尔街的拿破仑，慷慨的白衣天使，当贯穿百年的风雨历史为摩根家族注解与作序，当用浸透记忆的时光岁月为摩根家族谱曲与吟唱，人们品鉴到的是一个商业脊梁家国情怀的瑰玮故事，公众欣赏到的是一代金融天骄踏歌前行的卓雅风姿。

又见犹太人

400多年前，约翰·史密斯船长在弗吉尼亚建立第一个永久英国殖民地时曾感叹道："天堂与大地赐予人类最理想的居住场所。"自此以后，欧洲人便源源不断地移民到北美地区。虽然在浩浩荡荡的移民队伍中每个人的身份不一样，如有的是欧洲政府发配到蛮荒之地的拓荒者，有的是逃避战乱的贫民，还有的是没落的贵族或者被排挤的政客等，但当时大家都有一个动机与愿望，那就是到大洋彼岸淘金。而北美洲也正是在这些欧洲移民筚路蓝缕的合众创业中一步一步走向了辉煌。

迈尔斯·摩根是密密麻麻淘金人群中的普通一员，虽然与许多人一样有着发财的梦想，他也许当时无论如何不会想到，自己这个从众性举动竟让日后的家族财富香火越烧越旺乃至红遍了整个北美大陆，并最终壮大到建立了可以影响与左右一国与多国经济的商业王朝。当然，也许是起步时的艰难，摩根家族在迈尔斯及他的儿子纳萨尼尔的手中其实没有什么大的作为，但财富的权杖交接到约瑟夫·摩根手上时，压抑太久的犹太人特有的商业细胞便开始活跃起来。

来到美国后，迈尔斯与纳萨尼尔两代人一直定居在马萨诸塞州，但约瑟夫·摩根没有选择继续固守本土，而是将居住地迁到了康涅狄格州的首府哈特福德。为此，约瑟夫卖掉了祖辈在马萨诸塞州农场的所有资产，来到哈特福德开了一家规模不大的咖啡馆。几年之后，约瑟夫又盘下了一家很气派的大旅馆，而且还购买了运河的股票，成为汽船业和铁路业的股东。不过，所有的这些对于约瑟夫来说可能算是小打小闹，真正让这个冒险家一战成名的当属其对保险业的大胆押注。

从历史的坐标考察，虽然哈特福德是美国保险业的发祥地，但在19世纪30年代，当时的保险公司还寥寥无几。一次，经朋友介绍，约瑟夫投资了为火灾承担财产损失的伊特纳火灾保险公司，本来想借此稳稳地赚上一把，但天有不测风云，一场火灾从天而降，保险公司赔了个底朝天，约瑟夫的投资也打了水漂。“一朝被蛇咬，十年怕井绳。”就在许多投资人对承担火灾险的保险公司谈虎色变并唯恐避之不及时，约瑟夫·摩根却选择了主动出击，而且还是全资追加。

在约瑟夫看来，保险公司的赔偿肯定让那些投保者尝到了甜头，如果有人能够继续经营承担火灾保险的投资公司，投保者不但热情有增无减，而且口碑传播还能引来新的投保人，保险公司完全可以借火灾的震慑作用抬高投保价格。不仅如此，受到火灾赔偿成本不菲的影响，除了继续经营为火灾提供财产保险的公司数目会锐减外，而且不会有更多的资本选择这个领域，投资经营保险业所面对的竞争压力要小得多。约瑟夫断定，此时自己如果趁机投资经营火灾险的保险公司，不但可以捞回先前丢掉的损失，而且还可大发其财。

众人的一致性选择完全契合了约瑟夫的判断。很多投资人看到伊特纳火灾保险公司为巨额赔偿费而表现出的狼狈相，纷纷低价转让和割肉自己手中的股票，而此时约瑟夫已经筹到了一笔可以买下伊特纳火灾保险公司投资人手中所有股票的资金。经过轻松地扫货之后，伊特纳火灾保险公司便悉数归到了约瑟夫的名下。不仅如此，约瑟夫还苦口婆心地拉来一个非常要好的朋友成为合伙人，一起艰难地应付赔偿事宜。果然，渡过了偿付危机后，伊特纳火灾保险公司声誉大噪，即便是投保费比原来涨了一倍，也没能阻挡住投保人鱼贯而入的脚步。最终，除赚回了全部赔偿费外，这场豪赌为约瑟夫增添了15万美元的利润。

作为儿子，朱尼尔斯·斯潘塞·摩根（J. S. 摩根）从父亲约瑟夫·摩根手中无疑继承了一部分家业，因此从16岁开始J. S. 摩根就频繁穿梭于当时的波士顿商行，23岁便开了一家规模不小的干菜店。不过，论个人来讲，

J. S. 摩根的飞黄腾达并为日后摩根家族搭建起巨大财富平台的根据地却不在美国，而在英国。更确切地说，其本人甚至整个摩根家族的起飞与一个名叫乔治·皮博迪的美国人直接相关。

爱国者乔治·皮博迪

乔治·皮博迪出生在马萨诸塞州，没读过几年书，10 岁不到就与哥哥一起干活养活寡母和六个弟妹。也许是出身低微及儿时生活贫困的影响，皮博迪后来对挣钱聚财有着疯狂般的渴望，除了拼命地工作外，他还有些孤傲，对别人的轻蔑极度敏感。18 岁时，皮博迪便来到马里兰州的最大城市巴尔的摩开了一家干货点。有了一点积蓄后，皮博迪于 1835 年来到作为当时世界金融中心的伦敦。

当时的伦敦金融业格外红火，皮博迪所开的商号主要业务就是为一些做织物生意的商人提供融资，类似于今天的商业银行。在外人看来，皮博迪相貌平平，却非常健谈，因此他的客户很快从一般商人拓展到大公司、大富豪及政府，而且在向他们提供贸易贷款时，皮博迪还从事发行股票和债券的服务，也就是相当于今天的投资银行业务。很快，皮博迪的手中就积累起了 45 万英镑的个人资产。

皮博迪是一个爱国者。那时的美国，全国各地都在疯狂地修建铁路、运河和公路，对资金的需求如同海绵吸水般强烈，因此，有人说皮博迪到英国就是为马里兰州寻求英国银行的贷款而去的。于是，在皮博迪的伦敦商号门口，人们看到了悬挂着的美国星条旗，而且皮博迪还到处宣扬自己的公司是“美国第一家商号”。不仅如此，皮博迪还为英国的十几个银行家摆上盛宴，最终高傲的英国银行家果真为马里兰州拨出 800 万美元的贷款。更有意思的是，为减少英国人对美国人见钱眼开的偏见，皮博迪还拒绝了马里兰州付给他的 6 万美元佣金。当然，后来皮博迪还不断地向英国人兜售美国证券，自己在捞到不少佣金时也将源源不断的资金输往美国。

更为重要的是，罗斯柴尔德家族当时在伦敦如日中天，而能干的皮博迪也被当时罗斯柴尔德家族在伦敦的掌舵人内森·罗斯柴尔德看中，并很快成为罗斯柴尔德家族的公关代理人。内森之所以看中乔治·皮博迪，一方面是罗斯柴尔德家族虽然当时声名赫赫，但由于在欧洲巧取豪夺招来了不少人的痛恨和鄙视，伦敦的贵族阶层不少都不屑于与内森为伍，因此罗斯柴尔德在英国的势力尽管很大，但始终有些被贵族孤立的感觉。另一方面，皮博迪为人谦和、人缘颇佳，而且还是美国人，日后可以派上大用场。

有两件事情可以证明内森对皮博迪的格外器重。一是每年的 7 月 4 日乔治·皮博迪会在家中举办美国独立日宴会，邀请的都是伦敦的达官贵人及金融大咖，而所有富丽堂皇和气派奢华的招待开销据说都是由罗斯柴尔德家族支付；第二件事就是 1857 年美国国内发生了经济危机，英国的银行家狂抛和美国有关的一切债券，此时的皮博迪拿出全部身家大量接手美国债券。就在皮博迪濒临破产的时候，罗斯柴尔德家族控制的英格兰银行从天而降，给他提供了 80 万英镑的信用额度，让他渡过了难关。一年之后，美国经济完全走出衰退阴影，乔治·皮博迪手中的美国债券使他很快成为超级富豪。

然而，尽管皮博迪有万贯家财，但膝下没有一个子嗣，庞大的产业无人继承。于是，皮博迪花了不少精力在外部寻找接班人，其开出的标准是“善于社交、拥有家庭的美国人，同时拥有多年国际贸易的经验”。于是，在美国业务伙伴的推荐下，皮博迪挑中了 J. S. 摩根。而在仔细研究了皮博迪公司的业务模式和财务数据后，J. S. 摩根也接受了加入皮博迪公司的邀请，皮博迪公司由此更名为皮博迪摩根银行。

应当说接下来的 10 年中双方合作得并不是十分愉快，因此到退休时，皮博迪违背了当初的承诺，非常明确地要求 J. S. 摩根不得继续采用皮博迪的名字和资产。无奈之下，J. S. 摩根最终将银行名字改为 J. S. 摩根公司，这便是今天摩根银行的前身。当然，非常庆幸的是，J. S. 摩根通过 10 年的合作赚取了约 44 万英镑的利润，这部分资金足以维系新公司的正常运营。

血缘关系有时的确极为重要。在没有将旗下资产转让给 J. S. 摩根时，除了资助巴尔的摩建造了名为皮博迪学院的学校外，皮博迪还将 15 万英镑转给一家信托基金，用于建造伦敦的贫民住宅工程，同时立契转让了他在另一家公司的 5000 股大宗股票，以维持这个住宅区的运转。为此，皮博迪获得了“伦敦荣誉市民”的称号。另外，皮博迪向耶鲁大学捐赠了一个历史博物馆；向哈佛大学捐赠了一座考古学和人类文化学博物馆；为南部被解放的黑人设立了一项教育基金。对此，维克多·雨果这样写道：“这个世界上，有充满恨的人和充满爱的人，皮博迪属于后者，正是在这种人的脸上，我们看到了上帝的笑容。”这应该是对皮博迪最高的赞誉。

上场父子兵

J. S. 摩根既能得到父亲的家产与财务资助，又能意外地进入当时作为世界金融之都的伦敦且最终稳稳地扎下根来，应该说他在人生商旅的起步与发展中都显得格外幸运。遗憾的是，除了约翰·皮尔庞特·摩根（J. P. 摩根）外，他再也没有第二个子女。正因如此，在 J. P. 摩根逐渐长大成人的过程中，J. S. 摩根对他寄予的希望越来越大，其间倾注的心血也非同寻常。

但是，无论是与祖父还是同父亲相比，J. P. 摩根算不上是一个天生优秀的家族继承人。年少时，J. P. 摩根身体不好，情绪波动较大；成年后有过一次不经家族同意的婚姻并最终留下不小的阴影（第一任妻子在他们结婚一年后去世），而且 J. P. 摩根还做过一些冲动率性的不成功交易。不过，J. S. 摩根始终没有放弃对儿子的呵护与培养。在波士顿接受基础教育后，J. P. 摩根便被送往瑞士学习法语，能流利使用法语之后又被送往德国哥廷根大学学习德语和艺术史，直到获得学位。留学归国后，J. S. 摩根又将儿子送到了好友邓肯和舍曼的公司去实习。

机遇有时真的就是意外。一次出差经过新奥尔良码头，J. P. 摩根偶遇一位向他推销咖啡的陌生白人，经过与对方简单的闲聊后得知，此人是往来美国和巴西的货船船长，受巴西咖啡商之托将一船咖啡运往美国固定的经销商，但没等将货物交到经销商手上，就获悉对方已经破产的消息。无奈，这位船厂决定自己推销。而且在征得巴西咖啡商同意后，他愿意半价出售整船咖啡，但前提是必须支付现金。听完对方的陈述，J. P. 摩根觉得这桩买卖不错，于是答应愿意买下这船咖啡。

为了保险起见，J. P. 摩根拿着咖啡样品到新奥尔良的邓肯商行一家一家地试销，但这些商行除了委婉拒绝外，还提醒 J. P. 摩根小心上当，因为先前船主欺骗商行的事情发生过多次。不过，J. P. 摩根认为自己认识的那位船长绝对是诚实之人，船上的咖啡也绝对不会是赝品。于是，J. P. 摩根最终决定以邓肯商行的名义买下整船咖啡。然而，当 J. P. 摩根打电话将自己的决定告知邓肯商行总部时，他听到的是电话那头狂风暴雨般的谩骂声，并命令 J. P. 摩根立即撤销交易，同时今后不得擅自以公司名义进行任何商业活动。

遭遇打击的 J. P. 摩根只能向父亲求救，并陈述了事情的来龙去脉。很快，在父亲的支持下，J. P. 摩根偿还了原来挪用邓肯商行的款项，同时以个人名义买下了整船廉价咖啡。幸运之神真的眷顾了 J. P. 摩根，他赢了！进入船舱，J. P. 摩根看到的是整船上等咖啡，不仅如此，就在他四处寻找客户之时，巴西咖啡因遭遇寒冬出现大面积和大幅减产，国际市场的咖啡价格飙涨 2 ～ 3 倍。J. P. 摩根也由此捞到了人生的第一桶金。

不过，在为自己侥幸取胜而觥筹交错之后，J. P. 摩根明白自己其实无论如何不能再在邓肯商行待下去了，而且 J. S. 摩根也觉得儿子在商行束手束脚没有什么出息。于是，在父亲的支持下，J. P. 摩根在华尔街纽约证券交易所对面的一幢建筑里挂起了一个新招牌——摩根商行。不仅如此，J. S.

摩根还为儿子选配好了一位可以兼导师的合伙人——当时身家超过700万美元的德雷克塞尔三兄弟。也正是在德雷克塞尔家族的鼎力支持下，摩根商行在纽约和费城站稳了脚跟。在处理商行业务中，J. P. 摩根结识了一位名叫克查姆的投资经纪人。

1861年爆发的美国南北战争被马克思称为“军事史上绝无仅有的大战争”，参战双方为北方的亚伯拉罕·林肯领导的美利坚合众国（简称北军）和杰斐逊·戴维斯领导的美利坚联盟国（简称南军）。一天，J. P. 摩根从克查姆那里获悉北军在战场上伤亡惨重的消息，他做出的第一反应就是黄金价格可能出现狂涨。这一推断的基本逻辑是，当时的林肯政府常常受到军费严重不足的困扰，财政部不得不实施赤字财政政策，在发行国债的同时，还发行了利息高达7%、规模为200万美元的战争债券。由此构成了这样一种跷跷板现象：北军胜了，金价就会下跌，债券价格上涨，反之亦然。

当时的黄金市场在伦敦，在J. P. 摩根看来，如果此时能够大量买进黄金，汇到伦敦去，金价必然会上涨。很快，J. P. 摩根将自己的想法告诉了在伦敦的父亲，并迅速得到了父亲的资金支援。J. P. 摩根先秘密买下400万美元～500万美元的黄金，到手之后将其中一半汇往伦敦，另一半留下。然后，他故意将黄金发往伦敦的消息散布出去，以刺激金价。不仅如此，北军战败的新闻又接踵而至，金价随即快速飙升，也就在市场近乎疯狂时，J. P. 摩根开始分批抛售手中的黄金并大获全胜。

黄金市场的漂亮一役让J. P. 摩根深感获取资讯的重要性，于是，在朋友的介绍下，他结识了一位原陆军部电报局的接线员——史密斯。史密斯的好友文尼尔上校是北军统帅格兰特将军的电报秘书，通过这种关系，J. P. 摩根便可比其他人抢先一步获得准确的前线最新军事情报。果然，J. P. 摩根从史密斯那里得知由于南北战争的旷日持久，北方军队准备不足且前线枪支弹药供应异常紧张的消息，并很快通过皮博迪的关系弄到了5000支接近报废的步枪，在与山区义勇军完成交易后，J. P. 摩根从中获利数万美元。

南北战争后，摩根商行日趋兴旺。在父亲去世后，J. P. 摩根继承了1240万美元现金及英国的J. S. 摩根公司，个人资产一夜之间翻倍变成了2400万美元。更重要的是，父亲还将其在英国布局的重要人脉关系也一并传继给了儿子，为J. P. 摩根日后大展战拳脚搭起了宽阔的舞台。J. S. 摩根是英国国王爱德华七世的朋友，并与比利时国王有过生意上的来往，而在意大利，J. S. 摩根根因归还了一件珍贵的教士斗篷而受到嘉奖，享受到“国王陛下的表兄”的待遇。

世界的大债主

美国前国务卿基辛格曾有一句名言：“谁控制了石油，就控制了所有的国家；谁控制了粮食，就控制了所有的人；谁控制了货币，就控制了整个世界。”如果说洛克菲勒家族通过控制石油达到了控制国家的目的，那么，摩根家族则是通过控制货币实现了对整个世界的控制，因为无论是过去还是今天，任何法定货币的运行都离不开债券市场的重要依托，而摩根家族就是翱翔于债券市场的那只英武雄鹰。

如前所述，南北战争中林肯政府出现了严重的财政危机，而为了稳定日趋恶化的经济和支付购买武器的开支，财政部决定发行4亿美元的国债，并找到了当时已经小有名气的J. P. 摩根。当然，J. P. 摩根也非常清楚，此时接下为政府推销国债的任务就等于是拿到了一个烫手山芋，很多投资银行也正是基于这样的想法而不敢像J. P. 摩根那样大方接单。基于这种考虑，J. P. 摩根并没有立刻向市场直接推销公债，而是频繁参加由报界与新闻界举办的各种聚会，利用各种场合畅谈美国经济的发展走势及对北军的信心。果然，J. P. 摩根的言论赢得了新闻界的赞赏并屡屡见诸报端。正是利用公关活动的造势，J. P. 摩根最终为林肯政府销售了两亿美元的国债，在获得了大笔发行费的同时，民族英雄的桂冠也戴在了J. P. 摩根的头上。

就在儿子为本国政府积极融资的同时，J. S. 摩根也在欧洲大陆的债券市场上纵横驰骋。南北战争结束的第五个年头，德国的普鲁士军队在俾斯麦的带领下入侵法国，为了筹措急需的巨额军费，法国政府决定发行公债。但是，当时的巴林家族是俾斯麦的支持者，而罗斯柴尔德家族也陷入处理墨西哥和委内瑞拉的债务违约泥潭之中无暇顾及新的业务，法国政府于是将债券发行业务委托给了 J. S. 摩根银行。尽管在自己不懂法文、法国的财政部部长是俾斯麦的间谍、传递信息的信鸽被打落等各种不利环境的制约下，J. S. 摩根最终还是克服各种阻碍为法国发行了 5000 万美元的债券。不过，由于市场担心法国战败后可能违约，5000 万美元的债券价格从发行时的 80 美元最后一路跌落至 50 美元，对此，J. S. 摩根不得不动用自己的资金来维持价格。最后，法国虽然战败但并没有违约，并且提前还清了所有的借款，法国债券转头向上，J. S. 摩根也由此狂赚了 750 万美元。当然，远比利润更重要的是，J. S. 摩根从此跻身为伦敦金融界巨子的行列，摩根银行也终于可以和巴林及罗斯柴尔德家族平起平坐。

普法战争结束后，法国国内经济步履维艰，于是法国再次决定发行 5000 万美元的公债，而且同样找到了 J. S. 摩根。考虑到欧洲市场的承接力可能比较有限，J. S. 摩根一方面指示在纽约的 J. P. 摩根接受一半的国债并在美国消化掉，另一方面又成立了一个类似辛迪加[1]的团队承销组织，也就是将华尔街上大规模的投资金融公司集合起来，共同承购国债。这种方式不仅可以让各大机构分摊风险，同时还能调动多方面的力量。最终，联合募购大获成功，围绕着摩根的各种赞扬之声不绝于耳。及至后来，对国债的联合募购也就成了约定俗成的规矩。

受到父亲跨洋发展的启发，J. P. 摩根开始将目光投向整个世界。1898 年美西战争前，由于无力偿还西班牙政府的旧债，墨西哥政府走到了破产的边缘。在这种情况下，墨西哥当局决定铤而走险，再次发行规模为 1.1 亿

① 辛迪加：是法语 Syndicat 的音译，原意是组合，是垄断组织的重要形式之一。

美元的公债，希望能够借新还旧。对于这样一个毫无财政底气支撑的公债，一般的承销机构都躲之不及，但 J. P. 摩根认为，正是墨西哥政府处境艰难，此时出手搭救一把，不仅可以获得实惠，更会为日后在该国的发展打下良好的基础，况且墨西哥的政局还非常稳定。就这样，J. P. 摩根采取了父亲先前的做法，与德国银行联合组织了辛迪加，认购墨西哥的公债。当然，前提是取得墨西哥油矿及铁路权作为担保。事实证明，J. P. 摩根的决策是正确的，这次行动无论从短期还是长期看，他从中受益不小。

除了在墨西哥大显身手外，J. P. 摩根还将触角延伸到了阿根廷，并同样以救世主的形象出现。当时的阿根廷历经了两次与巴拉圭的战争，财力元气大伤，并笼罩在经济危机的阴影之中。伦敦的哈林公司以阿根廷的广大土地作为抵押，购买了大量的阿根廷公债，获利不少，但因独木难支而无法全部承担阿根廷政府发行的公债。而在 J. P. 摩根的眼中，阿根廷应该不算是一个“坏孩子”，尤其是其国内铁路很有潜力，而且奶酪产品驰名于世，虽然政府非常腐败，但对外国资本毕恭毕敬并宠爱有加。这样的政府倒台了，其实对本国经济的发展不见得是一件好事，因此，买阿根廷政府的公债既可从中获利，还能维持政权稳定，并有利于摩根以后在此纵横深入。就这样，J. P. 摩根毅然出资购买了 7500 万美元的阿根廷政府公债。

认购英国 1.8 亿美元的国债更让人们看到了 J. P. 摩根的胆识与英勇。拿破仑战争结束后，南非成了大英帝国的殖民地，为了开发当地的钻石与黄金，英国政府制定了残酷而苛刻的殖民地政策，由此引发了与南非布尔族人的两次波尔战争，且第二次战争中英国投入费用超常巨大，并深陷战争泥潭。也就在这个关口，历来与英国水火不相容的德意志帝国正野心勃勃地计划建造一支大舰队，对大英帝国海上老大的位置形成挑战。来不及做过多考虑，英国就投入财力拉开了与德国的军备竞赛。

一边开战一边扩充军备，英国的财政顿时陷入了困境。眼看自身力量难以支撑，英国政府首先想到了J. P. 摩根，并紧急求援。J. P. 摩根首先从第一次布尔战争的公债下手，负责购买了价值总计1500万美元的公债，后来又反复地追加认购，总共认购了价值达1.8亿美元的英国政府公债。通过持有这部分巨额国债，J. P. 摩根不仅日后获取了巨额收益，同时将自己推到了世界头号金融大亨的位置。至20世纪初，摩根财团控制了摩根银行、第一国家银行等共计13家金融机构，同时与大金融资本以下、超过20万的主力金融机构互相联结，构成了结构庞大、组织严密的“摩根系”。这一金融集团占有全美金融资本的33%，总值近200亿美元。另外，还有125亿美元的保险资产，占全美保险业的65%。对此，J. P. 摩根曾感叹道：“用以推动历史的不是法律，而是金钱，只是金钱！”

曾经的“美联储”

南北战争结束后，为了保持本国货币的稳定，当然最终是为了维系国家金融与经济的稳定，美国政府承诺美元以黄金价值为基础，由此形成了所谓的金本位制。按照史料显示，为了保持金本位的货币体制，美国政府收藏了至少价值一亿美元的黄金实物。然而，由于受到战争的影响，美国经济基础其实非常脆弱，市场也没有对美元表现出太多的信心，相反，对黄金保持着经久的热度，因此，投资人尤其是欧洲地区的银行机构其实一直都从美国转出黄金，而且两大重要事件的爆发险些将金本位制送上不归之路。

伴随着战后国内工业化的扩张，无论是商品还是劳务都出现了快速增长，可囿于开采技术，黄金的发掘量却十分有限，由此对货币增量发行的支持力度自然就很小。而且，美国政府也非常担心自己手中本来寒碜的黄金存量不足以支撑其实体经济对货币扩张的需求。于是，1890年，美国国会通过了《谢尔曼白银法案》，赋予了白银如同黄金一样的合法信用地位，美国于是从金本位制变成了金银复本位制，当时的行情大约是16盎司白银相当于1盎司黄金。但问题的关键是，白银不仅藏量要比黄金丰富得多，开采技术也简单不少，就这样，当大量白银被挖掘出来时，白银迅速贬值，劣币驱逐良币，所有人一致性倾向于用便宜的白银兑换价高的黄金，黄金因此从国库中快速流失。

“祸不单行”，1893年美国经济出现衰退，市场恐慌情绪随之被点燃，欧洲投资者开始大手笔将手中的美元兑换成黄金并运回本土。虽然美国政府紧急发行了两次黄金债券，但完全无济于事。按照这种黄金兑换速度，至1895年2月美国政府的黄金储备将要竭尽，意味着美国政府最终不得不放弃金本位制，美元因此也必然夭折毙命。

当时的美国总统格罗弗·克利夫兰坚信通过国家的力量可以挽救这场货币危机。因此，当J. P. 摩根来到总统办公室提出摩根银行愿意拿出黄金援助政府时，克利夫兰便没做任何犹豫地予以了回绝。可是，大丈夫也有为五斗米折腰的时候，当美国政府手中的实物黄金只剩下大约900万美元时，克利夫兰不得不低下了高傲的头颅，并最终以“摩根先生，你有什么建议吗”的谦逊口吻向J. P. 摩根发出了邀约。

很快，摩根银行和罗斯柴尔德家族联手向美国政府提供了350万盎司的实物黄金，作为条件，J. P. 摩根取得了为美国政府承销发行价值6500万美元的30年期黄金债券的资格。仅此一举，摩根银行从中获利1200万美元。当然，美国政府因为流动性得到了及时补充而避免了破产违约，至1895年6月，美国政府的黄金储备又回到了1.075亿美元，两年之后危机荡然无存。

后来克利夫兰问J. P. 摩根是怎样做到让投资人相信美国的金本位一定不会倒塌时，虽然后者冠冕堂皇地列出了一大堆理由，但其实背后离不开两大关键力量的作用。一个是J. P. 摩根预测了当年的美国秋季粮食出口带来的贸易顺差，从而可以缓解压力，而且市场也的确如此；另一个就是

J. P. 摩根做了今天看来本该由央行做的一件事，即汇率管理，也就是在美元不稳的时候，摩根银行在外汇市场买入美元或卖出英镑来支撑美元。当然，这些操作行为对于没有政府背景的摩根银行来说无疑也承担着极大的市场风险。

1907 年美国出现的金融危机再一次让人们看到了 J. P. 摩根的商业魄力与担当。当年 10 月，商业国民银行及纽约第三大信托银行尼克博克斯信托的控股股东操纵股价失败破产，随后发生挤兑，而且恐慌中的民众随即对其他信托银行也产生了不信任，美国信托公司甚至不到两个小时便被提走了超过 100 万美元，现金严重告急。可怕的是，挤兑危机可能继续传染到其他银行及信托机构，整个金融系统都将遭受到冲击。危机之下，J. P. 摩根与第一国民银行及国民城市银行联手向美国信托公司提供了 300 万美元的资金，阻止了其破产。紧接着，美国财政部将 2500 万美元的政府基金交到了 J. P. 摩根的手中。然而，一切的努力似乎都无济于事，民众还在如潮水般地涌向银行及信托等金融机构。

“动用准备金！这正是准备金派用场的时候！”J. P. 摩根将纽约最重要的银行家们召集到自己的私人图书馆里郑重地说。最终各家银行服从了 J. P. 摩根的动员，五分钟内募集了 2700 万美元并投入市场，一场巨大的危机很快消弭于无形。不过，很多人也许并不知道，当时已是 70 岁高龄的 J. P. 摩根不仅身患严重感冒，而且是在一天工作 19 个小时并消耗 20 根雪茄的情况下完成这项工作的。

的确，拯救金融与经济危机让人们领略到了摩根银行的非凡风采，但也清晰地看到了“权力集中到私人手中”的不可一世，而且公众也相信“不会永远都有救世主摩根”的出现。于是，美国政府启用洛克菲勒的亲家奥尔德里奇组织研究团队，最终提出了组成国家中央银行的建议。1913 年，美国联邦储备银行宣布成立，自此以后，美联储登上金融舞台，摩根银行开始隐退。

“铁打”的实业王国

对于 J. P. 摩根而言，人生的超级绚烂烟火显然不仅是漂浮在欧美金融天空之上，而是弥漫到了实体经济与产业布局的恢宏棋盘之中。尤其是对美国铁路业与钢铁业的重组，不仅使整个行业的市场秩序变得日益规范与有序起来，而且进一步夯实了摩根银行在美国金融界鹤立鸡群般的地位，摩根家族的生意也更加红火起来。

18 世纪中后期的美国铁路虽已覆盖了国内重要的经济地区，但这些铁路隶属于不同的铁路公司，因此，尽管铁路运程也不算短，却不能相互衔接。此外，各铁路公司还频繁通过降价展开恶性竞争，整个铁路系统的营利能力十分差，直接影响到了相应服务设施的配套与改造，铁路作为国民经济动脉根本无法满足当时工业化急速扩张的需要。但问题是，要将分散的铁路连接成网，同时改善铁路系统的设备设施，需要的并不是小额资金。改变产业历史的重任就这样落在了摩根银行身上，而非常有趣的是，摩根银行进入铁路业竟然还是以极具道义的战斗者形象出现的。

起于纽约州首府奥尔巴尼、终于宾夕法尼亚州北部城市宾加姆顿的萨斯科哈那铁路是连接美国东部工业城市与煤炭基地的大动脉，围绕着这条铁路的所有权问题，华尔街的投机家们展开了一场鬼魅横生的争夺战。当时，独霸华尔街的年轻投机者乔伊·古尔德不仅通过印刷虚有的公司交换债券将铁路半数左右的股份装进了自己的口袋，而且与金融、司法机构官员合谋将萨斯科哈那铁路总裁拉姆杰正大光明地排挤出了公司管理层。为此，双方还发生了殴斗，死伤惨重，成为轰动全美的一大惨案。

眼看无力回天的拉姆杰找到了 J. P. 摩根，经再三考虑后 J. P. 摩根答应帮助对方，作为交易条件，拉姆杰承诺事成之后专门发行 3000 只新股让摩根成为萨斯科哈那铁路的股东。通过 J. P. 摩根的岳父崔西的人脉及公开的庭斗，法院为拉姆杰恢复了职务。而在接下来的股东大会上，就在古尔德等人带着全副武装的侍卫没有落座之前，四周突然冒出许多身着灰制服的奥尔巴尼市警察，而且在局长的指挥下，古尔德当场被捕，股东大会顺利举行，拉姆杰高票通过继续担任总裁职务，J. P. 摩根则被选为萨斯科哈那铁路的副总裁。人们后来才知道，逮捕古尔德的戏剧性的一幕，完全是 J. P. 摩根一手策划导演的，那些所谓的“警察”“警察局长”自然也是雇来的。

应该说以流氓的方法对付流氓的行为也是 J. P. 摩根不得已而为之，更多的情况下他还是采取了正大光明的做法。受到 1893 年国内经济衰退的影响，美国 1/3 的铁路公司陷入经营困境，急需“白衣骑士”出手拯救。对此，J. P. 摩根一方面帮助像纽约中央铁路公司这样的企业发行股票，在赚到不菲佣金的同时也成了目标公司的股东甚至是控股人；另一方面，对于像西部铁路那样被市场不看好的公司，J. P. 摩根只能采取溢价收购的方式，以便能让这些企业迅速恢复元气。在此基础上，J. P. 摩根组建了一个专门对债权人负责的信托委员会，负责处理日常事务，实际控制权掌握在了自己手里。通过这一安排，摩根银行迅速实现了对大量铁路企业的控制。

1882 年年初，在 J. P. 摩根自己的寓所中召开的会议被美国史学家称为是“历史性的摩根会议”，参会的人除了 J. P. 摩根秘密宴请的美、英、法等投资企业代表外，还有美国国内主要铁路的所有者。在这次会议上，J. P. 摩根与各铁路所有者达成了联盟的协议，即共同提高铁路运费。同时，J. P. 摩根向各大铁路公司提出的建立西部交通协会的建议也获得与会者的赞同。西部交通协会由每个铁路公司派出的一名董事组成，主要职责是统一制定运费，如果有公司不遵守规则，则会被踢出协会。自此以后，铁路行业自我毁灭式的削价竞争全面停止。

通过兼并与整合，至 20 世纪初，摩根银行名下的铁路就有 3.05 万千米。另外，摩根银行直接或间接控制下的铁路长达 10.8 万千米，差不多占当时全美铁路的 2/3 均纳入了摩根银行的棋局之中，而这些铁路公司的年收入加起来相当于美国政府年度收入的一半，J. P. 摩根也成了名副其实的铁路大王。

当然，J. P. 摩根在实业王国纵横捭阖的能力并不仅仅体现在铁路行业，对于钢铁行业的并购与整合更让人领略到这位华尔街金融家的气势不凡。首先，J. P. 摩根创办了联邦钢铁公司，并最终通过竞争上升到行业老二的位置。不过，尽管当时卡内基钢铁公司名列全美钢铁老大的位置，但最终联邦钢铁公司还是出资 4.8 亿美元将其收归麾下，并在此基础上成立了注册资本为 14 亿美元的美国钢铁公司；紧接着，J. P. 摩根以 7500 万美元的美国股票收购了洛克菲勒家族的钢铁产业，同时全美 700 多家相关的钢铁企业也都被整编进了摩根银行的旗下。就这样，在鼎盛时期，摩根银行控制了全美 65% 的钢铁生产，可以决定近 17 万钢铁工人的命运。

由摩根同盟与摩根家族组成的摩根联盟所显示出的恢宏产业方阵无疑让人瞠目结舌。在全美 35 家主力企业中有摩根公司的 167 名董事，包括美国钢铁公司、GM、肯尼格特制铜公司、得州海湾硫磺公司、大陆石油公司、GE 等。除了在钢铁业、铁路业上的渗入已尽人皆知外，摩根银行还在通信业拥有 ITT（国际电话电报公司）、全美电缆、邮政电缆与 AT & T（美国电话电报公司）的控股权等。此外，摩根同盟的身边横卧着西屋电气、联合金属碳化物等主要托拉斯企业。上述所有相加，摩根联盟拥有的总资本高达 740 亿美元，相当于当时全美所有企业资本的 1/4。

家族化的变异

伴随着家族企业星罗棋布般地发展起来，J. P. 摩根的健康状况却一天不如一天。在 1913 年前往开罗的旅行途中，J. P. 摩根强烈感到了自己身体反应的不妙，随即迅速返回，两个月后便撒手归西。而在 J. P. 摩根去世消息公布后的12小时内，3698份电报如潮水般从全世界涌来，分别来自国王、教皇、艺术品商、银行家和实业家。显然，J. P. 摩根享受到了只有皇室主要成员逝世才有的最高级别缅怀。

的确，J. P. 摩根的去世应当是摩根历史的一个分界线。作为J. P. 摩根的单传，杰克·摩根继承了父亲的事业，但几乎所有人都没有想到，J. P. 摩根留给儿子的只有价值6000万美元的庄园及外加摩根银行3200万美元的现金。对此，当时身价10亿美元的约翰·洛克菲勒曾摇摇头说："仔细想想，他连一个富人都算不上。"不过，就像父亲对自己进行有意的栽培那样，J. P. 摩根对唯一儿子杰克·摩根同样寄予了厚重的期望。

如同当初J. S. 摩根将J. P. 摩根安排到纽约去独闯世界，J. P. 摩根也没有让杰克·摩根跟着自己在华尔街摸爬滚打，而是将儿子派到伦敦，而且在一个跑单员的底层岗位上一干就是五年。但是，杰克从小就比较害羞，加之长期生活在父亲强势的阴影之下，直到25岁时还没有丝毫继承家业的热情与动力，而是一心想成为一名医生。好在J. P. 摩根不厌其烦地教导与劝解，杰克·摩根杰克才回心转意。正是如此，在J. P. 摩根去世之后，萧规曹随成了杰克·摩根的管理风格。

J. P. 摩根不喜欢用有背景的员工，而是喜欢大量启用聪明又能干的员工作为合伙人，这一用人方式被杰克·摩根无限放大，直至后来将公司大量权力下放给了几位高级合伙人。当然，对于做出放权的决定，杰克·摩根也有自己的考虑。一方面，当时美国不少大企业已经逐渐摆脱了资金需求对银行的依附关系，并获得了很多其他的融资渠道，因此，为了能让银行更好地发展，摩根银行需要有更多有能力的合伙人加入进来；另一方面，杰克·摩根根本不用担心放权会导致自己完全被架空，因为他还掌握着摩根银行的控制权——持有大部分（3200万美元）摩根银行的资本金，同时还拥有从父亲那里继承来的在合伙人制中无上的权力，包括分配合伙人利润的仲裁权、争议纠纷的仲裁权、开除合伙人并决定该合伙人离开时所得资本金的份额等权力。当然，放权的结果一方面使摩根银行变成了能够适应未来发展的强势组织，另一方面也意味着摩根家族退出历史舞台的开始。

与父亲相比，应当说杰克·摩根获得了更加宽阔的竞技舞台，而且摩根家族的事业也在杰克·摩根的手上达到了顶峰。出现这样的结果完全是因为第一次世界大战的爆发，当然也与摩根银行此前进行及时的区位业务调整紧密相关。如前所述，经过了对铁路业的规范治理，到了19世纪末，功能健全的全国铁路网成了推动美国工业化进入高速轨道的一支重要力量，美国的工业品和矿产品的产量和出口量出现爆发式增长。至1900年前后，美国已经完全取代英国成了全球最大经济体，世界金融中心也逐渐从伦敦向纽约转移。与罗斯柴尔德家族对这种颠覆式转变视而不见并固执地留守在欧洲完全不同，摩根集团迈出了大幅转身的步伐。一方面，位于华尔街23号的德雷克塞尔·摩根公司被重新命名为J. P. 摩根公司，同时原伦敦摩根集团的总部——J. S. 摩根公司改为摩根建富公司；另一方面，巴黎分公司德雷克塞尔·哈耶斯公司改为摩根·哈耶斯公司，资金来自美国。同时，过去与摩根同等地位的合伙人一律降格为子公司的合伙人，他们拥有1/3的股份。就这样，纽约俨然成为摩根集团的中心，J. P. 摩根由此成为所有子公司的管理者。

第一次世界大战对于欧洲的确是一场灾难，但对于在英国和法国有着扎实基础的摩根来说却是一次难得的商机。在战争中，摩根公司一方面向由英国、法国，甚至沙皇俄国等组成的协约国提供了15亿美元的贷款，另一方面还为不停生产着欧洲所需物资的美国企业进行大量融资，从中所收取的手续费就超过了3000万美元。战争结束后，英镑供大于求，英国财政部禁止伦敦金融城的各个银行对外提供贷款，而资金充足的摩根公司趁机将不少国家的巨额贷款和债券发行生意接了过来。如同美国通过在战争中向作战双方贩卖军需物资最终让自己从负债35亿美元的债务国变为债权79亿美元的债权国一样，摩根公司的资本家底也快速积累与飙升到了大萧条之前的780亿美元。

第二次世界大战的枪声在欧洲打响后，杰克·摩根还想如法炮制“一战战术”。然而，此时的罗斯福政府成立了战争资源委员会和战时生产委员会，负责资源调配和全国工业，而面对正式出场且能量强大的现代国家，私人银行自然显得无能为力。也就是在这个时期，J. P. 摩根公司完成了从私人合伙人制向公司化的转变。垂暮之年的杰克·摩根宣布只出任董事局主席，而由家族之外的人出任首席执行官。

两大金融劲旅

也许很多人并不知道，1912年在大西洋沉没的“泰坦尼克号”这艘当时世界上最大的豪华客轮乃是摩根银行出资建造的。“泰坦尼克号”似乎是摩根家族财富命运转折的一个征兆。先是J. P. 摩根撒手人寰，接着就是摩根银行面临着公众的谴责与国会的指控，随后便是摩根财团的分解。当然，真正的导火索应当还是20世纪30年代初期的那场席卷资本主义世界的经济大危机。

摩根银行虽然强大无比，但也被大萧条冲击得遍体鳞伤。除了总资产缩水了4.25亿美元外，杰克·摩根也万万没有想到自己的家族还在危机之后成为千夫所指的对象。在提交给众议院的调查材料中，纽约大律师费迪南德·佩科拉指出了这样一个事实，即杰克·摩根在1930—1932年没有缴纳所得税，同时摩根的所有合伙人在1931—1932年也未曾缴纳所得税。之所以能够逃税，是因为摩根高层们利用了税法的漏洞，用股票亏损抵消了他们所需要缴纳的税。不仅如此，佩科拉发现摩根公司将当时风险极低、卖出后就能立刻稳赚一笔的股票低价卖给他们的优惠客户，而这份名单则清晰地显示了摩根银行庞大的政商关系网，其中关键人物有美国前总统卡尔文·柯立芝、时任财政部长威廉·伍丁及共和党与民主党两党的高层人物。同时，通用电气公司的欧文·扬、美国钢铁公司的迈伦·泰勒、大通的艾伯特·威金、第一国民银行的乔治·贝克及一些战争英雄、律师、大家族成员等都位列名单之上。

尽管杰克·摩根对此进行了较为充分的辩解，但民众似乎一点也不买账，摩根公司的名声由此受到极大打击。《纽约时报》当时的社论中就有这样一段话："这是一个由可能是世界上最著名、最强大的银行家们组成的公司，它完全没有必要采用小经营者的种种小手段。然而，它未能经得起对其自尊和名誉的考验。"自然，民众合围式的谴责与舆论最终将摩根公司推到了风口浪尖，也敦促着当时的罗斯福总统加速出台对摩根家族有着决定性影响的重大法案。

不错，就在佩科拉的实证调查材料摆到众议院议员面前时，民主党参议员卡特·格拉斯和众议员亨利·斯蒂格尔联合提出了《格拉斯—斯蒂格尔法案》，且很快在参众两院获得了通过。该法案要求美国的银行只能选择成为商业银行或者投资银行的其中一种。遵照法律要求，摩根公司留下了商业银行业务，杰克·摩根的儿子亨利·摩根和哈罗德·士丹利共同承接了从原摩根银行剥离出来的投行业务，这就是摩根士丹利。

与分离前的情况截然不同，摩根士丹利新立门户后活得有滋有味。由于其承接了大量原本摩根集团客户的公司债券发行，仅第一年就接手了10亿美元的债券发行业务，及至后来，像通用汽车公司高达3亿美元债券和3.28亿美元总额的股票发行承销业务也都交给了摩根士丹利。但是，摩根士丹利又不得不面对的是，原有客户中越来越多的公司已经不再完全仰仗投资银行来发行债券了，很多信用度高的大企业也不需要银行来做担保，而是完全可以自行出售商业票据或者向投资机构直接募集资金。这种状况导致了摩根士丹利的总体承销业务与利润进账越来越少。为此，从20世纪70年代开始，摩根士丹利决定不再局限于债券承销业务，而是加入高盛和所罗门兄弟的行列，涉足债券交易业务。不仅如此，摩根士丹利还设立兼并和收购部，协助企业展开市场并购，按照成交总额的百分比收取服务费。

与摩根士丹利相比，摩根银行的状况就要尴尬得多。虽然在接收大额存款方面，摩根银行有自己独特的优势，但在吸收普通民众存款的零星业务上，摩根银行完全比不过灵活程度极高的中小银行。此外，与摩根士丹利面对的状况一样，由于许多公司获取资金已经不一定要通过银行渠道，这就导致了摩根银行一向稳妥的批发贷款业务出现萎缩。而且根据法定的贷款最大限额，摩根银行给客户的贷款不能超过其营运资本的 10%，于是摩根银行的放贷手脚被紧紧捆住。为了争取更多的用户，摩根银行甚至一度放弃让员工坚守在办公室，鼓励他们到市场上去放羊式地拉业务。不过，这一招似乎并不管用。无奈之下，摩根银行在 1980 年答应了洛克菲勒旗下的大通曼哈顿银行合并的要求，由此产生了美国第三大银行——摩根大通。

从 20 世纪 80 年代开始，美国政府对银行的监管一直处在小步放松状态，特别是在艾伦·格林斯潘就任美联储主席后，商业银行从事投资银行业务的比例更是一跃提升到了 25%（总收入之比），直至后来《金融服务现代化法案》取代了《格拉斯一斯蒂格尔法案》，商业银行与投资银行的业务限制被完全废除，摩根大通与摩根士丹利正式成为竞争对手。

有意思的是，与摩根大通在金融危机期间毫发无损且充当“白衣骑士”而将贝尔斯登尽情收编入怀完全不同，同期的摩根士丹利由于购买了许多金融衍生品而元气大伤，市场对此完全丧失信心，投资者纷纷抽走资金，破产黄灯骤然响起。危机之下，美国政府希望摩根大通与摩根士丹利能够再次走到一起共渡难关。但摩根大通的团队经过仔细调研后发现，两家银行重叠业务太多，他们搞不清楚“收购摩根士丹利到底有何用处”，于是拒绝了政府的提议。最终，还是三菱拿出了 90 亿美元支票才让摩根士丹利转危为安。

“分久必合，合久必分。”这条亘古不变的道理至今未能在摩根大通与摩根士丹利之间得到印证。两大金融巨人依然我行我素地行走在两条没有交会的轨道之上。公开资料显示，摩根大通的市值超过4200亿美元，摩根士丹利的市值超过1300亿美元，双双进入《财富》500强。虽然他们有着各自的商业个性，却有一个共同的特质，那就是摩根的大名永远镶嵌其中。

杜邦家族

穿越历史风尘的跨界财霸

震耳欲聋的炸药、弹力十足的尼龙袜、色彩斑斓的环保漆、宇航员身穿的登月服等，两万多种产品如同璀璨星河点缀与镶嵌着杜邦家族绵延而宽广的时光隧道。作为携带丰饶创新基因的技术大拿，杜邦家族开启了一扇又一扇改变世界的技术门窗；作为富有奇异魔力的豪门显贵，杜邦家族诞生了一代又一代影响人类的旷世奇才；作为全球500强企业阵营中历时最久的企业，杜邦家族创造了一个又一个惊天动地的商业神话；作为美国历史上最古老的名门望族，杜邦家族见证了美国工业革命一轮又一轮斗转星移的变幻。

跨越200多年的悠远时空，杜邦家族在风雨飘摇中洗尽铅华；历经生死切换的起落浮沉，杜邦家族在命运波澜中沐浴年华；追赶物换星移的变革强音，杜邦家族在自我颠覆中竞放韶华。不老的家族，有着永远年轻的神奇密码；家族的不老，有着吐故纳新的生物基因。走近杜邦家族，领悟的是一路进化的企业历史；仰望杜邦家族，欣赏的是一道岁月流金的商业风景；追寻杜邦家族，拾掇的是一部精神传承的财富宝典。

“政治难民”皮埃尔·杜邦

在法语中，Du 的意思是住在什么地方，而 Pont 代表着桥的意思，Du Pont 两个字连起来就是说杜邦家族最早住在桥边，或是说他们当时住的地方旁边有座桥。当然，字面的推断也只是望文生义，时至今日也没有具有足够说服力的考证资料来支撑其究竟是否准确。但有一点可以肯定的是，杜邦家族世代以经营钟表为生，而家族商业香火传到皮埃尔·杜邦手中时却不吹自灭。

皮埃尔·杜邦喜欢文学与经济学，其撰写的一系列国民经济研究文章不仅得到了伏尔泰和杜尔哥（当时法国著名的经济学家）等人的关注，而且出版的重农主义著作深深影响了经济学开山鼻祖、《国富论》的作者亚当·斯密。不过，皮埃尔·杜邦并没有将最大的兴趣爱好放在辛辛苦苦地爬格拼字上，就像杜尔哥既是经济学家又是非常出色的政治活动家那样，皮埃尔·杜邦几乎完全复制了杜尔哥的职业路线，而且在政治领域风生水起的程度丝毫不亚于后者。

路易十六主政后，作为法国重农学派的主要代表人物，在杜尔哥的力举之下，皮埃尔·杜邦受命担任王朝多个官职，其中最重要的职务就是担任路易十六的商务总监。也正是这个职务将皮埃尔·杜邦在法国的政治生涯推向顶峰，使其成为炙手可热的名人显贵， 同时也成为皮埃尔·杜邦职业生涯的分水岭，甚至对后来整个杜邦家族的命运产生了决定性影响。

1783 年美国独立战争结束前夕，皮埃尔·杜邦已经退休赋闲在家，但鉴于他履任商务总监一职所具备的丰富经验，路易十六亲自点将，调派皮埃尔·杜邦作为法国代表团团长参与英美关于结束独立战争的《巴黎和约》谈判。在皮埃尔·杜邦的斡旋下，英美双方不仅心平气和地达成了停战协议，同时法国还与英国签署了贸易合作的相关协定。路易十六对于这样的结果非常满意，随后册封皮埃尔·杜邦为贵族。当然，相对于让人垂涎欲滴的封赏而言，皮埃尔·杜邦最大的收获应当是在参与英美谈判的过程中结识了托马斯·杰斐逊，也就是后来的美国第三任总统。杜邦家族的命运由此发生了惊人的改变。

插曲往往在不经意间发生。1789 年法国大革命的爆发一下将皮埃尔·杜邦打入命运的谷底。国王路易十六被送上断头台，波旁王朝顷刻灰飞烟灭，皮埃尔·杜邦也惨淡入狱。幸运的是，继之而起的雅各宾派政权并没有持续多长时间，皮埃尔·杜邦得以逃脱亡命的厄运。不过，随后上台的拿破仑政府也没有给予皮埃尔·杜邦等人丝毫的礼遇，而是将他们划定为“旧王党分子”，并做出了统统流放到美国的决定。

应当说即使拿破仑不将他发配到美国，皮埃尔·杜邦也有在侥幸出狱后逃往美国的打算，一来是躲避法国国内绵延不断的革命烈火，二来是想在那块封建欧洲大陆之外的“世外桃源”中按照自己的重农主义信念开创出一块殖民地，皮埃尔·杜邦将其命名为“邦提亚那”。在皮埃尔·杜邦的构想中，除了在这块殖民地上建筑住房外，他更应该在上面盖起学校、铺好公路、埋好排水管道，同时投资建造许多大型农场，种植各种农作物，甚至开办工厂。幸运的是，“邦提亚那”计划还得到了法国一些政治家的支持，甚至皮埃尔·杜邦还从他们那里得到了几百万法郎的资助。

然而，理想是丰满的，现实是骨感的。当皮埃尔·杜邦带着全家所有的 13 口人登上一艘名为“美国之鹰”的帆船后，横渡大西洋的波折与辛酸大大超过了他的想象。由于船长两次弄错了航向，行程被无限拉长，随船旅客所携带的食品消耗殆尽。无奈之下，大家只好沿途捕鱼甚至捕捉船上的老鼠来充饥。其实，面对着狭小船舱中挤满的各种各样的人群，整个路途中皮埃尔·杜邦最担心的还是自己携带的财产的安全。临行前，皮埃尔·杜邦卖掉了祖宅，只带了有价值的古董、银餐具和装饰品上船。

为防止航海途中的无赖之徒趁机打劫，皮埃尔・杜邦让家族中的成年男女都身带佩剑、轮流看守，而作为一家之主，自己则将 24 万法郎的金币紧紧地藏在怀中。

也许是命不该绝，当误航的“美国之鹰”号帆船抵达罗得岛州的海边时，重重浓雾笼罩着海岸，虽然还是天寒地冻、冰水刺骨，但等不及帆船下锚，所有的旅客都如同饿急了的野兽争先恐后泅水上岸。很快，他们发现岸边坐落着一间房屋，透过窗户看到里面的炉火烧得通红，餐桌上摆满了食品，可就是敲门无人应答。按照常理，这家人准是到附近教堂里做礼拜去了。不由分说，快要饿穿肚皮的旅客野蛮地敲碎了玻璃窗，冲进屋里并风卷残云般吃光了餐桌上迎接新年的美酒佳肴，离开时，杜邦掏出了一枚金币放在桌上。

“美国之鹰”号到达费城时距离原来的计划延迟了两个月，但这一天是值得纪念的 1800 年的元旦的早晨。大大出乎皮埃尔・杜邦的意料，费城各大报纸竟然铺天盖地地报道了杜邦一家抵美的消息。退职后一直隐居的美国第一任总统乔治・华盛顿发表谈话说：“皮埃尔・杜邦先生在对英战争的巴黎条约上一直站在美国一方，有功于美国。”而当时还是副总统的杰斐逊则称皮埃尔・杜邦是“法国最有才能的人”。就这样，落地美国后的杜邦一家人被奉为上宾并受到了美国政府的热情款待，同时按照皮埃尔・杜邦提出的要求，费城当地官员还为杜邦一家 13 口人备好了马车，以方便他们南下前往纽约。

但是来到纽约后，皮埃尔・杜邦很快发现自己的“邦提亚那”计划其实很难实现。他原本计划用手中的钱大量购买美国西部土地，然后将其高价转卖给需要土地的个体农民以从中牟取暴利，但当时的美国由于土地投机商已经渗入西部，土地的价格被炒得很高，投资地产和土地交易完全无利可图。既然土地无法到手，那么皮埃尔・杜邦的“邦提亚那”计划也就无从落地。纠结了很久以后，最终皮埃尔・杜邦决定寻找其他的安身立命之途。

“火药大师”伊雷尔·杜邦

皮埃尔·杜邦有两个儿子：长子维克托·杜邦和小儿子伊雷尔·杜邦。到达美国时伊雷尔·杜邦还不到 30 岁，而且早在法国时伊雷尔·杜邦就师从法国著名化学家、现代化学之父、法国皇家火药厂总监拉瓦锡，主攻的就是火药技术与制造。面对父亲“邦提亚那”计划的无奈搁浅，伊雷尔·杜邦与兄长也为因帮不上父亲而困惑与苦恼过。然而，一次偶然的机会却让伊雷尔·杜邦脑洞大开，并从此开启了杜邦帝国 200 多年的不俗历程。

伊雷尔·杜邦平常喜欢游猎，一次与好友到森林地带打猎时，几次扣动猎枪扳机，但最终都是哑火无声，伊雷尔·杜邦马上发觉这是美国火药质量存在问题。他将这一发现告诉了父亲，同时提出了创建火药制造公司的打算，希望父亲能够在资金上给予充分支持。苦于当时还没有生财门道，听了儿子的介绍后，皮埃尔·杜邦同意出资办厂，但同时提出了一个条件，杜邦家族公司只投入所需资金的 2/3，伊雷尔·杜邦除了负责工厂的建立和运营外，还要负责另外 1/3 的融资。没有辜负父亲的期望，伊雷尔·杜邦很快从父亲的几位故交与朋友那里凑齐了剩余资金。按照当时的股权设计，在名为杜邦火药公司的企业中，3.6 万美元的总股本被分割为 18 股，其中杜邦家族公司占 11 股，处于绝对控股地位。

应当说伊雷尔·杜邦决定创建炸药公司除了发现美国炸药质量差的短板外，他还对欧美市场的格局及销售前景做出了较为乐观的判断。一方面，与美国国内质次价高的火药相比，伊雷尔·杜邦完全可以凭借自己掌握的技术生产出更好的火药，并在产品竞争中抢占上风；另一方面，虽然欧洲的火药生产商在市场比拼中占据优势，但美国政府对其国内火药生产实行关税保护，这样杜邦火药在面对欧洲对手时完全可以做到高枕无忧。当然，作为做足产品质量功课的重要保证，征得父亲同意后，伊雷尔·杜邦决定与哥哥一起返回法国直接采购最新的生产设备与原材料。

在企业的选址上，伊雷尔·杜邦再次表现出了超人的商人天赋。特拉华州的威尔明顿，布兰迪万河从此穿流而过，水量虽然不大，却足以推动火药厂的涡轮机，为工厂提供充足的动力；此外，威尔明顿紧紧挨着大西洋，为火药的原料和产品运输开辟了一条宽阔的黄金水道。更为重要的是，伊雷尔·杜邦还发现居住在这里的都是与自己有着相同语言、相同文化和相同政治信仰的法国人，他们都是在圣多明各岛奴隶暴动成功后从那里逃出来的难民，只要给他们支付较低的薪水就能够成为劳动力。没有任何犹豫，伊雷尔·杜邦从费城的银行借来3万美元，买进了位于布兰迪万河畔的一座农场，杜邦公司从此起步，而且200多年来大本营也从未离开过此地。

从开工建厂到正式出产，杜邦火药厂仅仅用了不到两年的时间。1804年春，伊雷尔·杜邦完成了首批黑色火药成品的制造，并将其送到兄长维克托·杜邦在纽约格林尼治街的贸易公司。据说，随着广告在当时报纸上的刊出，订单如同雪片似的飞来，这当中的政治人脉对于打开杜邦火药的市场产生了关键性的作用。从法国一方来说，当时美国的火药主要从英国进口，法国政府希望本国侨民能进入该领域以打破英国人的垄断，于是法国政府以很低的价格向杜邦公司提供火药生产设备，并允许杜邦学习法国火药试验工厂的最新工艺与配方。更为直接的是，虽然皮埃尔·杜邦身在美国，但一直与法国政界保持着千丝万缕的联系，甚至波旁王朝复辟后，皮埃尔·杜邦还受邀出任法国临时政府的国务秘书。不仅如此，拿破仑的外交部部长塔列朗还在杜邦公司中持有一定股份。有了如此强大政治力量的保驾护航，杜邦火药出口到法国市场自然就是一路绿灯。

有一件极其重要事情的发生，让杜邦公司几乎成了美国政府厚爱有加与鼎力支持的商业主体。当时，已经成为美国总统的杰斐逊正在考虑将法属路易斯安那收回，只是苦于没有合适的人选前往法国与拿破仑政府交涉。皮埃尔·杜邦闻讯后主动请缨，而且作为购买法属路易斯安那的全权代表，皮埃尔·杜邦最后与拿破仑达成了买卖交易，后者愿意将路易斯安那以每亩3美分的价格卖给美国，总成交价为1500万美元。对于这一结果，杰斐逊在写给皮埃尔·杜邦的亲笔信中这样称赞道："祝贺你在有生之年，在为千百万未出世的人们造福的一笔交易中做出了贡献！"

路易斯安那对于美国有多重要？这块土地占地约为214.4万平方千米，美国将其买回来以后，使得当时的国土面积扩大了一倍；不仅如此，当时美国实际占有了新奥尔良，而新奥尔良的主权属于法国，为了保住新奥尔良，美国政府必须将易斯安那购买过来。历史因为一次重要的决策而改变，作为路易斯安那南部的一座海港城市，新奥尔良后来发展成了路易斯安那最大的城市。当然，在给皮埃尔·杜邦发出感谢信后，杰克逊也收到了对方的一封回信，信中写道："我请求您，尊敬的总统先生关照我设在特拉华州的杜邦公司。"

有几个历史数据和档案可以充分说明杰斐逊政府对杜邦公司的偏爱程度。杜邦火药出品的第三个年头，公司年销售额为1万美元，其中美国海军部订购了10吨，西班牙驻美大使订购了18吨，美国陆军部订购了54吨；又过了一年，杜邦公司年销售额飙升到3.3万美元，同年杰斐逊政府的作战部部长公开宣布杜邦公司承包政府的全部火药。更让同行眼红的是，1812年美英战争期间，杜邦公司向美国陆军和海军总共售出450吨火药，成为美国政府最大的火药供货商。

"独裁分子"亨利·杜邦

杜邦公司成立的第13个年头，见证了自家商业香火一路旺盛燃烧的皮埃尔·杜邦在家中安然去世。与此同时，维克多·杜邦也开始告别商场而投身政界，出任特拉华州立法院参议员。这样，全部商场生意的经营负担就落在了伊雷尔·杜邦的身上。及至伊雷尔·杜邦63岁去世时，虽然当年杜邦公司的销售总额超过了 6000 吨，但账面上却挂下了一笔 15 万美元的债务。更为严重的是，伊雷尔·杜邦的三个儿子阿尔弗雷德·杜邦、阿莱西斯·杜邦和亨利·杜邦不是因为能力不济暂时难以承继父业，就是因为年龄太小而无法胜任管理之职。万般无奈之下，伊雷尔·杜邦的女婿安东尼·彼得曼站了出来，临时接过了杜邦家族企业的管理大权。

安东尼·彼得曼在任的三年中，不仅还清了杜邦公司所欠的债务，而且回购了家族企业中外人所持有的股份。另外，安东尼还展开了一定规模的资产重组，关闭了杜邦家族在法国的公司，并建立了一个名为杜邦·德·尼摩尔的合伙企业，随后将杜邦家族的所有资产注入其中。在新的公司中，七名合伙人董事均来自伊雷尔·杜邦的三个儿子和四个女儿，而且每人持有等额股份。难能可贵的是，当安东尼认为时机已经成熟并将公司的管理大权最终交到岳父的三个儿子手上时，杜邦家族有意额外赠予安东尼一些股份，但安东尼委婉地回拒了，之后悄然退至幕后。

阿尔弗雷德·杜邦应当是伊雷尔·杜邦最喜欢的儿子，这不仅是因为他是长子，还因为阿尔弗雷德·杜邦从小就在工厂工作，而且生性温顺，对化学实验的兴趣丝毫不亚于父亲。按照当时的家族传统，杜邦公司不设董事长职位，阿尔弗雷德虽然担任了总裁，但他坚持与两个弟弟合伙管理公司，通过组成执行委员会的形式集体行使管理职能。另外，当时杜邦公司没有一个专职的管理人员，只有一个出纳，三个合伙人都不支取薪水，全部家族财产都属于公司，日常所需皆由公司供给。并且，这种“三驾马车”的合伙关系一直延续到亨利·杜邦接任为止。

应当说阿尔弗雷德·杜邦出任总裁时美国国内的市场环境还非常理想。一方面，美国铁路网向西部延伸，需要大量的炸药开山碎石；另一方面，美国与印第安人和墨西哥人的战争爆发，形成对军火炸药的强烈需求。可就在这样一个“躺着可以赚钱”的年月，杜邦公司不仅没有盈利，反而欠下了 50 多万美元的债务。在如此财务业绩之下，杜邦公司召开的家族董事会罢免了阿尔弗雷德·杜邦的总裁之职，亨利·杜邦顺利上位。

毕业于西点军校的亨利·杜邦不仅外表看上去非常严厉，决策上也十分霸道，他的管理风格因此被称为“恺撒式管理”。接管家族企业后，亨利·杜邦要求家族中的每一个成员都要参与工作、自食其力，男性成员要在企业中承担一份工作，女性成员则要相夫教子，为家族繁衍后代。为此，亨利·杜邦要求家族成员把财富都汇集到企业内，由他根据每个人的日常生活开支来分配，包括家族成员的就学、婚姻等细小事情，都须经过亨利·杜邦过目以后才算有效。

在公司具体事务决策上，亨利·杜邦的独断风格更是尽显无遗。虽然他在由自己主持召开的董事会议上会倾听董事会成员的意见，但最终很少采纳他人的建议与观点。及至后来，公司所有主要决策和许多细微决策都直接由亨利·杜邦亲自做出，包括利润的分配、契约的签署，亨利·杜邦都会亲自出面，甚至一张支票也得由他亲笔开出才能算数。不仅如此，亨利·杜邦还会亲临市场前线，监督公司的好几百家经销商，而在每次的大小管理层会议上，亨利·杜邦总是以诘问的姿态出场，其他人只要俯首回答就行。

独断专行且不说，亨利·杜邦还对炸药技术一窍不通。幸运的是他得到了一名干将，即阿尔弗雷德·杜邦的儿子拉摩特·杜邦。继承了父亲对技术的狂热基因，拉莫特·杜邦在亨利·杜邦主政时获得了多个炸药技术的新发明，不仅帮助杜邦公司降低了火药成本，同时将家族企业带入了高爆炸药市场。正因如此，人们当时普遍认为，拉莫特·杜邦应当是接替亨利·杜邦而出任杜邦公司第五任总裁的最佳人选。但天有不测风云，53 岁的拉摩特·杜邦在一次火药爆炸试验中不幸丧生，亨利·杜邦失去了一个左膀右臂，杜邦家族因此而受到不小的打击。

人各有长，虽然亨利·杜邦的独裁让许多人很不满，但其外交手腕与经营管理能力确实有目共睹。南北战争爆发后，亨利·杜邦立刻跑到华盛顿，宣称效忠于林肯政府，当年年底就从政府那里得到了一笔高达 230 万美元的枪炮火药订单，而且这还是公司成立60年来的最大的一笔交易。不仅如此，由于当时北方政府获得的印度硝石十分紧缺，为了防止英国可能支持南方而停止供应东印度市场上的硝石，林肯特别授权杜邦公司包揽世界硝石市场，同时将硝石的提炼权也交由杜邦公司支配。资料显示，在1861—1865年的美国南北战争期间，杜邦公司承揽了联邦军队40%的弹药供应。

除了非常不错的市场业绩外，亨利·杜邦还将杜邦公司带到了一个前所未有的高度。19世纪70年代初，美国经济出现严重衰退，各行业哀鸿遍野，亨利·杜邦亲自出面督阵组成“美国火药同业公会”（以下简称公会），并拉来了五家企业合伙加入，由此构成了继洛克菲勒垄断组织之后的美国第二家托拉斯。公会总股本44票，杜邦和另外两家最大的公司各占10票，其余的分给三家小公司；公会成员按照统一的价格销售产品，并各自有固定的销售领域。后来，亨利·杜邦又通过巧妙手段收购了公会成员哈德公司和加利福尼亚火药公司的股票，完全掌控了行业公会的话语权，一个垄断全国火药产量92.5%的杜邦帝国也从此时开始形成。

“三巨头”的合与分

亨利·杜邦掌管家族企业长达39年，虽然独裁专断的管理风格因为个人魅力给杜邦公司带来了不小的正面效应，但同时不可避免地给企业的长期发展带来了负面影响。一方面，为了确保家族系列中自身旁支的利益，除了拉摩特·杜邦外，亨利·杜邦对其他许多有能力的侄子弃之不用，导致一些边缘化或者不愿受约束的家族成员离开家族企业另谋出路；另一方面，在亨利·杜邦担任总裁期间，瑞典化学家诺贝尔发明了比黑火药威力更大、更安全稳定的甘油炸药，并逐渐被广泛应用，但亨利·杜邦对这一新发明嗤之以鼻，导致杜邦公司错失了生产新型炸药的机会。而更为关键的是，亨利·杜邦77岁时去世，他的两个儿子为抢夺总裁大权而不惜明火执仗内斗，在这种情况下，家族董事会采取了一个折中方案，由亨利·杜邦的侄子尤金·杜邦出任公司新的领导者。

尤金·杜邦是阿莱西斯·杜邦的嫡子，作为杜邦公司的第五任总裁，不仅在决策能力上与亨利·杜邦无法相提并论，而且在管理经验上更是技不如人，家族企业在他的手上几乎毫无建树。不过，担任总裁的第三个年头，尤金·杜邦便在1902年杜邦公司百年大庆时溘然离世，仓促之中杜邦公司找不到合适的继任人选，于是几个年迈的董事建议将公司作价1200万美元出售给竞争对手拉夫林·兰德公司。

客观上判断，杜邦公司还真的没有到必须卖身的时候，而且拉夫林·兰德公司无论在行业知名度还是竞争实力方面都比杜邦要差一大截，甚至拉夫林·兰德公司在同杜邦公司的PK中吃过无数次败仗。要将企业卖给这样一个下家，无论在心理上还是在情感上都很难令人接受。幸亏在关键时刻董事会中唯一一位年轻人站了出来，他请求由自己出资将家族企业承买下来。这个年轻人就是伊雷尔·杜邦的曾孙阿尔弗雷德·I.杜邦。

可是，接下来要筹措到1200万美元现金几乎是完全没有可能的事情，但聪明的阿尔弗雷德·I.杜邦很快想到了昔日同在麻省理工学院上学的两个堂兄弟托马斯·K.杜邦和皮埃尔·S.杜邦。简单说明希望与他们联手收购家族企业的计划后，两个堂兄弟没有做任何考虑就爽快地答应了。不仅如此，精通财务的皮埃尔·S.杜邦还为共同收购计划拟定出了一套完整的方案：三人首先成立新的E.I.杜邦·德尼摩尔火药公司，接下来新公司发行面值1200万美金、年利率4%、30年到期的债券，并用这些债券向原公司的股东置换全部所有权，最后向三兄弟发行面值1200万美金的股票。这样一来，原公司的股东们就可以确保自己的预期收益，而三兄弟则几乎不需要任何现金就可以获得公司的所有权。

收购方案很快得到了家族董事会成员的一致认可，杜邦公司也从此进入所谓的“三巨头”时代。出乎意料，当“三巨头”联手对家族企业资产进行盘点时，他们惊讶地发现公司的价值其实不止 1200 万美元，而是 2400 万美元，等于在按照原来价值购买的基础上，他们手中又多出了一个等价的企业。之后，“三巨头”对外展开资本并购，不到半年时间就整合了美国炸药工业 2/3 的资源，其中包括先前试图收购杜邦的拉夫林·兰德公司。根据《美国企业史》一书的统计，自 1902 年开始的三年中，杜邦一共对 64 家企业发起了并购，到 1905 年，杜邦公司直接生产美国全部碳酸钠炸药的 64.4%、硝石炸药的 80%、甘油炸药的 72.5%、体育用的无烟火药的 80%、军用无烟火药的 100%。

然而，从“三巨头”接手公司之日起，阿尔弗雷德·I. 杜邦与托马斯·K. 杜邦之间的管理权之争便已开始，而且双方最后发展到针锋相对的程度，如后者要关闭公司在布兰迪瓦因的火药厂，前者坚决反对；后者要把公司迁往纽约，前者绝对反对；后者要顺应外界工会要求 8 小时工作制的主张，前者就是不同意并制造障碍。不久，二人为了布兰迪瓦因的财产互相投标争着压低出价，最终托马斯·K. 杜邦力克阿尔弗雷德·I. 杜邦。紧接着，在托马斯·K. 杜邦预先布置好的公司董事会议上，阿尔弗雷德·I. 杜邦被免去了总经理和副董事长等一切职权，托马斯·K. 杜邦成为杜邦公司的第七任总裁。

接下来托马斯·K. 杜邦和皮埃尔·S. 杜邦再度明里暗里上演着角逐控制权的大戏。不过此时的托马斯·K. 杜邦除了担任共和党全国委员会的执行委员和发言人小组的主席外，还与当时的威廉·塔夫脱总统走得特别之近，甚至托马斯·K. 杜邦成了特拉华州国民警卫队的将军，控制了该州的政界。不仅如此，春风得意的托马斯·K. 杜邦还准备参加总统竞选，因此也根本无心恋战商场，乃至放出了出售自己手中公司全部股票的口风。而闻讯后的皮埃尔·S. 杜邦主动靠近托马斯·K. 杜邦，最终出资 1390 万美元收购了托马斯·K. 杜邦掌控的所有股份，顺利登上了家族企业第八任总裁的位置，并由此开启杜邦公司历史上的一个鼎盛时代。

董事长皮埃尔·S. 杜邦

皮埃尔·S. 杜邦虽然与他的祖父同名，但身体内潜藏的商业天赋比先辈要丰富得多，这不仅是因为他自幼聪明好学并以优异成绩毕业于商科见长的麻省理工学院，更因为他的母亲出身于犹太民族。最能说明问题的是，由于不满于堂叔尤金·杜邦在股权分配上对自己的不均，皮埃尔·S. 杜邦曾毅然出家单干，先是在肯塔基州投资经营钢铁工厂赚了钱，变现后又进入市内电车行业，同样进账颇丰。

皮埃尔·S. 杜邦不仅会做生意，而且懂技术，仅在麻省理工学院走出后的 9 年间就开发出了两项无烟火药专利，只是在执掌杜邦的总裁权杖后，皮埃尔·S. 杜邦的主要精力就不得不放在家族企业的管理上。但需要说明的是，皮埃尔·S. 杜邦只在总裁的位置上待了三年多的时间，其去世前杜邦公司先后任命了三任总裁，而皮埃尔·S. 杜邦则出任家族企业董事长，实际掌控公司的最高决策权，由此也开创了杜邦公司所有权与经营权相分离的新局面。

皮埃尔·S. 杜邦接管帅印的时候，杜邦公司的黄色火药占有率已经达到了 100%，但黑色火药没有实现垄断，于是，作为走上家族企业总裁位置的目标管理方向，皮埃尔·S. 杜邦下定了要将黑色火药市场占有率首先提高到 75%，然后再提高到 100% 的决心。对此，杜邦首先兼并了雷伯诺化学公司和东方火药公司，紧接着又将尤金的女婿培顿开设的一家中型黑色火药工厂收入囊中。不过，在收购一家名为巴卡伊的火药公司时，杜邦却遇到了意想不到的麻烦。

巴卡伊火药公司由杜邦公司的原营业部负责人瓦德尔创建。自打尤金去世后，瓦德尔就自立门户，为了能顺利收购瓦德尔的企业，皮埃尔·S. 杜邦事前专门派人进行协商，但遭到了瓦德尔的一口回绝。奇怪的是，几天后巴卡伊火药工厂突然发生了不小的爆炸，生产线无奈全线停产。对此，瓦德尔一口咬定是杜邦干的，在给许多媒体发出密函揭发背后黑手的同时，瓦德尔还向所有联邦众议员和参议员揭发杜邦公司向总统行贿的丑闻。经过长时间的审理，联邦法院最终判定杜邦公司违反了《夏曼垄断禁止法》，同时法院根据该法给总统定罪，并下达了行政命令。可就在这个关口，总统威廉·塔夫脱的任期已满。

新总统托马斯·伍德罗·威尔逊的上台似乎成了杜邦家族的一根救命稻草，因为此时美国已经清晰地闻到了欧洲地区即将爆发大战的浓烈火药味。皮埃尔·S. 杜邦也瞅准了这一千载难逢的时机，面见威尔逊后直呈大战爆发后由杜邦公司独家制造火药对于美国国家安全的极端重要性。随后，威尔逊召开了有陆海军司令、政府各部首脑及各大学教授参加的听证会。听取了皮埃尔·S. 杜邦发言后，参会成员几乎一边倒地将赞成票投给了杜邦。于是威尔逊据此做出了杜邦公司一分为三的改组决定。这也算是给先前法院对杜邦公司违反《夏曼垄断禁止法》判决的一个交代，但谁都知道三家公司的控制权依然牢牢掌握在皮埃尔·S. 杜邦的手中。

皮埃尔·S. 杜邦一方面认定了第一次世界大战爆发的必然性，并马不停蹄地为大战爆发而即将产生的对火药的庞大需求做足功课。作为提前布局的关键一步，杜邦先是用高达 6% 的年息和公司股票作抵押，从摩根手中申请了 1400 万美元的贷款，接着便组织队伍快马加鞭地新建了五个火药工厂，其中田纳西州的工厂是世界最大的无烟火药工厂。由于威尔逊总统宣布美国在战争中保持中立，因而“一战”的交战双方都纷纷向美国企业采购军需物品。在第一次世界大战期间，仅协约国所用的炸药就有 40% 是从杜邦公司购买的。战前，杜邦公司的无烟火药工厂总的年生产能力为 840 万磅，但在战争结束前夕，产量飙升到 4.55 亿磅，增长了 54 倍，杜邦公司因此从中获利数亿美元。

几家欢乐几家愁。由于在战争期间扩张太猛，通用汽车公司出现了资金链断裂，甚至连职员的薪水也发不出。虽然通用汽车公司的老板杜朗试着向银行求救，但没有一家华尔街银行敢于伸出援助之手。祸不单行，美国对德国宣战后，威尔逊政府将钢铁列入战争物资范围，规定对钢铁征收战争特别税，汽车制造企业的成本随之剧增，通用汽车公司的财务雪上加霜，进而引起股票狂跌。瞅准时机的皮埃尔・S. 杜邦一下子买进了 2500 万美元的通用汽车公司的股票，持股份额达到 23%，不久继续增持，最终杜邦对通用汽车公司的股控比重升至 43%，杜朗不得不将董事长的宝座拱手让给了皮埃尔・S. 杜邦。皮埃尔・S. 杜邦担任通用汽车公司董事长长达 14 年，不仅将通用汽车公司推向辉煌，成为美国最大的汽车工业集团，而且在将董事长权杖转交到管理小天才斯隆手中时，杜邦从通用汽车公司分到了数千万美元的红利。

其实，“一战”还没有结束时皮埃尔・S. 杜邦就已经强烈预感到战争财不可能永久发下去，于是在皮埃尔・S. 杜邦的直接操盘下，杜邦公司先后兼并了哈里森兄弟公司等多家化学品生产企业及费尔菲橡胶公司，同时还买下了制造油漆、火棉塑料与搪瓷的阿林顿公司。不仅如此，皮埃尔・S. 杜邦还在企业内部建立了东部实验室、试验站等研发机构，并从哈佛大学、耶鲁大学、宾夕法尼亚大学招揽英才俊杰，安排他们在研究机构研究开发火药以外的新产品。1935 年，杜邦公司聘用的哈佛大学化学教授卡洛斯发明了“尼龙”并投入商业化，尼龙长筒丝袜很快在市场上被女士们排起长队抢购。与此同时，各种新型塑胶、油漆及燃料在杜邦公司的实验室生产出来。至“二战”结束，杜邦公司不仅从战争中捞到了三倍于“一战”的军火利润，而且一个多元化的杜邦工业帝国被完全建立起来了。

转身中颠覆自己

综观全球企业成长历史，可以说没有任何一家企业从初创开始就实施民主或者说分权管理体制，这是因为所有公司从产生到发展，很长时间都必须仰仗于某一个英雄人物，甚至离开了这个人物企业就不可存续，由此也就诞生了集中或者独裁性的管理制度。然而，“万里长城今犹在，不见当年秦始皇”，物换星移的时代进化构成了对所有企业必须发生变革的最强大推力，从最初的集中领导管理过渡到现代分权领导管理，特别是现代企业制度，已成为绝大多数企业组织演变的统一路径，杜邦公司也是如此。

阿尔弗雷德·I. 杜邦、托马斯·K. 杜邦和皮埃尔·S. 杜邦组成的“三巨头”时代应当是杜邦公司在组织结构上发生最为急剧变革的时期，由此开启了所谓的“中兴三巨头”，同时将家族事业带至新的高度。他们先是破除亨利·杜邦专制式管理的弊端，在公司推行集团式经营管理，在管理上实行统一的指挥、垂直领导和专业分工，管理效率由此显著提高。根据集团式管理原则，三兄弟也进行了明确的分工，其中，托马斯·K. 杜邦担任总裁，负责公司的发展战略和总体运营；阿尔弗雷德·I. 杜邦担任总经理，负责监督生产制造；皮埃尔·S. 杜邦则出任总会计师，掌管财务。

但是，“三驾马车”虽然可以实现对权利的相互掣肘，但由此也产生了彼此之间围绕决策权和话语权的勾心斗角。而且，由于集团式经营的权力过于集中在少数人手中，实际执行中缺乏必要的弹性，不能适应市场的变化，于是三兄弟又对组织体制开展了进一步变革，即实行多元分部制，在公司最高层面推行集体决策的同时，也将权力充分地下沉，让企业能够非常灵敏地顺应市场变化。

集团管理层面，杜邦设立了三个委员会：经营委员会、财政委员会和执行委员会。经营委员会负责制定公司战略目标和政策，并通过职能部门来推进和落实相应的政策与控制措施，该委员会由副总经理和董事组成，并从副总经理中选出一人作为总经理负责相关会议的召集与组织，同时，委员会中有四位是杜邦家族的成员；执行委员会主要是负责监督各职能部门对经营委员会决策的执行情况，通常是每周三开会，将检查监督后的改进方案提交给经营委员会讨论；财务委员会由不参与日常业务经营的董事担任，主要职责是决定总公司的财务政策，并对财务活动进行指导和监督，其中执行委员会在财务上有权使用400万美元限额内的款项，如超过则须经公司的财务委员会同意。

值得指出的是，三个委员会在最初并不是上下隶属关系，而是平行同级关系，但到了皮埃尔·S.杜邦时期关系发生了微妙的变化，即由27位董事组成的董事会作为公司的最高经营决策机构取代了经营委员会，同时董事会闭会期间，由董事长、副董事长、总经理和6位副总经理组成的执行委员会来具体行使其大部分权力，同时财务委员会作为一个服从于董事会的职能机构照旧存在。看得出，这样一种董事会领导的管理体制既避免了由于委员会体制下分散决策的低效，同时也消除了彼此之间的人为牵绊，更有利于发挥群体智慧的作用。因此，在埃尔·S.杜邦的手上，杜邦已经成为一个标准的股份有限公司，可以面向市场公开募股与规范融资。

在职能部门创建层面，杜邦公司首先成立了主要负责生产活动的运营部，由一名副总裁直接领导，下设高爆炸药分部、黑色火药分部和无烟火药分部。运营部和各分部厂之间按照直线参谋制组织，运营部经理人员的日常工作是通过了解详尽的经营数据，特别是成本数据，从而比较工厂之间、工厂各部门之间的差异，发现问题。为了加强总部和工厂的沟通，运营部会定期召开由总部和各工厂厂长参加的例会。销售部是与运营部并驾齐驱的重要职能机构，也是由一名副总裁直接领导，下设技术、广告、贸易记录和销售费用四个部门及17个区域办事处。另外，还有一个管理国外销售的部门及面向军队和工程分包商的两个大客户部门。

伴随着企业组织的重构，在杜邦公司执行委员会和其他高层职位的杜邦老人逐渐退出，取而代之的是一群精通专业、经验丰富的年轻人。尤其是，不少职能部门开始由家族之外的经理人领导和负责，这为在更高层次上引用现代意义上的职业经理人，从而让杜邦从一个纯粹的家族企业升级为现代公众企业做出了非常充足的铺垫。另外，由于赋予了职能部门充分的自主权，特别是基层组织获得了独立的核算权利，分散的员工个体形成了一种利益导向的紧密团队，从而在整体上激发与壮大了公司的市场竞争实力。

至第 11 任董事长兼总裁科普兰任职期间，杜邦公司的组织管理再次发生了翻天覆地般的变化。当时，杜邦公司的许多专利都已期满，市场上出现不少的竞争对手，公司开始出现重重危机，为了能够渡过难关，杜邦公司不得不出售手中 10 亿多美元的通用股票。即便如此，还是没有挽回橡胶公司被洛克菲勒家族收购的命运。重压之下，科普兰临危受命出任董事长，并史无前例地将公司总经理一职交给了非杜邦家族的马可，同时财务委员会议议长也由别人担任，从而再次形成了“三驾马车”的管理体制。但此时的“三驾马车”显然不同于“三巨头”时代的“三驾马车”，长达 170 多年的高层职位由杜邦家族内部人员担任的历史从此画上句号，杜邦公司也由此成为一个名副其实的现代股份制企业。从科普兰至今，尽管杜邦公司换了八任董事长，但这种职业经理制度一直沿袭下来。虽然杜邦家族进入董事会的人数越来越少，甚至基本不参与重要的经营决策，但作为主要股东，杜邦家族依然掌控着企业最大份额的利润。

与政治贴面行走

从皮埃尔·杜邦走进波旁王朝的官邸出任要职，到流亡到美国后深得杰斐逊总统的厚爱与赏识，似乎就已经决定随后崛起的杜邦商业帝国已经很难与权力政治不发生任何来往。从某种意义上讲，无论是作为家族企业的创立与发展，还是后来作为现代公司的成长与扩张，无不打上了与政治特权紧密关联的烙印，特别是杜邦家族的很多成员还直接进入了权力的心脏地带，参与国家或地方政府重大政策的制定和推进，同时也为家族企业切割到了所必需的稀缺要素资源和独特商业领地。

特拉华州不仅是杜邦家族发迹的摇篮，更是杜邦家族政治力量集结的大本营。在这里，除了早年维克托·杜邦进入州众议院且后来又进入州参议院，以及“三巨头”时期托马斯·K. 杜邦成为特拉华州国民警卫队将军之外，之前的亨利·杜邦还因为得到了林肯总统的直接授意而被特拉华州州长伯顿任命为州武装力量的少将，从而牢牢地掌控了特拉华州的最大城市威尔明顿，并率领军队开进了特拉华州南部地区，进而控制过全州。不仅如此，皮埃尔·杜邦四世作为一名较为出色的政治家还担任过两届特拉华州州长的职务，当然，托马斯·K. 杜邦也是借助于在特拉华州的影响力而一度成为总统参选人的。

除了从职务上可以看出杜邦家族成员的影响力外，还有很多的具体事例可以证明杜邦在特拉华州一言九鼎的地位和分量。尤金·杜邦时代，虽然杜邦统摄了美国火药市场的绝大部分业务，但当时特拉华州的宪法对大企业的发展设定了不少的条条框框。一次董事会上，有个董事提出可以考虑让州议院对州宪法进行修改，尤金·杜邦想都没想并回应道：“为什么我们不能修改特拉华州的宪法呢?”说到做到，尤金·杜邦马上命手下的人展开操作，并调集所有家族能够调用的势力去游说州议会议员。不久之后，特拉华州的州宪法果然得到了修改，新宪法不仅给予大企业纳税优惠的特权，而且还给建立大规模的股份公司开了绿灯。尤金·杜邦之后“三巨头”时期的 E. I. 杜邦·德尼摩尔火药公司，正是借助修宪之势而加速建立起来的。

皮埃尔·S. 杜邦时期与白宫所串联出的非常紧密的关系让人再次见证了杜邦家族朝着政治权力中枢进行渗透与围猎的强大能量。富兰克林·罗斯福之所以能够战胜胡佛从而登上总统宝座，主要就是杜邦家族代理人、民主党全国委员会主席拉斯科布运作的结果。资料显示，拉斯科布不仅是皮埃尔·S. 杜邦的大学同学，还是杜邦公司的财务主管，同时兼任皮埃尔·S. 杜邦的私人秘书，后来还升任为杜邦公司的副总经理。不仅如此，在皮埃尔·S. 杜邦担任通用汽车公司董事长期间，拉斯科布一直作为董事参与决策，直至成为通用汽车公司的总经理。而更为重要的是，拉斯科布不仅自己持有通用汽车公司的股票，他还得到了杜邦的财力支持，因此只用了四年时间拉斯科布就在全国建立起了以城市为基础的民主党，也正是在该党的力挺之下，罗斯福才得以成功上位。

不过，由于当时国内民众对作为军火商的杜邦公司从“一战”中大发不义之财颇有微词，在当选总统的三年后，为了撇清与杜邦公司的关系，更为了能够成功连任，罗斯福摆出了“正义化身”“民众代表”的姿态，公开宣称商业集团“可能成为人民自由的镣铐”。但是，仅仅几个月后，罗斯福却突然停止了对杜邦公司的抨击。不仅如此，一条“爆炸性”的新闻出现在全国报刊上：罗斯福总统的儿子小富兰克林·罗斯福与杜邦家的埃塞尔·杜邦小姐的婚礼在杜邦家举行，总统和夫人亲抵特拉华州参加。这一事件表明美国当时最有权势的两大家族休战并完全走到了一起。

还有一件重要的历史事件值得注意。许多人都知道“二战”期间美国向日本的广岛与长崎分别投下了名为“小男孩”和“胖子”的铀 235 原子弹与钚 239 原子弹，但其实不少人并不知晓这两颗原子弹就是由杜邦公司制造的，而当时的美国政府将制造原子弹这样的国家核心机密任务交到杜邦手上，就可让人进一步看到杜邦在美国中央政府心目中非同凡响的地位与重量。

为了战争的需要，当时的德国和美国都在秘密研制原子弹。罗斯福采纳物理学家爱因斯坦提出的加速研制原子弹的建议，成立了由全美一流物理学家组成的特别研究小组，并将命名为“曼哈顿计划”的项目交由陆军部直接统帅领导。很快，陆军部找到了杜邦公司，要求杜邦公司在田纳西州建造并管理一家制造原子弹的秘密工厂，杜邦公司为此耗资 250 万美元，同时调集了 6 万多名职工进驻新的工厂。值得注意的是，在与陆军部签订的合同中，杜邦公司承诺仅取 1 美元的利润回报，表面上看杜邦集团接下的是一桩赔本生意，但其实原子弹的整个研发制造过程中所产生的知识与专利权全部属于杜邦公司，而这样的无形财富价值肯定是无法用数字来估量的。

成功制造出原子弹让杜邦公司得到了政府的信任，除了当时与政府签订了一份关于发展氢弹生产的合同外，杜邦家族的更多成员也快速向政界渗透。朝鲜战争时期，杜鲁门总统的国务卿艾奇逊原就是杜邦公司的法律顾问，而且当时的司法部部长克拉克也是杜邦公司的心腹，国防部部长查尔斯·E.威尔逊还在与杜邦公司关系密切的通用汽车公司担任过总经理，就连中央情报局局长杜勒斯也曾在杜邦公司直属的联合水果公司出任董事长。

不变的是传承

从伊雷尔·杜邦初创企业至今，200 多年的风雨兼程已经让杜邦公司出落成一个十分庞大的商业帝国。作为如今美国排名前十的巨型财团，杜邦公司下属的企业覆盖军工、化学、铁路、石油、航空、银行、食品、电视及电脑等国家战略产业、传统工业及新型产业的 1700 个门类，从建筑装修用的杜邦漆、女孩子穿的丝袜，到衣服用的“莱卡”和双汇火腿肠里的大豆蛋白，再到苏泊尔不粘锅的“特富龙”涂层及美国宇航员登月时所穿的太空服等，杜邦的产品多达 2 万余种。宛如一颗巨树，杜邦的根系延伸到地球村的各个角落及世界经济的诸多领域。

商业王国不断膨胀的同时，杜邦家族的生物代际香火也是越烧越旺。皮埃尔·杜邦逃难到美国之初，杜邦的全家只有 13 人，而如今这个家族的人丁已超过了 36 万人，其中 1600 人是直系后裔，同时通过组成共同族系的持股公司和信托公司来控制企业的人共有 250 人，而在这些人中，有约 50 人构成了整个家族中独揽大权的核心。从资产量化的角度看，目前杜邦家族管辖着遍布全球的数百家企业，控制着 1500 亿美元以上规模的资产，比世界上大多数国家的每年总产值还要多。

按照时间划分，杜邦公司的进化历史可以分为三个主要时期：仰仗火药快速发家的第一个百年时期，凭借现代化学工业迅速成长的第二个百年时期，在化学、生物、纳米及材料科学等多个领域谋求建树的第三个时期。为此，6 年前，杜邦公司与陶氏化学进行合并，成就了目前全球最大的化学公司，资产规模超过了 1900 亿美元。与杜邦公司一样，陶氏化学也是美国新材料、基础材料的全球化领先开发商，市场由此给出的最新猜测是，两家公司有可能先合并再拆分，进而形成三家更“专注”的公司，分为农业产品、材料科学和特种产品领域。根据 2022 年《财富》的排名，陶氏杜邦在世界 500 强中位居第 235 位，营收规模达到 549.68 亿美元，位居全球化工品行业第一。

对于杜邦公司来说，也许最为骄傲的并不是资产身躯的扩张。从展开声势浩大的横向整合，到发动风生水起的纵向并购，再到建立技术驱动型的业务扩张流程及大刀阔斧地进行企业组织变革，杜邦公司的经营管理模式都成了后来企业竞相学习的标杆。更让杜邦公司引以为豪的是，在如同流星般的跨国公司名单上，自己还能以世界 500 强企业中最长寿的公司经久存活下来，并且做到了基业长青与枝繁叶茂，其成功王道无疑值得集纳与借鉴。

伊雷尔·杜邦很小的时候就失去了母亲，他曾在母亲的遗像面前与兄弟承诺“一直牢牢地团结在一起，在悲痛时安慰对方，尽一切的努力帮助对方，在任何困难和危险中都互相支持”，而这个承诺也就成了杜邦家族的百年承诺。虽然家族成员难免存在权力之争，但彼此之间始终以维护家族控制权为大局。杜邦家族内部有一个约定俗成的规矩——即使上一代因为矛盾吵得不可开交，都不应该将这种矛盾的影响传给子女，哪怕是父母之间再不相互搭理，但都要鼓励孩子们继续玩在一起。另外，每年的元旦，杜邦家族都有一个数百人参加的大型聚会，以庆祝 1800 年 1 月 1 日全家费尽艰辛登陆美国。而从关键时刻出现的“父子兵”“兄弟连”“叔侄配”及“女婿救火队长”等经营组合上，人们便不难发现团结在杜邦家族所产生的强大凝聚力，也正是这种凝聚力造就了杜邦家族连绵不断的商业香火。

家族办公室是杜邦家族的一个常设机构，它集合了法律、会计、投资、文化等多维度功能，在对家族财富、教育和风险等状况进行监督和管理的同时，还不断地对家族成员进行思想图腾的传达与输送，其中一个重要工作就是，家族办公室负责及时更新家谱，而每到召开家庭会议时，都会有人非常郑重地把不断续写的家谱交到每个家庭成员手中。另外，杜邦家族成员还有互赠礼物的传统，而且有些礼物非常特别，如成员间经常互赠的一个小册子，里面就记载了杜邦公司生产火药和炸药的悲惨案例。显然，通过对家族历史的代际传承，杜邦家族的新老成员不仅可以从中吸取丰富的经验与有益的教训，还能积淀与培养出踏实的作风与团队精神。

其实，杜邦家族虽然人数众多，但几乎所有成员从小开始都会被灌输危机意识。在杜邦家族，无论是谁，不管你自己认为本人有多么优秀，都必须从基层工作开始，奋斗五六年后，由几位长辈对其表现做出评估。如果评估的结论不好，他就会被请出公司；如果评价很高，那么就会得到进一步的提升和锻炼，甚至后来的非杜邦家族成员如科普兰等人也都是这样被培养出来的。也正是这样的竞争机制，才使杜邦家族人才辈出，在化学家、工程师、发明家、飞行家、银行家及政治家等这些耀眼头衔的背后，是杜邦家族技术创新与发明成果源源不断的涌现，杜邦公司由此也始终能够合上快速变化的市场节拍并赶上商业革命的时代潮流。

创新无疑是杜邦家族的精神灵魂。远远超过历史上的东部实验室和实验站规模，目前杜邦有 70 多个研发实验室，尤其是杜邦的中央实验室可以看成是整个集团的智慧大脑。作为杜邦最重要的科研组织，中央实验室主要致力于基础科学及产业化技术的研究，先后成功开发出了防弹衣、防弹头盔、消防员防火服装等一大批现代军用装备，同时中央实验室提交的新的有机和无机化合物被美国国立卫生研究院确立为迄今为止最广泛的化合物；更让人侧目的是，在杜邦中央实验室工作了 42 年的佩德森还成为诺贝尔化学奖获得者；至于化学英杰奖、鲍尔科学成就奖等美国最高科学奖的得主，杜邦的科学家们更不会缺席其中。

梅隆家族

渐行渐远的财富大佬

抵达新的国度，梦想之门在勤劳与灵敏中缓缓打开；承接父辈基因，幸运之窗在睿智与聪慧中洞然敞启；撬动金融杠杆，财富之路在胆识与果敢中强劲延伸；掌控政治罗盘，成功之巅在惠民与利己中清晰浮现。持续 200 多年的商业脚步，梅隆家族全程见证了美国经济的波涛风云；接力棒的代际传承，梅隆家族参与了美国政治历史的创造与书写；匠心独运的经典收藏，梅隆家族留下了可以彩装世界的艺术瑰玮；从贫穷到富裕的逆袭，梅隆家族镌刻了足以结集成剧的励志标识。

陷入命运下降的旋涡，在危机倾轧中探寻可以反转的存续空间；直面强劲对手的博弈，在合纵连横中架构稳步前行的利益天平；遭遇商业断代的尴尬，在因势利导中选择财富管理的战略转型；不满过往生活的苟且，在洗刷自我中追赶能够重来的希望之光；改写价值延续的轨道，在从容优雅中拥抱流芳百世的艺术精灵。沉甸而厚重的梅隆家族图谱，折叠起来的不只有一个金融枭雄的风尘轶事，更有几代人前赴后继的悲喜切换，以及留给后人的时光物语与绵长嗟叹。

农民子弟的逆袭

巴尔的摩市在美国马里兰州的地位相当显赫，除了因为该市是当地的最大城市和大西洋沿岸的重要海港外，更由于不计其数的商贾名流从此走出或者在此安营扎寨过。180 多年前，一位名叫乔治·皮博迪的人来到巴尔的摩开了一家规模不大的干货点，几年后转道伦敦，结识了罗斯柴尔德家族，也就有了后来摩根家族崛起的故事；50 多年前，沃伦·巴菲特以超优惠的价格买下了巴尔的摩的一家百货公司，三年之后原价卖出，一分钱也没有赚到，但由此学会了怎样在琳琅满目的资本市场中挑选出真正好的企业。梅隆家族的发迹同样与巴尔的摩市有着地理意义上的不解之缘。

1818 年深秋的一天早晨，年仅 5 岁的托马斯·梅隆从睡梦中被母亲叫醒，紧接着就跟着父母迷迷糊糊地登上了一艘客轮。坐下来稍微安定后，父亲告诉满眼迷茫的托马斯·梅隆，他们全家要离开家乡卡斯尔敦，从伦敦出发横渡大西洋去美国寻求新的定居地。当然，那时的托马斯·梅隆并不知道父母为什么要离家奔赴万里之外的美国，只是后来家族的兴旺发达才让托马斯·梅隆明白当初父母漂洋过海的决策是正确的。按照托马斯·梅隆在自传书《托马斯·梅隆和他的时代》中的回忆，离开伦敦后，客轮经过了加拿大东部新不伦瑞克省的圣约翰，然后进入美国，第一站就是巴尔的摩，前后费时长达三个月。

在巴尔的摩市做了短暂的逗留后，托马斯·梅隆的全家就坐上了一辆长途马车前往目的地宾夕法尼亚州，最终在宾州西部一栋荒废的小木屋里安了家。由于附近住着先于他们到达的英国人，有的还是梅隆家的亲戚，这个地方就被取名为“贫穷角”。那么，为什么托马斯·梅隆的父母当初没有落脚巴尔的摩市而是来到宾州的乡村？比较靠谱的解读结论是，梅隆家族是既有苏格兰又有爱尔兰血统的英国人，而爱尔兰人世代崇尚农耕生活，于是，以农业耕种为主的宾夕法尼亚州当然就成了他们首选的安居地。

到达宾州的农村之后，托马斯·梅隆的父母很快获得了当地政府免费赠送的 160 英亩（约合 0.65 平方千米）土地，而且经过几年的劳作后已经有了非常富余的收成。在托马斯·梅隆的印象中，小时候自己经常会像跟屁虫一样尾随在父母身后到耕地上看父母劳作，稍微长大后也非常乐于同父母一起耕种土地，而每当耕马需要休息时，托马斯·梅隆都会坐在树荫下阅读莎士比亚的著作。为此，在自传中，托马斯·梅隆还特别写道："书读得越多，看到的东西越多，我就越相信自己可以做得更好。"

托马斯·梅隆 14 岁时偶尔读到的《富兰克林传》应当是对他影响最大的一本书。该书讲述的是本杰明·富兰克林如何从一个印刷工开始，通过个人努力拥有了自己的印刷作坊、自己办报纸的一段艰辛谋生之路，以及后来提出了正电、负电概念并发明了避雷针，从而最终成为世人景仰的科学家、思想家和政治活动家的故事。在看完《富兰克林传》后，托马斯·梅隆决心凭自身努力摆脱平凡生活，当上体面富有的"上等人"。

考入匹兹堡大学（时名为西宾夕法尼亚大学）应当是托马斯·梅隆命运登高的关键一步。在大学，按照父母意愿，托马斯·梅隆主修农学专业，同时兼修了法律课程。而在靠勤工俭学念完大学后，托马斯·梅隆却没有顺从父母的意愿从事有关农业方面的职业，而是在当地的律师协会找到了一份工作，主要负责开展房地产诉讼服务，不久之后又进入法院成了一名法官。让托马斯·梅隆喜出望外的是，自己竟然通过律师这份职业存下了 1.2 万美元的积蓄。

在法院工作的前后 10 年时间中，托马斯·梅隆不仅以自己的能力赢得了"法官老爹"的绰号，而且还尝试着将自己手中的资金按当时通行的 10% 到 15% 的利率借贷出去，并很快发现自己手中的钱的数目在以超乎想象的速度增长。有关这一点，《托马斯·梅隆和他的时代》一书有过这样的叙述："每当我获得金钱时，我总把它用到最紧要的地方，用在我所能发现的最保险、最盈利的投资上去。"但是，如果你认为托马斯·梅隆是依靠这样的食利方式而积累起了惊人的财富的话那就大错特错了，助其命运发生惊喜巨变的原因，很大程度上应当归功于他蓄意制造与成就的个人婚姻。

《托马斯·梅隆和他的时代》一书中这样写道："10 岁那年，我有一次路过尼格利家的庄园，被这户人家的财富所震惊。"很快，托马斯·梅隆就与尼格利家的小姐萨拉·尼格利玩在了一块儿，并在 10 年之后二人走进婚姻殿堂。又过了 10 年，萨拉·尼格利作为重要继承人之一掌管了部分家业，托马斯·梅隆也顺理成章地从岳丈那里获得了大片宝贵的土地，并在匹兹堡地区不断地进行地产商业腾挪，完成了其两代先辈在土地耕种上所不可能实现的原始资本积累。

财富宛如高台，垒起得越高，可以让人看得越远。1869 年，托马斯·梅隆注册成立了托马斯·梅隆父子银行。至于为什么选择银行？在托马斯看来，搞银行业很容易："它并不需要多少知识，只要学上一两个星期即可。"事实证明，银行的确是一门不错的生意。开业的当年，首笔存入额为 1 万美元，三年后，可贷款额度就增加到了 60 万美元。而更重要的是，在那个经济动荡的年代，利率常年维持在百分之十几的水平，放贷几乎成了最简单快捷的挣钱方法，梅隆家族的财富因此很快发生了几何级数的增长。

托马斯·梅隆在 95 岁生日那天辞世，虽然从事银行业不过短短 30 年，却给儿女们留下了高达 1.25 亿美元的遗产，其中个人财产超过 245 万美元。当然，托马斯·梅隆对家族的贡献远远不可用财富数字来衡量，作为一个有着独到眼光的金融资本家，托马斯·梅隆让梅隆家族冲破了农耕文明的局限，并大步跨上了金融战车，继而在工业文明的舞台上大显身手、纵横捭阖。

虎父无犬子

托马斯·梅隆与萨拉·尼格利一共生育了9个孩子，其中3个夭亡，而存活下来的6个孩子中，托马斯最喜欢的就是兄弟中排行老三的安德鲁·梅隆。除了赚钱，托马斯在家里的拿手活就是教育和培养孩子们对经商的兴趣，以致当时的邻居与亲朋好友都知道，梅隆家的孩子们从记事起就懂得零花钱要靠干活去挣。当然，托马斯·梅隆也不忘给三儿子经常“开小灶”，那就是但凡有外出的机会，托马斯就会将安德鲁带在身边，让儿子安静地坐在旁边似懂非懂地听着父亲与商业合作伙伴聊天谈生意。

托马斯之所以偏爱安德鲁·梅隆，那是因为他发现这个儿子有超乎其他兄弟姐妹的商业禀赋。不到10岁时，安德鲁看到每日都有熙熙攘攘的农民赶着马车从自己的家门前路过，于是他就把家里的鲜草打成捆，以5美分一捆的价格向马车夫们出售，果然每天还有令人心动的进账。看着儿子对这种小本生意表现出的强烈爱好，于是托马斯就为安德鲁配了一辆挂车和一头驴子，让他用车和驴子载上芦根、草莓、桃子和玉米，在家乡附近一带转悠着叫卖。还有一件事让托马斯不得不佩服：17岁那年，托马斯让安德鲁去考察位于巴尔的摩与华盛顿之间的一块土地，回来后，安德鲁建议父亲只留下一块做路基的地，其余的卖出，托马斯权衡再三后采纳了儿子的想法。果然，留下的这块土地事后成了修建铁路的必经之处，托马斯兴高采烈地拿到了一笔不小的补偿款。

或许是安德鲁认为自己独特的商业天赋需要找到立马彰显的空间，或许是托马斯希望儿子能够早点到自己的身边帮助打理银行生意，安德鲁18岁就结束学业进入了梅隆父子银行工作。不过，也许安德鲁没有想到，自己刚刚跨入职场大门就遭遇了当头一棒。当年，美国发生突如其来的经济危机，金融市场满目疮痍，而当时托马斯手中还持有大量被宣告失效的宾夕法尼亚铁路证券和贬值的抵押资产和房产。幸运的是，通过安德鲁的四方努力，梅隆父子银行的存款又回到了危机前的 60 万美元，避免了一次可能发生的挤兑危机。为了对儿子的优秀表现给予嘉奖，第二年托马斯将银行 1/5 的股份转给了安德鲁。又过了两年，银行经营局势进一步改观，安德鲁也如期获得父亲的更大程度授权，直接掌管与处理银行的日常事务。

可能是为了让儿子日后独立支撑门户的步伐走得更加扎实，托马斯对安德鲁的放权与授权都是一步一步有次序地进行的。在安德鲁进入梅隆父子银行的第 10 个年头，托马斯才最终将全部管理权交到儿子手上，同时也将银行股权的控制权转交给了安德鲁。不仅如此，作为协助安德鲁的一项重要人事安排，托马斯又任命二儿子理查德・比蒂・梅隆担任梅隆父子银行的副总裁。后来，安德鲁将托马斯・梅隆父子银行改名为梅隆国民银行，而在安德鲁・梅隆转行从政后，理查德・比蒂・梅隆也顺势从弟弟手中接过了银行总裁的职位。

的确，对于父亲交给自己的银行基业，安德鲁盘得风生水起。刚刚接手总裁职位时，梅隆父子银行的存款不到 80 万美元，但两年之后就突破了 100 万美元，同期银行利润也从 1.4 万美元增加到了 5 万多美元。光看数字，5 万美元在今天对于一个银行来说微不足道，但放在当时的市场环境下就完全不一样了。数据表明，19 世纪 70 年代中后期，美国鼓风炉里面工作的工人一天劳动 12 小时，只能赚到 2 美元的日薪，如此比较，就不难看出安德鲁的赚钱能力了。

值得注意的是，在巩固梅隆国民银行地位的同时，安德鲁・梅隆又创建了名为联合信托公司的金融机构，并且理查德・比蒂・梅隆也建立了另外一家银行 Mellbank。到“二战”结束的次年，三家企业合并为梅隆国民银行 - 信托公司，并在七年之后更名为梅隆银行。顶峰时期的梅隆银行存款占到了匹兹堡全部金融机构存款的 1/3，可以说是一个名副其实的金融“大鳄”。

有一点需要特别强调的是，除了在银行金融领域做得有声有色外，安德鲁·梅隆在实业投资方面也大有收获。19 世纪末，匹兹堡附近的依科诺米发现了油田，“黑色的金子”一时间引来了冒险家、投机商、淘金迷等各类人群的蜂拥而入，而安德鲁此时却在北切斯特马库斯胡克海岸悄悄购买了50 英亩土地，建造油轮港并铺设石油管线。在安德鲁看来，等大家把油挖出来，首先就会考虑运输问题，油轮港和石油管线必然成为抢手货。果然，到 1892 年年底，通过梅隆公司往外输送的原油占到了全美出口量的 1/10。

不错，梅隆家族也投资了石油开采，但基本上都没有长期持有，看上去更多的是一种财务安排。其中，安德鲁与理查德·比蒂·梅隆及侄儿威廉·拉里默·梅隆联手在宾夕法尼亚州创立了一家新贵炼油企业，后来卖给了标准石油公司，从中获利 600 万美元。同样，安德鲁投资 100 万美元创立的联合钢铁公司，四年之后出售给 J. P. 摩根的美国钢铁公司，从中大赚了 4100 万美元。有统计数据显示，到 1920 年，梅隆家族已经成为美国非常富有的家族之一，其当时的纳税额仅次于洛克菲勒家族和福特家族。

撬动金融杠杆

如果说托马斯·梅隆是梅隆家族金融业的奠基人，那么率领梅隆家族突破金融业的行业约束并跨界到工业腹地，从而成就了梅隆家族庞大产融帝国的奠基人则是安德鲁·梅隆。安德鲁·梅隆不仅与父亲一样是管理与经营银行的一把好手，同时他的眼光也要宽广得多。随着不断浸淫银行业，安德鲁越来越清晰地感觉到银行不应该仅仅吸收存款，然后靠发放贷款过日子，而是必须充分发挥其在整个产业链中至关重要的输血功能，将经营触角从存贷款转向股权投资。也正是在这个全新金融理念的支配下，安德鲁带领着梅隆银行在实体产业领域长袖善舞，驱动着金融资本与工业资本展开全方位对接，开启了美国历史上的金融控股模式，也打造出了一个庞大的金融控股王国，梅隆家族也在安德鲁的手上又一次实现了华丽转身。

查尔斯·马丁·霍尔是一位年轻的化学家，他与朋友合作研究出了有色金属铝的提炼方法，为此欠下了4000美元的债务。不过，霍尔相信这种具备优秀特性的原材料在工业及民用领域都将有巨大的用武之地，市场前景非常广阔。同时，在自己手中没有资金让研究成果落地的情况下，他们希望能够游说到相关企业进行投资。不过，所有融资的谈判都没有达成，霍尔最后找到了安德鲁·梅隆。出乎霍尔意料之外，仅仅在听了短短的展示汇报以后，安德鲁不仅答应帮助霍尔清偿全部债务，而且慷慨承诺资助成立匹兹堡电解铝公司，代价是取得60%的股份。走投无路的霍尔也只能无奈接受了股权分割的要求。

匹兹堡电解铝公司的确在安德鲁的鼎力支持下走上了快车道。梅隆银行不仅一次性拿出了2.5万美元的前期投资，而且还提供了工厂的建设用地，并且随后还不断地追加资本投入。市场的回报超出了安德鲁的预期，仅仅用了两年，匹兹堡电解铝公司就控制了北美的铝生产，企业利润由最初的每年8.7万美元增长到1900年的32.2万美元，并且在第四个年头迅速冲破了百万美元大关。更为重要的是，通过自己的人脉关系，安德鲁在参议员的帮助下促成了一项关于对进口铝征收每磅15美分进口税的法案在国会通过，同时安德鲁又亲自出面和英国铝公司达成了双方都不许在对方国内市场做推销生意的商业协议。1907年，匹兹堡电解铝公司改组成为美国铝业，股票总价值达到了1.5亿美元，安德鲁出任挂名总裁，而且美国铝业从此一直垄断着美国铝品市场。

几乎同样的故事在海湾石油公司身上得到了复制。约翰·盖雷是一个钻探油矿的勘测家，他的合伙人詹姆斯·格菲是个推销商，二人共同注册成立了海湾石油公司，并且先前公司也从梅隆银行拿到了几笔小额贷款。1899年，盖雷找了一口井位，并与格菲一起从梅隆银行获得了30万美元的贷款。当钻头钻至1700米处、一口日产石油4万桶的自喷井出现时，行伍出身且头脑简单的格菲坚定地认为，控制了石油之源就意味着有无穷的发展，因此准备投资炼油厂与输油管道。接下来的剧情也许吃瓜群众就能想得到，格菲再次找到了安德鲁恳求梅隆银行出资帮助，而安德鲁不仅爽快地答应贷款，同时还购买海湾石油公司的股票，且热心为对方出谋划策。

可是，当格菲的投资战线越拉越长，甚至延伸到了地产投资领域时，安德鲁突然以各种借口为由中断了对海湾石油公司的资金支持，格菲与盖雷一下跌入窘境。此时，洛克菲勒等大石油公司都在等着海湾石油公司的破产拍卖，而安德鲁却迅速出手增持了海外石油公司的股票，同时不失时机地出面要求格菲偿还债务。最终，逼到破产边缘的格菲与盖雷同意将海湾石油公司的全部股权转让给梅隆银行，安德鲁·梅隆也由此获得了另一家公司的总裁职务。100 年之后，海湾石油公司以 133 亿美元的价格出售给了雪佛龙公司，但梅隆家族依然持有公司股份，财富价值大约为 25 亿美元。

与自己的叔叔喜欢在商场上跃马驰骋一样，威廉·拉里默·梅隆为证明自己的能力与价值，拿着爷爷给他的 1 万美元原始资本进入煤炭行业，投资创建了名为联合煤焦公司的企业。也正是通过这家企业，安德鲁与侄儿后来上演了一场精彩无比的“双簧戏”。联合煤焦公司创建的同时，芝加哥的投机家穆尔来到匹兹堡，安德鲁与他联合成立了匹兹堡煤炭公司，发放债券 6400 万美元，据此两人分了 30% 的资金，作为创建的报酬。机会很快来了，匹兹堡煤炭公司不久向梅隆银行提出了贷款请求，而安德鲁则开出了一项附加条件，匹兹堡公司必须花 675 万美元从联合煤焦公司认购贬值的债券，才可以从梅隆银行提取余下的 800 万元现金。与安德鲁绑在一条船上的穆尔情急之下答应了这个苛刻的条件。美国经济复原后，摩根的钢铁公司需要大量焦炭，出手买下了匹兹堡煤炭公司的重要资产，付清了梅隆债券的本息，安德鲁又一次舞动着金融杠杆大获全胜。

当然，梅隆银行的资本铁蹄肯定不会仅仅停留在石油、铝及煤炭领域，随后的30年时间中，从阿姆科钢铁公司到威斯汀豪斯电气公司，再到固特异轮胎橡胶公司，梅隆银行的身影都闪现其中，甚至亨氏、通用汽车、埃克森美孚等这些大名鼎鼎的企业也都是在梅隆银行的帮助下诞生并逐渐成长起来的。另外，在横跨十多个行业并投资入股上百家大企业的同时，梅隆家族金融大树上的枝叶也日益繁茂，除了梅隆银行外，还有匹兹堡国民银行和通用再保险公司，其中梅隆银行一度成为全美实力最强的25家银行之一，资产总额高达300亿美元。

为梅隆“打工”的总统们

安德鲁的身高不到1.67米，肤色看上去有些发暗，经常喜欢独处，同时给人的印象总是孤僻、冷漠的。即便是儿童时代，他的表情也总是冷冰冰的，他既不参与兄弟之间的嬉闹游戏，也不会朝着哥哥弟弟顽皮地互吹口哨，而且这样的沉稳性格在安德鲁长大成年后也依然如故。有人说，无论是在个头高度还是脾气秉性上，安德鲁简直和他父亲一模一样。虽然这种内敛或者自我保护型的人格特征可能不大合群，但却有利于安德鲁在生意场的关键时刻做出睿智抉择，同时也更成就了他在政治舞台上的精彩片段。

应当说作为平民出身的梅隆家族起初对政治没有半点的认识，即便是后来商业兴隆并腰缠万贯，至少前半个多世纪梅隆家族的成员一直将全部精力都放在了经商上，对政治没有太大的兴趣。然而，这种情况在安德鲁63岁时发生了微妙的变化。这一年，安德鲁通过朋友的介绍，给政客彭罗斯送去了15万美元的政治捐款，而且安德鲁原本对回报并未抱太大希望，没想到彭罗斯成功地通过议会幕后活动，将梅隆公司已贬值的资产定为未开发资产，这样，公司就能够不断扣除开发成本。这件事让安德鲁第一次意识到了政治权力的重要性。此后，梅隆家族开始不断地进行政治捐助，直至与白宫越靠越近。

幸运的果子在安德鲁 66 岁时砸了下来。这一年，沃伦·甘梅利尔·哈定出任美国第 29 任总统，他相中了安德鲁·梅隆，并让其担任财政部部长这一国家核心职务。为了报答总统的知人善任，安德鲁一口气辞去了 63 个董事职务。不仅如此，进入财政部后，安德鲁似乎感觉到自己的工作激情得到了前所未有的迸发。数十年来安德鲁养成的叼雪茄习惯始终未改，财政部的同事们发现，安德鲁在工作时，与他当初打天下的时候一样，雪茄不是拿在手里没有点，便是常常烫着手指。当然，可以记入美国经济史册的应当是由安德鲁亲自发动与推动的税改计划。

安德鲁履职财政部部长的当年，第一次世界大战结束不到三年，由于战争中的大量开支，美国负债达 240 亿美元，同时美国的经济也在战后疲软不振。对此，安德鲁在与国会进行的讨论中坚持认为，继续实行很高的战时税率会抑制经济发展，减少国库收入。之后，美国国会废除了超额利润税，并逐步降低所得税率，在企业最高附加税率从 50% 降到 20% 的同时，个人收入税也由 65% 降低到 20%。这项被称为“梅隆计划”的税收改革方案不但使富人从中受益，使梅隆家族的产业、企业也从中受惠不少，而且直接降低了企业经营成本，在一定程度上刺激了消费，最终带来了美国 20 世纪 20 年代的经济扩张与繁荣。

当然，没有进入政界时，安德鲁并不了解权力地带的游戏规则及幕后真相，而经常在白宫走动后，安德鲁才有了浸淫商场之外的更多感受。当时的哈定总统很少将主要精力放在国家治理上，而是用大部分时间来研究自己的高尔夫球技巧。哈定还很风流。对此，具有正统观念的安德鲁自然有理由看不惯这位政绩平平的总统。在安德鲁·梅隆眼里，总统不过是一个普通的角色，而自己与他相比要更加高尚。于是，在哈定面前，安德鲁总是表现得不卑不亢，而如何最大限度地限制总统滥用国库资金就成了安德鲁工作的重中之重。

也许自己有着太多的负面之短，哈定总统在安德鲁面前也基本上是言听计从。一次，安德鲁·梅隆参加内阁对中东铁路的讨论，哈定的密友——司法部部长多尔蒂悄悄对总统说：“这回可难住他了，此事他肯定不会染指的。”哈定问道：“梅隆先生，我想你不会对中东铁路感兴趣吧？”“感兴趣，我们应该持有铁路100万到150万美元的债券。”总统转而对多尔蒂说：“没办法，他是个包罗万象的金融家。”还有一次，内阁讨论某军需厂战后如何处置的问题，大家吵成了一锅粥，哈定将迷茫的眼光转向了安德鲁，问该怎么办时，安德鲁一脸严肃地回答说：“告诉他们，拆掉了事。”就这样，财政部部长的一句话结束了讨论。也正是基于安德鲁与哈定的微妙关系，有人形容说在哈定的心里，安德鲁·梅隆就是祭司。

继哈定之后，约翰·卡尔文·柯立芝和赫伯特·克拉克·胡佛先后接过总统大棒，同时安德鲁连续执掌白宫财政大权，成为迄今为止美国历史上连任三届总统财政部部长的第一人，也是唯一一人，美国人甚至戏称“三个总统为梅隆打过工”。然而，20世纪30年代的经济大萧条成了安德鲁政治生涯的拐点。在危机扫荡之下，一周之内美国人在证券交易所内失去的财富达100亿美元，农场主为了销毁“过剩”的产品，把牛奶倒进密西西比河。问题的关键是，包括安德鲁在内，白宫官员在危机面前已经毫无回天之力，安德鲁的公众威信开始急剧下降。当时民间流传这样的打油诗：“胡佛吹哨，梅隆按铃，华尔街发出信号，美国开向地狱。”在拒绝担任美国驻英国大使后，78岁的安德鲁解甲归田。

离开官场的安德鲁看上去更加地恬淡孤僻。他每天还是习惯性地手中拿着雪茄，并且喜欢早起跑步。在饮食方面，安德鲁发生了不小的变化，很少吃牛排、猪排或火鸡等，而是钟爱儿童时叫卖的草莓、桃子及包括用它们制作的奶酪和馅饼。到了冬季，安德鲁喜欢吃苹果、梨、橘子、栗子、核桃及用这些果料做的奶酪与果羹。安德鲁说水果中含有丰富的维生素、植物蛋白、淀粉及纤维素，可以延缓衰老。然而，岁月不会让任何一个生命久住人间。82 岁时，安德鲁过世。而此前罗斯福总统针对他启动了让人尴尬的税务欺诈调查，但最终结论是无罪。

与洛克菲勒的恩怨情仇

这是最好的时代，也是最坏的时代。从自家银行的创建，到后来对石油、铝品等工业产业的跨界渗透，可以说梅隆家族的每一步成功都与人类的重大经济活动密切相关，如 18 世纪欧洲移民的美洲“淘金梦”及随之而来的商业与贸易繁荣对资金的巨大需求、原油的成功开采及英国工业革命后人类现代工业的快速兴起与扩张等。可是，梅隆家族的创始人托马斯・梅隆却是与约翰・洛克菲勒同时代的人物，两大家族的经营覆盖领域有着很多的重叠，并且总体上洛克菲勒家族的实力要显著强于梅隆家族，因此如何在与洛克菲勒的竞争中存活下来甚至取得上风就成为梅隆家族当时所要运筹的重要事情。

安德鲁・梅隆在北切斯特马库斯胡克海岸建造石油管道与油轮港口，的确在当时的石油行业算得上是另辟蹊径，而且“ W. L. 梅隆专业公司”旗下的克莱森特油管公司和熊溪油管公司等于就是梅隆家族的利润管道。可是，当时的洛克菲勒家族的石油运输网络，尤其是铁路运输线正在试图伸向美国全境，与梅隆家族的产业方向撞了个正着。对此，洛克菲勒不断地通过调高运费来打击梅隆家族等竞争对手，但幸好有梅隆父子银行的输血，莱森特油管公司和熊溪油管公司才得以存活下来，并最终顽强竞争到了不小的市场份额。不过，由于这些石油管道耗去了梅隆家族的 250 多万美元资金，在巨大投资威胁着银行正常资本周转的压力下，安德鲁最终还是选择将石油管道产业卖给了美孚石油公司，尽管有太多的不舍，但从中获得了 450 万的巨额利润也多少让安德鲁找到了一点心理平衡。

从后来梅隆家族与洛克菲勒家族共同参股或者控制一些大型企业的行

为，可以看出二者之间更多地选择了互相妥协、共同进退及谋取双赢的商业关系。比如在阿姆科钢铁公司中，海湾石油公司与洛克菲财团同时出现在三大控制人的名单上，另外一家是克利夫兰财团；在威斯汀豪斯电气公司的最大控股股东中，梅隆家族与洛克菲勒家族共同占据了绝对控股的地位；在固特异轮胎橡胶公司中，梅隆财团与洛克菲勒同样是四大控制人之一；另外，在独自把持了飞机、导弹及火箭设计与制造商罗克韦尔公司的同时，梅隆家族还与洛克菲勒共同持有了另一家世界最大的军火商洛克希德马丁公司，这家企业与威斯汀豪斯电气公司长期以来都是五角大楼和美国国家宇航局的主要承包商。值得注意的是，纽约梅隆银行的前五大股东里，居然也闪现着洛克菲勒及摩根大通第一、第二大股东的身影，纽约梅隆银行有近 10% 的股份掌握在摩根大通的两大股东手中。

如果说象征着安德鲁·梅隆个人职业生涯拐点的事件是 20 世纪 30 年代的经济大危机，那么梅隆家族真正的商业拐点则起于历史上著名的“水门事件”之后，而且梅隆家族与洛克菲勒家族再一次以正反方的对手姿态出现在了该事件之中。1972 年年底，理查德·尼克松因为结束了越南战争的政绩而以压倒性优势在总统选举中战胜了民主党候选人麦戈文，从而获得连任。然而，正当尼克松与他的支持者们弹冠相庆时，惊天丑闻爆发了。大致经过是：在总统竞选过程中，为了取得民主党内部竞选策略的情报，以共和党尼克松竞选班子的首席安全问题顾问詹姆斯·麦科德为首的五人潜入位于华盛顿水门大厦的民主党全国委员会办公室，在安装窃听器并偷拍有关文件时，当场被捕。由于此事，尼克松不得不黯然宣布辞职，从而成为美国历史上首位因丑闻而辞职的总统。按照美国宪法规定，总统辞职后，由副总统接任。于是，杰拉尔德·福特顺势成了正式总统，而且福特由此成为美国历史上又一个没有经过总统大选就当上总统的人。

“水门事件”的直接输家还不只是尼克松及其共和党，站在身后的梅隆家族也受到了殃及。在尼克松的连任竞选中，梅隆家族为其提供了 100 万美元的政治献金。自然，主人倒台后，追随者也只能鸣锣收场，梅隆家族在权力场的“香火”彻底熄灭。与梅隆家族的命运完全相反，在总统大选中公开反对尼克松的洛克菲勒家族则在政治舞台上又上了一个台阶。连任三次纽约州州长的纳尔逊·洛克菲勒成功当选为与福特总统搭班子的美国副总统，成为炙手可热的政治明星。洛克菲勒家族再一次压倒了梅隆家族。

当然，梅隆家族与洛克菲勒家族的博弈还在持续。“水门事件”后，安德鲁·梅隆转而扶持新保守主义，诸如“传统基金会”和“联邦主义协会”这样的保守主义组织；而洛克菲勒家族则祭出了新货币主义的大旗——资助芝加哥大学成为新货币主义的大本营，而著名经济学家弗里德曼则完成了从新自由主义到新货币主义的完美接棒。新保守主义在社会文化领域崇拜原始欲望，崇尚天性的活力和血腥；在经济领域反对国家干预；在政治军事领域主张美国应该在全球利用铁拳强制推行美式民主、美国标准、美国利益和美国价值。新货币主义推行全球性“美元”霸权，以此使美国控制全球金融与能源等战略资源。显然，尽管思想门派看上去不一样，但梅隆家族与洛克菲勒家族的核心价值观则惊人的一致，那就是确立美国在全球的至高无上的地位。因此，无论是新保守主义还是新货币主义，至今依然在美国有着非常强大的影响力，其中托马斯·梅隆的外孙里查德·梅隆·史凯夫目前还是新保守主义的“君王”式人物。

财富打理新方式

按照历年通货膨胀率及美元的平价购买力等指标匡算，在《福布斯》评出的“美国史上 15 大富豪”中，安德鲁·梅隆一度榜上有名，其名下资产价值比同年挤入榜单的比尔·盖茨还要多。另外，安德鲁只有两个孩子——儿子保罗·梅隆和女儿艾尔莎·梅隆，遗产的分割也就不是非常的复杂，而自 1931 年起，安德鲁就开始着手赠予子女大笔财富，其中股票成了他赠予的最主要方式，且在1937年全部赠送完毕。不难看出，安德鲁对子女赠予股票的时段正处于经济萧条与股市低迷时期，因此，有人算了一笔账，随着后来美国股市的重新繁荣，保罗和艾尔莎从父亲那里继承下来的股票市值翻了10倍之多，而这也许是安德鲁·梅隆生前所选择的最为明智的财富传递形式。

可是，作为第三代家族商业的接棒人，保罗·梅隆对父辈的事业感到索然无味，但这位耶鲁大学毕业的公子哥又绝对不是好吃懒做之流，他对艺术和赛马的狂热远远大过了对经商的兴趣，因此他宁可去管理父亲捐赠给政府的“国家美术馆”，奔走在全国各地操办基金会，也不愿在生意场上停留半步。这样，梅隆家族的管理权杖也只能转交到理查德·比蒂·梅隆的儿子、安德鲁·梅隆的侄子理查德·金·梅隆的手上，而保罗仅以兄弟和大股东的身份协助理查德·金·梅隆在一些重要事务上做出决策。不过，理查德·金·梅隆似乎同样对家族生意提不起很大的兴趣，反倒是对于军队及“滚石”乐队更为着迷，因此，梅隆家族传承到第三代，实际上已经很难再现往日的辉煌。

但是，虽然商业版图的拓展节奏没有得到较大的演进，可梅隆家族成员在创建基金会方面却接连迈出了不小的步伐。首先是艾尔莎建立了阿瓦隆基金会，一年后，保罗采用弗吉尼亚州的别名，成立了奥多明尼昂基金会，紧接着就是理查德·金·梅隆成立了自己的基金会。其中艾尔莎与保罗的基金会主要捐赠对象是信息科技、艺术、人文科学和高等教育，而理查德·金·梅隆的基金会则瞄准鼓励宾夕法尼亚州西南部的经济发展。之后，在三大基金会的影响下，梅隆研究所与卡内基工业学院就合并展开谈判，不久后，两者合并为卡内基梅隆大学。资料显示，梅隆研究所由安德鲁·梅隆与理查德·比蒂·梅隆联手创建，目的是纪念自己的父亲托马斯·梅隆。同样，为了纪念父亲，保罗和艾尔莎的两个基金会后来也走向合并，并将其名称改为安德鲁·梅隆基金会。

不难看出，与第一代和第二代家族掌门人更多的是谋取自我价值及家族商业价值的实现完全不同，梅隆家族的第三代则将注意力转移到了个人兴趣，特别是如何惠及公益事业与社会发展中来，其追求的更多是社会价值。这也可以看成是梅隆家族的又一次经营转型，甚至可以说携带着普惠能量的第三次转型所彰显出的意义丝毫也不亚于从农业到金融业的第一次转型和从金融到工业的第二次转型所表达出来的价值。因此，至今梅隆家族还能以比较高尚的形象激发起公众对其有趣的回忆，很大程度上应当归功于第三代人不一样的财富处理方式。

梅隆基金会刚成立的时候，投资产品比较单一，主要集中于国内股票和固定收益产品，如政府债券与银行储蓄，二者分别占总投资额的 60% 和 40%。到了 20 世纪 90 年代初期，基金会财务委员会开始制定新的投资策略，即在制定投资目标的过程中不但要考虑现在的支出计划，还要考虑未来资产的保值，因此为长久之计，可以增加流动性较差的投资品以增加组合收益。根据这一策略，梅隆基金会的整体投资目标是在给定风险的情况下，寻找长期的投资总回报。不过，虽然后来开始逐渐增加了其他类投资品的投资比例，但基金会投资篮子中主要装的还是股票和固定收益产品。

实际上，就像先前对浸染自家生意毫无兴趣一样，基金会的主人们对于投资产品的投资选择同样没有太大的热情，或者干脆说没有足够的财富管理能力。因此，梅隆基金会从一开始就交给了外来职业经理人打理。虽然当时的投资管理团队不到十人，但这也可以看成是梅隆家族第三代在管理模式上与第一代和第二代的又一个重大区别，即从家族血缘式与亲缘式管理发展到了市场化与制度化管理，并且正是职业经理人约翰·胡尔的到来，梅隆基金会的投资风格才发生了明显的调整，基金会的财务收益账本也越做越厚。

约翰·胡尔在华尔街被金融猎头公司誉为“性价比最高的首席投资官”。猎头公司曾根据某五个连续年度的性价比（平均每拿 10 万美元年薪能给基金会带来的收益）对首席投资官进行排名，约翰·胡尔排名第一。在被梅隆基金会聘为首席投资官（CIO）后，约翰·胡尔的管理团队发展到了40多人，并迅速调整了基金投资配置方向，即减少对股票与固定产品的投资，大幅增加对低流动性但有更高收益率的产品（包括对冲基金和PE等另类产品）的投资，最终股票和固定收益产品分别只占23%和11%，而其他类投资提高到66%，而且这一投资策略给梅隆基金会带来了丰厚的回报。除了金融危机期间的投资回报为负值外，约翰·胡尔带给梅隆基金会的年度收益率都达到了7%以上。有人甚至测算后得出了这样的结论，约翰·胡尔每拿到10万美元的薪酬，便可给梅隆基金会带来超过1%的投资收益率，职业经理人的黄金般的价值由此可见一斑。

迷失的第四代

虽然理查德·金·梅隆在经商方面并无过人之处，但至少梅隆家族的财富版图在第三代人手上没有被肢解与分割。可是，在理查德·金·梅隆去世之后，情况就完全不一样了。资料显示，梅隆家族第四代共八人，分别为四男四女，按照家族领导人传男不传女的既定原则，当时男生中年龄最大的是38岁的理查德·梅隆·斯凯夫，可这位一心只迷恋于新保守主义思潮的“君王”式人物却对家族事业没有任何兴趣，他的三个弟弟不是缺乏经验，就是像他那样根本无意踏足商场。最终，梅隆家族竟然找不到一个主心骨式的接班人，权力出现真空的同时，家族也最终走向肢解与分离，更多的人只能依靠信托和管理财产度日。

作为梅隆家族第四代的后继成员，马修·梅隆是不得不提及的一个重要角色。马修21岁时就从14个家族信托中继承了价值约2500万美元的基金，光是利息也足够他吃穿不愁花一辈子。而更有意思的是，在听到这个消息时，从来对钱没有概念的马修只感到震惊与迷惑：“有句谚语说，钱多麻烦事就多。我不知道要如何才能不辜负梅隆这个名字，也不知道要拿着这些钱干什么。”的确，“子孙不肖，留亦无用；子孙图强，亦无用留”，中国治家大师曾国藩关于财富传承的经典魔咒就在马修的身上得到了应验。

马修·梅隆有着让人羡慕的古铜色皮肤，出门时总喜欢穿萨维尔街西服，同时搭配爱马仕领带。穿戴奢侈品还算不了什么，马修·梅隆的公寓安顿在皮埃尔酒店内，价值大约是700万美元，而且他出行喜欢搭乘私人飞机。不仅如此，马修·梅隆还可以变着法子来烧钱，如开着法拉利闲逛南加州，与希腊皇储游泳横渡圣托佩兹海湾，举行豪华聚会招待不认识的各色人等，甚至为一场洛杉矶的派对支付15万美元，马修·梅隆连眼睛都不眨一下。由于太过于放荡不羁，马修·梅隆还染上了酗酒和吸毒两大毛病，后来为了戒毒，他不得不每天服用80片奥斯康定止痛片，每月仅在这个药物上的支出就高达10万美元。

托马斯·梅隆留给后人的“永远不要去动本金，尝试只花收入的1%”这一金句将滑入吸毒深渊的马修·梅隆拉了回来。在一次匿名戒酒互助社上，一圈人坐成圈自报家门时，马修·梅隆的眼光停顿在了塔玛拉·耶尔戴的身上，后者正在打造周仰杰鞋业品牌。很快，马修·梅隆与塔玛拉·耶尔戴结为伉俪，而且家族基因也让马修·梅隆迅疾涉足商业，在投资周仰杰男性鞋业品牌的同时，马修·梅隆还打造了自己的鞋业品牌Harrys of London，而且Harrys of London在市场上吸引了很多顾客，根据《鞋类新闻》杂志的评价，Harrys of London的设计要领先于同时代产品十年时间。

然而，马修·梅隆与塔玛拉·耶尔戴的婚姻热度也仅仅持续了五年时间，离婚后的马修·梅隆再度酗酒，产品销售一落千丈，最终马修·梅隆丧失了公司的日常管理权。不过，在与塔玛拉·耶尔戴分手不久，马修·梅隆又遇到了拉夫劳伦的设计师尼科尔·汉利，在携着第二任妻子再度走入洞房的同时，马修·梅隆又创建了一家名为汉利梅隆的电商网店，销售别致的女性服装。此外，在尼科尔·汉利的帮助下，马修·梅隆又重新开始戒酒，并与另外两个生意伙伴一起投资了一家在线艺术品拍卖行 paddle8，同时还投资了一个名叫 StyleHaul 的 Youtube 频道，用于制作介绍如何着装的短小影片。

介入实业领域的同时，马修·梅隆还投资 200 万美元创立了比特币孵化器 Coin Apex 公司，旗下拥有比特币支付平台 Coin.co。曾经有人愿意出资 2000 万美元收购 Coin.co，马修·梅隆头也不抬地回绝了对方，而且依靠着 Coin.co，马修·梅隆曾被《福布斯》评为数字货币十大富豪之一。马修·梅隆认为，“我们需要更加透明和更加自由的民主，美国越偷偷摸摸，也就越危险”，而解决的方案就是比特币，并且马修·梅隆深信虚拟货币最终会替代美元，银行业将因此大伤脑筋。如今，除了私人数字货币大行其道，各国法定数字货币都已蓄势待发，印证马修·梅隆的预言也许真的不需要太久的时间。

然而，由于长期吸食毒品，而且在戒毒的路上也时断时续，后来还干脆放弃了抗毒，53 岁时马修·梅隆在墨西哥坎昆的一家康复诊所走到了生命的尽头。去世前，马修·梅隆经常将三名子女叫到自己的身边，向他们重复地讲着一个真实故事：每隔 10 年梅隆家族的成员都会回到家族的发源地爱尔兰蒂·龙郡的一块土地举行聚会。听父亲不厌其烦地讲述着他所参加的每一次聚会场面，三个孩子除了茫然地点着头外，其实也没有任何更多的回应。

也许是在第四代的身上的确找不到一个可以主持大局的当家人，梅隆银行后来选择了与纽约银行合并，二者组建成新的金融企业——纽约银行梅隆公司。资料显示，纽约银行总部位于美国金融中心地段纽约市华尔街一号，由亚历山大·哈密顿于 1784 年创立，是全美历史最悠久的银行，业务范围涉及证券服务、全球支付服务、资产管理及私人客户服务、企业银行业务、零售银行及金融市场服务，被喻为世界上最稳健、赢利能力最强的货币中心银行之一。有意思的是，亚历山大·哈密顿曾出任美国第一任财政部部长，两任美国财长昔日把持过的金融旗舰最终走到一块，似乎映射着某种历史的必然。数据显示，合并当年，纽约银行梅隆公司管理和托管的资产超过 20 万亿美元，其中资产管理规模超过 1.1 万亿美元，成了全球最大的证券服务公司，同时该公司还以 1600 多亿美元的客户资产位列美国财富管理商前十名的显赫位置。

艺术瑰宝的传承

与老爹对作为慈善家的安德鲁·卡内基嗤之以鼻并且对社会公益几乎一毛不拔完全不同，安德鲁·梅隆则在家族践行公益慈善事业上迈出了第一步。除了将价值 2500 万美元的 115 幅绘画捐给美国政府外，安德鲁·梅隆还捐赠 1500 万美元建立了国家美术馆，而且卡耐基梅隆大学也是在安德鲁·梅隆的提议与赞助下建立起来的。也正是由于善举不断，安德鲁·梅隆在财政部部长的位置上赢得了“安迪大叔”的溢美之称。去世时，匹兹堡市名流为安德鲁·梅隆写的悼词中有这样的句子：“他是一位金融方面的天才、一位任何人都不曾真正了解的乐善好施者。他是一位罕见的慈善家、理想的公仆、温柔忠厚的家长、诚挚可信的朋友和最杰出的实业家。”

纽约长岛是世界著名的宜居地，这里有一处占地为 2300 英亩的庄园，而且周围超过 9 平方千米的土地都属于这座庄园。庄园最原始的主人是安德鲁·梅隆，而在安德鲁去世之后，他的侄子理查德·金·梅隆也一直居住在此。从远处眺望，庄园隐藏在郁郁葱葱的树林之中，只有一条公路从 51 号公路延伸进来。走进庄园，除了看到树林空地处爬满密密麻麻的葡萄藤外，庄园的南边还有一个标准的十八洞高尔夫球场及一座网球场和一个露天游泳池。当然，庄园中最打眼的应当是那座四层楼高、长 60 米、宽 30 多米的古老建筑物，如今这里除了成为理查德·梅隆·史凯夫召集右翼保守分子活动的场所外，还经常举行一些梅隆家族的艺术收藏品拍卖会。

应邀参加拍卖会的人士必须具有一定的身价底线，少则数百万美元，多则要求达到1亿美元以上。由此可见，时至今日，艺术瑰宝在整个梅隆家族中具有非同寻常的地位。

对于保罗·梅隆来说，虽然丝毫没有继承父亲的商业基因，但对艺术品的爱好大大超过了前辈。美国国家艺术馆在1937年正式动工，但安德鲁·梅隆却没有等到这座华丽建筑落成的那天。在父亲去世后，保罗·梅隆义无反顾地接过了续建的重任，并在四年后如期建成。保罗·梅隆由此成为美国国家艺术馆的首任主席、董事长和名誉理事。资料显示，在去世前的长达60多年的时间中，保罗·梅隆不仅出资委托现代主义建筑设计大师贝聿铭设计了美国国家艺术馆的东翼，而且还连续捐赠了913件艺术品。

保罗·梅隆不仅完全继承了父亲偏爱艺术收藏的衣钵，而且非常幸运地找到了志同道合的人生伴侣，也就是大名鼎鼎的本尼·梅隆夫人，而且对于外部人来说，言及梅隆家族的艺术修为与成就，也必谈梅隆夫人的功劳，甚至可以说在整个梅隆家族成员中，梅隆夫人的艺术建树为所有人所不及。作为美国收藏界的标志性人物，梅隆夫人收集了一些20世纪非常令人瞩目的艺术品，包括美国画家理查德·迪本科恩、美国抽象派画家马克·罗斯科、法国印象派大师卡米耶·毕沙罗、俄罗斯抽象油画大师尼古拉·德·斯塔埃尔、现代艺术创始人毕加索及多位荷兰绘画大师的作品，此外还有古董家具藏品及珠宝首饰，而且每件藏品都算得上是艺术家们手中的顶级之作。也正是物品稀罕及价值不菲，梅隆夫人收藏品拍卖会如今成了全球最知名的艺术品拍卖会之一。

收藏艺术精品与珍品的同时，梅隆夫妇还投资建立了耶鲁大学英国艺术中心，同时将自己收藏的英国艺术品捐赠给耶鲁大学，并出资建造了由路易斯·康设计的新馆。另外，弗吉尼亚美术馆、波林根基金会、乔特私立高中及弗吉尼亚户外基金会等机构也受到了梅隆夫妇的捐赠。值得注意的是，相比于丈夫保罗·梅隆来说，梅隆夫人的兴趣并不只停留在艺术品的收藏及慈善捐赠上，其最大的爱好则是园艺设计，而且梅隆夫人没有接受过任何正规的园艺教育与培训，完全是自学成才。据此，有分析人士指出，在20世纪60年代的全球名媛中，对时尚影响最为深远的应当是活到103岁的梅隆夫人。

从弗吉尼亚到纽约，再到安提瓜和巴黎，梅隆夫妇有许多处房产与养马场，而这些房子的室内外设计都由梅隆夫人亲自操刀，其中的橡树春庄园最为典型。这里有闻名遐迩的橡树泉农场图书室，室内收藏着1.3万多件藏品，其中多为有关花园设计的珍稀著作、植物绘画与绘图，以及古代的园艺手稿。更让外界羡慕的是，数十年来，梅隆夫妇在橡树春庄园招待了来自世界各地的政要贵客，其中包括肯尼迪总统夫妇、伊丽莎白女王、爱丁堡公爵和威尔士亲王。梅隆夫人为她的许多朋友设计过花园，并将收益捐赠于园艺和医疗事业，如肯尼迪夫人的度假别院玛莎维恩亚德岛、肯尼迪总统图书馆暨博物馆、纪梵希在法国的庄园等。有趣的是，纪梵希还是梅隆夫人的服装设计师，她的整个衣柜几乎都是纪梵希的作品，而纪梵希在店铺里也专门为梅隆夫人设立了专用更衣室，同时二人还搭档指导复原了路易十六的凡尔赛宫的厨房花园。

当然，在所有对外设计的园艺作品中，对白宫玫瑰园的重新设计可能是梅隆夫人一生最为自豪的成就。那是在约翰·肯尼迪总统当政时期，应第一夫人杰奎琳·肯尼迪的邀约，本尼·梅隆重新装饰了白宫并且大修了玫瑰花园。而在大修玫瑰园成功以后，梅隆夫人又应邀开始了对白宫东花园的设计工作。遗憾的是，她没能在肯尼迪总统遇刺以前完成。之后的总统林登·约翰逊的妻子也是梅隆夫人的朋友，她继续邀请梅隆夫人来完成东花园的设计工作，这个花园后来被命名为杰奎琳·肯尼迪花园。

科赫家族

脚踩商业与政治“风火轮”的兄弟王国

一项独特的技术发明打下了科赫家族日后高飞的坚实根基，一次无奈的出国经营垒起了科赫家族未来起跳的财富高地，一场激烈的兄弟纷争炼制了科赫家族持续经营的管理核心，一轮精彩的资本并购造就了科赫家族俯视群雄的王者地位，一种恪守的理念成为科赫家族市场竞逐的精神跑道。存续于全球家族企业的恢宏阵营之中，科赫家族的经商历史不算悠久，但绵延出的征战步伐十分的深厚；穿梭于全球商业显贵的豪华阵容之列，科赫家族的物理存在不算高调，但沉淀出的话语功能异常强大；端坐在全球阔佬云集的资本盛宴之上，科赫家族的身影不算伟岸，但散发出的摄人气场格外强大。

从参加竞选到创建智库，从声援党组到控制舆论，科赫家族开凿广袤的渠道朝着政治地带尽情延伸；从充当金主到左右大选，从贴近总统到遥感国会，科赫家族策动所有的力量朝着权力中枢全力渗透；从惨遭淘汰到斩获成功，从偶尔失利到岿然不倒，科赫家族秉持不变的守望朝着决策神经用心围猎。超级富豪乃是政治引擎，顶级财阀实为无冕之王。

来自欧洲的移民后裔

与19世纪中期之前大量的北欧与西欧人移民到美国相比，来自荷兰的哈里·科赫选择在19世纪之末才迈动走向大洋彼岸的脚步显然要晚得多，但其开发与经营实业的节奏并不落人之后。哈里先是在得克萨斯州的小城夸纳收购了一家濒临破产的报纸——《简要论坛报》，后来又将该报的附属印刷厂纳入旗下，而且《简要论坛报》至今还在发行。

弗雷德·科赫与父亲哈里的关系算不上和谐，甚至中学前后的很长一段时间表现出了非常强烈的逆反心理，乃至许多次哈里希望儿子到自己的印刷厂去工作、锻炼，但弗雷德就是没有踏进父亲工厂的半步。当然，弗雷德也绝对不是对此不屑。从初中开始，弗雷德就对化学产生了非常浓厚的兴趣，只是由于当时很少有学校开设这门课程，高中毕业后的弗雷德无奈进入休斯敦的莱斯大学学习工程学。不过，念到大二时，当获知麻省理工学院新开了化学工程课时，弗雷德不由分说就做出了转学的决定。

从麻省理工学院毕业并拿到化工学位后，应同学刘易斯·温克勒的邀请，弗雷德加入了位于堪萨斯州威奇塔的温克勒石油工程公司。两年之后，也就是27岁的时候，弗雷德发明了一种可以将原油高效提炼成汽油的新技术。这项技术对当时的炼油行业影响重大，不仅能够降低炼油成本，而且还可提高产量，因此明显增强了像温克勒石油工程公司这样的小型独立炼油厂的竞争力。鉴于弗雷德对公司的重大贡献，刘易斯·温克勒也将温克勒石油工程公司改为温克勒·科氏石油工程公司。

然而，当众多的小型炼油厂纷纷购买与采用弗雷德的发明专利后，石油巨头的石油开采与销售量受到了直接冲击，而且这些大型石油公司还不愿意购买弗雷德的技术成果，也不想投资改造设备以提高采油能力，只是最终将所有怨恨都集中发泄到了弗雷德的身上。巨头们联合起来组成“专利俱乐部”对弗雷德发起了诉讼，指控弗雷德及其服务的炼油厂侵犯专利权，同时列出了44条法规来禁止这种方法用于生产。虽然这些诉讼最终无一取得胜利，但给当时的温克勒·科氏石油工程公司造成了巨大损失。同时，石油巨头们还没有放弃从价格、销售渠道上对弗雷德及其所在公司的进一步阻击和扼制，眼看商业环境变得日益严峻，弗雷德决定远赴苏联寻找出路。

一个怀揣着石油开采新技术，一个蕴藏着丰富的油矿等待开发；一方是国家科技战略的需要，一方是对施展人生抱负的渴望。弗雷德很快与苏联结成了契约关系。随后的几年时间中，弗雷德帮助斯大林政府建立了15座现代化的原油精炼厂，自己也从中赚到了多达50万美元的财富。如果双方合作一直都很愉快的话，弗雷德原本就想在苏联一直工作下去，但是，随着时间的推移，弗雷德发现身边的数位苏联同行在斯大林的整肃运动中遭到残酷的“清洗”，许多人还被投入监狱。此时，作为来自另一个不同制度国家的“异乡人”，弗雷德感到阵阵惶恐。为了避免政治灾难不经意地降临到自己头上，弗雷德毅然选择了回国。

回到美国后，弗雷德参与组建了一家新的炼油厂，作为五名原始股东之一，他出资23万美元，获得了新公司23%的股份。这家炼油厂名为木河炼油公司，也是后来科氏工业集团的前身。在初期，木河炼油公司发展很不顺利，成立不久便遭遇“二战”爆发，美国对炼油行业征收高达90%的“超额利润税”，几位原始股东之间还发生了冲突，两位股东在公司创建的第三个年头便退出了企业。好在战争对原油的需求量大，两年之后木河炼油公司的财务状况有了明显好转，次年便以40万美元收购了位于俄克拉何马州的岩岛石油和炼油公司。

对于木河炼油公司来说，买进岩岛石油和炼油公司得到的并不仅仅是一家物理组织形态，更重要的是从收购中获得了一个完整的集油系统，而且正是这套系统为木河炼油公司后来业务的深度拓展奠定了坚实的基础。完成收购的四年之后，木河炼油公司的另外两名原始股东相继退出，弗雷德吃进了所有股份，木河变成了一家100%个人控股的炼油企业，而且在接下来的时间弗雷德与当时的石油大亨们展开了既合作又竞争的系列商战，木河炼油公司的经营实力也在历练与洗礼中逐渐走向稳固与强大。

业界认为弗雷德·科赫的创业过程和积累财富的经历与诺贝尔相似，因为二者的发明成果都极大地提高了行业生产效率，同时也是个人聚敛财富的最大武器。不仅如此，弗雷德目睹了苏联同行惨遭“清洗”的不幸，而诺贝尔也有弟弟在硝化甘油工厂爆炸中惨死的心痛。作为瑞典化学家、工程师和发明家，诺贝尔一生拥有355项发明专利。弟弟耶米尔死于非命后，诺贝尔关闭了瑞典工厂并前往德国建厂，后来又转战英法等国，业务涉及石油、化工、机械、电气、医疗等领域。对比之下，弗雷德的商业迁移记录的确与诺贝尔有着太多的相似，唯一不同的是弗雷德未能像诺贝尔那样在人类文明史上留下万古流芳的巨笔。

该隐与亚伯的战争

威奇托市是美国堪萨斯州最大的城市，科赫家族的石砌宅邸就位于市郊一处鳞次栉比的建筑群中，占地大约160英亩（约合65公顷）。当然，除了在这里拥有自己的住宅外，科赫家族脚下更多的还是大片农场。每到夏天，别家的孩子都可以在游泳池里畅快地嬉闹玩耍，但弗雷德总是强迫自己的孩子在农场里干活。不仅如此，即便弗雷德带着孩子们到非洲打猎，他也会安排出专门的时间带着孩子到当地农场去劳动。“我8岁的时候，父亲就让我在郊外的土地上劳作，从破晓一直到黄昏，稍有偷懒就会挨批评。”在家中排行老二的查尔斯·科赫后来回忆道。

弗雷德一共有四个儿子，除次子查尔斯之外，还有长子弗雷迪·科赫，而大卫·科赫和威廉姆·科赫则是一对双胞胎兄弟。在造就了孩子们从小热爱劳动这一优良习惯的同时，弗雷德也为他们创造了非常不错的教育环境。除了老大弗雷迪考进了哈佛大学，后来又进入到耶鲁大学深造之外，查尔斯、大卫与威廉姆三兄弟都从弗雷德的母校麻省理工学院拿到了工程学位，而且查尔斯还在麻省理工学院取得了核工程、化学工程两个硕士学位。

比较而言，四个孩子中弗雷德最偏爱的是二儿子查尔斯。不过，出乎弗雷德的意料，大学毕业后，查尔斯并没有像其他三兄弟那样回到家族企业工作，而是直接到著名的理特管理咨询公司谋到了一份工作。不过，两年之后查尔斯就被父亲召回，原因很简单，弗雷德患上了晚期心脏病，身体并不支持他继续撑立门户，而在弗雷德的眼中，查尔斯是能够掌管家业的最好人选。他甚至向查尔斯发出最后“通牒”：“如果你不回来工作，我就将公司卖掉。”

查尔斯最终没有违抗父亲的命令，回到了家族企业。不过，当真正触碰到家族企业的财务报表时，查尔斯却发现父亲治下的企业经营状况其实已经如履薄冰。当时，家族的炼油业务每年的销售额为6800万美元，利润大概为180万美元，工程业务每年的利润为200万美元，只能勉强维持收支平衡。在经过了一段时间的调查后，查尔斯很快发现目光短浅的问题正是公司发展的重大掣肘，其中父亲一心想留着现金来支付房地产税，而经理们则因为拒绝分享自己的炼油设备设计数据而丢失了不少市场机会，最终导致家族企业在欧洲的销售额急剧下滑，而且几乎入不敷出。

看准了管理与经营痛点的查尔斯很快开始了纠错性的业务调整，方向重点就是集中全力发展原油采集这一当时的家族企业最大的板块业务。一方面，查尔斯亲赴欧洲，在那里大量开办生产与提炼基地，同时拓宽原有的销售渠道并打入其他相关产品的市场；另一方面，查尔斯在美国国内大量购买货车和货运公司，同时购买了几条干线管道，以使输油管道系统能够从堪萨斯州延伸到其他州区。并且，所有这些投资项目在不久之后都产生了不错的回报。

看着儿子的积极进取与顺利成长，弗雷德打心眼里高兴，因此在查尔斯回到家族企业的第三个年头，他就将公司总裁的管理权杖交到了查尔斯手上。两年之后，弗雷德因心脏病突发去世，查尔斯接替父亲成为公司董事会主席兼首席执行官。那么，弗雷德究竟为儿子们留下了多少遗产呢？关于这一点，我们可以从大卫·科赫在对迪尔菲尔德中学捐赠后的演讲中略知一二，他说："我给你们讲个故事吧。有一天，我父亲给了我一个苹果。我很快就以 5 美元的价格卖掉了它，然后用那笔钱买了两个苹果，卖了 10 美元，继而是四个苹果挣来的 20 美元。哦，时间一天一天、一周一周、一月一月、一年一年地流逝，我一直在买卖苹果，直到我父亲去世并留给我 3 亿美元为止！"

为了纪念父亲，查尔斯将公司改名为科氏工业集团。但是，令查尔斯没有想到的是，四兄弟为了争夺家族企业的控制权，展开了旷日持久的争夺战，直至反目为仇。由于全部权力为查尔斯所掌控，弗雷迪与威廉姆非常不满，两兄弟甚至计划好要将查尔斯从董事会中排挤出去。不过，提前听到风声的查尔斯果断采取了行动，在弟弟大卫的支持下，查尔斯说服部分股东在关键时刻倒戈转向自己，同时为了断除后患，查尔斯和大卫联手出资 13 亿美元买断了弗雷迪与威廉姆手中的全部股权。但事情到此并未结束。不久，威廉姆觉得自己拿到的钱实在太少，便将查尔斯和大卫告上了法庭，只是这场闹剧最终并没有得到法律的支持。不仅如此，官司败诉后，威廉姆又把矛头对准了公司，控告科氏集团用谎报采油量等方法从美国土著印第安居民手中盗窃自然资源。直到四兄弟母亲去世那年，这场持续了 20 多年的家族争斗才以双方和解画上句号。

虽然和解之因至今还是一个待解之谜，但四兄弟各自的去向却格外清晰。查尔斯和大卫获得了公司的完全控制权，兄弟两人拥有公司 84% 的股权，其中查尔斯担任董事长兼总裁，大卫则是副总裁。弗雷迪迁往了不征收个人所得税的摩纳哥，同时他还在法国、奥地利和其他地方买下古宅，用来收纳大量的艺术品、古董、曲谱和戏剧剧本。而威廉姆则建立了自己的能源公司奥克斯波。同时，作为业余水手，威廉姆赢得了1992年帆船赛的美国杯，据说为此耗资6500万美元。

科赫四兄弟的阋墙之争在美国已经不是什么秘密，街头巷尾甚至将这一事件比喻成“该隐与亚伯的战争”。据《圣经》记载，该隐与亚伯是亚当和夏娃生下的两个儿子。哥哥该隐是农民，亚伯则是一个牧羊人。一日，该隐拿地里的出产物献给耶和华，亚伯也将他羊群中的头羊与脂油献上。耶和华看中了亚伯的供物，而看不中该隐的供物。该隐于是心生嫉妒，暗地里将亚伯杀害。该隐是历史上的第一个人类，亚伯也由此成为第一个死去的人类。

舞动资本并购的魔杖

相比于动辄百年以上的佳吉与科勒等家族企业，科赫集团至今还不到80年的时间，但要论及成长速度，其完全可以将这些元老级公司远远甩在后面。公开资料显示，目前科氏工业集团的全球员工有12万人，年收入超过1100亿美元，是全美最大的非上市私营公司。在分析人士眼中，科赫集团之所以能够快速长大，主要凭借的是持续不断的商业并购。

弗雷德收购岩岛石油和炼油公司应当是科赫家族展开的第一笔收购，只不过当时的收购体量还非常小，而且收购目标也圈定在石油开采。自从查尔斯执掌科氏集团管理大权后，不仅资本并购规模不断扩大，而且并购脚步也开始突破传统石油领域，其跨界并购做得风生水起，并最终完成了科氏工业的能源大布局。值得注意的是，科氏工业的每一笔并购资金并不是来源于面向市场的公开融资，而全部是自掏腰包。

对氮肥生产企业Farmland的收购是科赫集团跨出石油领域的重要一

步。氮肥的主要加工原料是天然气，但由于当时天然气价格大涨，包括Farmland在内的氮肥生产企业制造成本猛增，以致许多像Farmland那样的企业被逼到了不得不“卖身”的地步。经过谈判，最终科赫集团出资2.93亿美元整体吃进了Farmland，并在随后的十年内先后投入5亿美元升级化肥厂的基础设施。非常幸运的是，金融危机之后，美国开采页岩油的水力压裂技术获得突飞猛进，天然气的开采出现“井喷”，价格随之暴跌，科赫集团采购主要原料的价格最后只有收购Farmland时的原料成本的一半，而且化肥零售价持续高企，因为Farmland所在地区创纪录的玉米价格刺激了农民尽可能多地购买化肥。廉价天然气与昂贵化肥之间的差价给科赫集团带来了滚滚利润。

收购Farmland的第三年，对于佐治亚—太平洋纸业公司的下注成为科氏工业历史上浓墨重彩的一笔。数据显示，佐治亚—太平洋曾是“二战”期间美国军队最大的木材供应商，核心业务是纸浆、纸制品等，但由于经营不善出现财务严重亏损。最终经过协商，科氏工业出资210亿美元拿下了乔治亚—太平洋的全部股权，创造了当时世界历史上最大一宗非上市公司收购上市公司的案例，并且也使科氏工业超过连续29年霸占全球最大私有化企业座次的嘉吉而一举跃升为全球最大的私人公司。而且，这一情况至今也没有易帜。

水资源成了科氏工业频频投资布局的新宠，如科氏工业为马萨诸塞州富兰克林市等美国城市供应水净化系统，同时向美国国防部的承包商提供便携水工厂技术，该技术能够从海水、遭受化学污染的水源甚至核废料中提取饮用水。不仅如此，科氏工业还有一个产品叫PuronPlus系统——一家预制水工厂，根据城市或工厂的需要定制。虽然相比于炼油和化肥业务，水业务规模目前在科氏工业中的占比还不大，但查尔斯认为，清洁淡水正变得越来越稀缺，需求将不断增长，水资源一定能够成为集团未来赢利的最主要板块。

作为一个最新动向，科氏工业公司还涉猎了一些全新的科技领域，最具代表性的是投资72亿美元对莫仕公司的收购。资料显示，莫仕是一家位于伊利诺伊州的电子元器件制造商，主要为iPhone在内的众多电子设备公司生产零件，而且在科氏工业买断之前还在纳斯达克交易。在查尔斯看来，莫仕有望打开科氏工业从物联网革命中获利的新窗口，而且计划十年内莫仕的营业收入由现在的每年36亿美元增长到每年100亿美元。当然，仅仅收购莫仕还远远不够，市场人士判断，数百家更小的科技公司未来都可能成为科氏工业的盘中之食。

表面上看，一路“通吃”的科氏工业在收购上显得非常随心所欲，但其实并非如此。在自己的著作《好利润》中，查尔斯谈到了父亲创业之初曾经卷入的专利诉讼给企业带来的伤害时曾感慨，企业应尽一切努力避免卷入劳民伤财的诉讼纠纷，除了高昂的律师费，官司给企业带来的伤害是旷日持久的。并且查尔斯始终记得父亲在他刚进公司时对他说的第一句话：“我希望你的第一笔生意赔钱，否则你会高估自己。”并且，有意思的是查尔斯也不是常胜将军，甚至在进军油罐车行业时也曾由于对市场判断失误遭遇过惨重损失。因此，基于父辈及自己的商场教训，查尔斯在做出每一次并购选择时其实都非常谨慎。

观察发现，从执掌科氏工业以来，查尔斯恪守的应当是步步为营战略，一般只有在制定好最完美的退路之后，他才会与对方建立合作关系，而这些生意不会让任何同行染指，皆由自己独立完成。在做石油开采业务的同时，科氏工业还进入运输业务，这种做法的基本逻辑是：自己建一条输油管道直通新油田，一旦有原油产出，这条管道也能同时给公司带来收益。随着原油产量的提高，石油库存经常偏高，科氏工业又开始进入原油贸易业务。之后，为了分解石油开采与运输风险，科氏工业进入液化气采集、分馏及贸易领域，紧接着又利用液化气方面的开发能力，开展了天然气采集、运输、加工和贸易业务。再往后，气体业务和其他相关业务能力又让科氏工业开拓了氮肥业务。而为了拓展商品交易和增强风险管理能力，科氏工业又开拓了自己的金融业务，从而形成了燃料生产、运输贸易和金融服务的产业闭环。

扫描一下科氏工业在各个行业的地位，公众就很容易看到这个巨型家族企业非同寻常的影响之力。目前，科氏工业具备满足美国每日石油需求5% 的炼油能力，且年原油贸易量超过 7 亿吨，同时科氏工业垄断了美国石油与天然气的 1/4 供应市场，对此，科氏工业可以拿长达 4000 英里的石化产品管道做保障。科氏工业是世界最大的专业道路沥青生产厂和供应商之一，科氏沥青规范是美国联邦公路局认证的与 SHRP（美国公路战略研究计划）规范并列的国家规范；科氏工业也是美国第六大电力供应商，供电业务遍及全美 50 个州；而且科氏工业还是美国第三大化肥产品生产商和销售商。在金融领域，科氏工业是世界第四大大宗商品交易商，在休斯敦、纽约、日内瓦、新加坡等地设有交易大厅。不仅如此，科氏工业还向市场提供 Brawny 纸巾、Dixie 纸杯及 Stainmaster 地毯等品牌产品，渗透到了美国民众的日常生活之中。科氏工业的官网对此自豪地写道："衣食住行是人们生活所必需的，每一样都构成挑战，而我们拥抱所有的挑战。"

败局者的更多筹码

除了家族这一非常浓厚的商业特色外，有人说科氏工业集团还有另一个十分引人注目的标签，那就是深度染指美国政治，甚至不少政界与商界的人士都一致断言，在这方面，美国没有任何一个家族能与科赫家族同日而语。还在大卫·科赫 39 岁的时候，查尔斯就支持他参加公职竞选。当年自由党总统候选人埃德·克拉克与右翼的罗纳德·里根竞选总统，科赫兄弟不仅为前者慷慨解囊，而且受限于竞选捐助限额，大卫·科赫也不得不直接竞选副总统一职。这次尝试性竞选，科赫兄弟花费了 200 万美元。不过，虽然钱花出去了，预想的结果却没有到来。由于自由党的势力当时确实难以与共和党、民主党两大势力抗衡，不仅埃德·克拉克惨淡收场，大卫·科赫也输得一败涂地——两人的得票数总共没有超过1%。

公职竞选上初试牛刀的失败并没有让科赫兄弟放慢涉足政坛的脚步，而是改变了自己的行动策略，按照查尔斯的话就是“为了推动社会变革，需要从纵深的层面来考虑战略问题”。于是，外界看到，科赫兄弟从创建学术机构到组建智库忙得不亦乐乎，道理很简单，这里不仅是政治与经济思潮的发源地，更是公共管理政策的摇篮，而且从学术机构和智库下手，总比直接向某个政党或某个政权中心人物提供资助要光彩得多，也更能够避人耳目。

卡托研究所是查尔斯·科赫与人共同联合创建的第一家大型的自由主义智库，该研究所位于华盛顿，对外宣称是无党派组织，因此除了对两党时有抨击外，更多的精力则是花在推崇“个人自由、小政府及自由市场”之上，其中提出的减少政府对经济的干涉等观点最为突出。科赫兄弟向研究所提供的资金多达数千万美元，而且经过多年的发展，卡托研究所如今拥有100多名正式员工，作为如今美国的著名智库，其观点经常被美国主流媒体引用。

卡特斯中心是在创建卡托研究所的次年由科赫兄弟俩协助成立的又一家智囊机构，该机构依托的是位于弗吉尼亚州阿灵顿的乔治·梅森大学，因此，对外打出的旗帜是“世界顶尖的市场主导型创意大学智库——贯通学术理论与现实世界之间的联系”。科赫家族的基金会已经向卡斯特中心捐赠了数千万美元，而且中心创始人理查德·芬克既是一位经济学家，同时还担任查尔科·科赫慈善基金会的会长，并且也是后来美国荣昌的负责人和创始人之一。

在建立了卡托研究所和卡特斯中心之后，科赫兄弟也愈来愈感到单靠智囊团还不足以遂心成事，于是在大卫·科赫宣布加入共和党的同一年，他们便和理查德·芬克联手发起创立了一个名为健全经济市民委员会的NGO（非政府组织），且后来又在健全经济市民委员会开设了一个名为市民环境委员会的分支机构。就像先前对学术机构与智囊团体提供资金支持一样，科赫兄弟对健全经济市民委员会的投入也从不含糊，而且目前该组织近百名成员作为工作者分布在全美26个州。

不过，由于内部争端，健全经济市民委员会在成立的第20个年头就解散了，之后大卫·科赫和理查德·芬克再次合作成立了一个名为美国荣昌的新组织，而且美国荣昌成立的目的似乎非常明确，那就是支持茶党运动。茶党也称茶叶党，发端于1773年美国东北部的波士顿。当时属于英国殖民地的波士顿民众为反抗英国殖民当局的高税收政策发起了倾倒茶叶的事件，愤怒的人们把英国东印度公司一条船上的342箱茶叶倾倒在波士顿海湾，参加者遂被称之为茶叶党。从此之后，茶叶党也就成了革命的代名词。奥巴马执政后，新生的茶叶党发动了全国性的游行示威活动，打出了“税收已经够多了”（Tax Enough Already）的横幅，有媒体把这一口号三个词的第一个字母拼在一起（TEA），于是茶叶党就简化为茶党。全美茶党的分支机构有千余个，倡导小政府与弱监管，其价值观与科赫兄弟一脉相承，自然就能得到后者的拥护与偏爱。

与总统们的爱与恨

美剧《纸牌屋》被看成是一部优秀的政治题材影视作品，该剧讲述的是一个名为雷蒙德·塔斯克的亿万富翁，代表核电利益集团在暗处左右美国政府内政外交的具体政策走向的故事。在很多情况下，他都可以打通白宫椭圆形办公室的总统专线，甚至直接受邀参与内阁的机密会议。通过多年的经营，塔斯克在全世界的政商界都建立起广泛的人脉，剧中的总统称塔斯克是他的导师和好友。有人认为塔斯克这个角色的构建讽刺了“美国钱主政治”的本质，甚至有人提出这个角色的背景原型其实就是科赫兄弟。

不错，在美国这样一个高度市场化的国家中，政治与财富之间的边界历来就不是切割得非常清晰，二者之间的粘连从来也不是什么秘密，而且财富的量级程度与政治层级的亲密程度似乎呈现出正相关关系。因此，除了在舆论方面朝着政治地带火力全开外，科赫兄弟还使出浑身解数让自己的力量靠近美国的政治中心与权力中心——总统，演绎出了一幕幕金钱与政治周旋和博弈的爱恨悲喜剧。

科赫家族与总统的最早来往应当从弗雷德·科赫时就已经开始。从苏联回国后，弗雷德作为牵头人发起成立了约翰·柏奇会。此时，正值美国第 34 届总统艾森豪威尔执政，约翰·柏奇会的矛头首先便指向了艾森豪威尔，理由是包括艾森豪威尔在内的数十名杰出美国人同情共产主义，且怀疑艾森豪威尔的真实身份就是共产党。在组织的内部刊物上，柏奇会甚至称共产党将会“渗透美国的高层，直到连总统也赤化为止，而我们还被蒙在鼓里”。不过，由于当时弗雷德及其柏奇会势单力薄，这样的鼓噪式言论并没有引起外界更多的附和与反响。

大卫·科赫加入共和党的第十个年头，作为民主党成员的比尔·克林顿担任总统，政治立场上的分野无疑让科赫兄弟再次操起了对仗的武器。此时，健全经济市民委员会其实已经成长得相当有根有基，而且最漂亮的一战就是针对克林顿发起的 BTU（英国热量单位）能源税所展开的反击。除了通过媒体散播各种不利于能源税征收的广告外，健全经济市民委员会还发起了在国会大厦前进行反税的集会活动。

其实在克林顿之前，共和党人乔治·W. 布什就曾出任总统，也正是在此期间，科赫兄弟推动成立了市民环境委员会，提出酸雨等环境问题“原因未知”的说法，而当时科氏工业正被批评为污染大户。克林顿之后，乔治·W. 布什的儿子乔治·W. 小布什接任总统。在大选期间，科赫兄弟耗费了约 90 万美元支持小布什及其他共和党参选者，而在小布什执政后，通过的能源法案使能源企业得到了大笔政府补贴，其中科氏工业集团无疑是最大受惠者之一。

民主党人巴拉克·奥巴马担任总统后，科赫兄弟与白宫的斗争可以说进入了明火执仗的最高峰与最猛烈的时期。在任期内，奥巴马及美国众多左翼人士公开谴责科赫兄弟揽过多权势于一身，并且利用这些权势推动自身的经济利益，同时科赫兄弟、安利公司创始人狄维士家族及科罗拉多的科尔斯酿酒家族等 18 位亿万富翁则共同联名反对总统的经济计划。在奥巴马竞选连任的年头，科赫兄弟不仅耗资近 5 亿美元用于支持共和党建制派候选人罗姆尼与奥巴马同台竞争，且在奥巴马获得连任后，科赫兄弟又筹集 1 亿美元“战争基金”，发誓要将奥巴马拉下马来，并朝着奥巴马的诸多核心政策公开进行炮轰。

呼吁国会提高每小时 7.25 美元的联邦最低工资标准是奥巴马的重大惠民之举，但科氏兄弟认为这阻碍了美国的发展，并在威奇托市举行了为期四周的抗议，每天在电视台播放长达 60 秒的反对广告，宣称“美国已经迷失了方向”。同样，更接地气的平价医疗法案被认为是奥巴马任期内最伟人的成果之一。该法案的主要思想是，将 3000 万没有医保的美国公民纳入医保的范围，同时规定保险公司不能因为投保人有过往的病史而拒绝投保，也不能因为投保人有过往的病史而索取不同的保费。即便如此，科赫兄弟也投入大量资金给一家名为保护病人权力中心的暗线组织，并由该组织赞助电视广告，指责平价医疗法案是“政府接管”医疗的重要举动。同时，“美国繁荣会”的派生组织发起了反奥巴马医改集会。

科赫兄弟与唐纳德·特朗普的太极推拿更具戏剧性。大选之前，有媒体报道科赫兄弟已经制定了巨资买下总统宝座的计划，而且在共和党党内初选阶段科赫兄弟的看好人选也并非特朗普，并且即便是到了特朗普与民主党人希拉里·克林顿展开雌雄对决阶段，科赫兄弟依然不看好特朗普，甚至表示希拉里是更适合的总统人选。之所以如此，是因为在科赫兄弟的眼中特朗普是“非典型”的共和党人，代表的是一种“反建制派”力量的崛起。而且，特朗普和科赫兄弟在政治理念上也有着明显的差异，如作为美国政界的元老级人物，科赫兄弟对政治颇为敏感，但出身房地产行业的特朗普则更加喜欢用简单直接的方式处理问题，淡化意识形态，通过一系列煽动性的出格言论，获取媒体曝光率及部分草根民众的拥护。当然，对于科赫兄弟表现出的政治倾向，财大气粗的特朗普并没有将其放在眼里，并直接表示“你们影响不了我”。与此同时，希拉里也对科赫兄弟摆出了一张“冷漠脸”，她不仅谢绝了对方抛来的橄榄枝及潜在的巨额资金支持，还暗讽其“不安好心”。最终，特朗普作为第 54 任主人走进白宫，历史又一次与科赫兄弟开了一次玩笑。

输与赢的拼图

科氏工业总部位于堪萨斯州威奇托市的东北边缘，这里没有纵横交错的城市街道，只有广袤开阔的大草原，查尔斯·科赫一直住在这里。不过，与哥哥不一样，大卫·科赫却选择了在繁华的纽约定居。有人发现，大卫的纽约住所其实就是科赫兄弟有意设置的政治中心。与威奇托市相比，纽约更接近权力的中枢，更能够快捷地调配各种资源，进而近距离施加影响力。也正是在一次又一次财富与政治的缠斗中，科赫兄弟感受到了人生的乐趣、快意及难以遂心的失落与抱憾。

老布什与小布什执政时期可以说是科赫兄弟体验与享受人生得意须尽欢的黄金时段。在老布什的幕僚中，不仅莫卡特斯中心的高管被委任为负责监察监管成本的要职，而且莫卡特斯中心实际成了白宫的机要智囊团，有人甚至夸张地说老布什制定的十条政策中就有四条来自莫卡特斯中心学者的观点。到了小布什时代，大卫·科赫被提名进入全国癌症咨询委员会，而且科赫工业除了从推行的能源法案获得了大量补贴和税收优惠外，还从政府的行政合同中获取了数亿美元的收益。

但是，克林顿政府时期科赫兄弟的日子却不怎么好过。由于向江河湖泊中泄漏了约300万加仑的石油，法院在调查取证后对科赫工业做出了超4000万美元的处罚，最终经过协议，科赫工业支付了3000万美元的民事罚款，同时支付了500万美元的环保工程建设款项。克林顿当政的最后一个月，由于科赫工业对其位于得克萨斯州科柏斯克里斯蒂的精炼厂91吨苯——一种致癌物质——泄漏一事隐瞒不报，司法部专门针对科氏公司起草了一份长达97页的公诉书，科赫石油集团最终对其隐瞒包括篡改文案在内的环保违规行为的刑事指控表示服罪，并支付了2000万美元的罚款。

可以说，在与奥巴马政府的较量中科赫兄弟有得有失。由于科赫兄弟及其捐赠者同盟支付的大量针对性资金发挥了不小的作用，民主党在奥巴马任总统期间失去了参众两院、14位州长、30个州议会超过900个席位，而且共和党一直控制着众议院，令奥巴马的许多政策推行起来步履艰难。不仅如此，在奥巴马执政时期，美国联邦最高法院宣布全美同性婚姻合法化，这也与科赫兄弟矢志不渝地推动改革有直接关系。还有，奥巴马原本决定采取有力措施阻止全球气候变暖，但卡托研究所的学者在报纸上发表文章进行公开质疑，表示全球变暖理论会让政府对经济控制更多，不仅从某种程度上动摇了公众对气候变化确定性的信心，而且随后美国海洋及大气管理局发布的一份报告显示，认为科学家夸大了气候变暖严重性的美国公民数达到了20世纪90年代中期以后的最高水平。

与特朗普的过招表面看来科赫兄弟是败下阵来，其实并不完全如此。担任特朗普政府副总统的麦克·彭斯曾是查尔斯·科赫所锚定的总统位置的第一人选，也是科赫竞选捐款的主要接受者。在特朗普选择彭斯作为竞选搭档之前的四年中，大卫·科赫个人为彭斯的竞选活动捐赠了30万美元。虽然围绕总统竞选科赫兄弟与特朗普之间留下了些许间隙，但在彭斯的周旋与协调之下，矛盾定会大大缓解。另外，特朗普阁僚中的核心人物、国务卿迈克·蓬佩奥的仕途之所以一帆风顺，同样离不开科赫兄弟的鼎力相助。得益于科赫兄弟的支持，蓬佩奥得以当选联邦众议员，自此他被称为“科赫兄弟的议员”。特朗普上台后，提名蓬佩奥担任美国中央情报局局长，后又晋升为国务卿。不仅如此，特朗普任命的劳工部统计局局长比齐也曾是科赫兄弟资助的智库人类研究所所长。初步统计，特朗普政府内至少有 40 名官员与科赫兄弟存在直接关联，这些人完全可以被视为科赫兄弟利益的代言人。

当然，科赫兄弟最愿意看到的结果是，他们的很多诉求与特朗普所运作的政策目标完全一致，并从中收获巨丰。比如特朗普通过了新的减税法案，科氏工业为此每年可省出 10 亿~14 亿美元的税收支出；特朗普高调宣布退出《巴黎气候协定》，可以让科氏工业等高污染行业能够放开手脚获取暴利；至于放松市场监管、打击工会势力等特朗普乐此不疲的政策导向也正好与科赫兄弟的愿望不谋而合。

值得注意的是，除了在中央政府层面科赫兄弟通过自己的影响力而拿到了不少的好处外，在地方政府与权力机关的布局中，科赫兄弟同样也是硕果累累。特朗普参选的当年，科赫兄弟总计投入了 2.5 亿美元的资金。《华盛顿邮报》由此评论说，作为全美“最具影响力”的政治金主，科赫兄弟能走到今天这一步，并不是因为他们有钱，而是因为他们会花钱。其中一大理念就是走“草根路线”，因为亲民的做法反而会给他们带来更多的政治回报。与特朗普竞选时间相同步，科赫兄弟及其秘密捐赠人所形成的“自由伙伴俱乐部”至少为 19 名参议员、42 名众议员、4 名州长的竞选提供了直接的资金支持，为此，2.5 亿美元竞选资金中有 7000 万美元投给全美各地的民间竞选机构。

的确，特朗普的某些做法也有令科赫兄弟备感不快的地方，如对华商品加征高额关税，在美国与墨西哥边境修建隔离墙等，科赫兄弟认为这些政策都是“大错特错”，并表示将通过购买媒体内容、开展激进主义者教育、发动草根阶层、进行游说活动及展开政治分析等活动迫使特朗普改变主意，甚至会一直影响到特朗普下台。还有一点特别需要强调的是，有的人认为科赫兄弟年事已高，而且应该吃一堑长一智，从此会退出与政治博弈的江湖，但实际这种可能性微乎其微。按照查尔斯的说法，就是“人一旦进入政坛，就很难停下来，而我想要做的，就是改变这个国家的轨迹”。不过，也就在查尔斯说完这话不久，弟弟大卫却意外撒手人寰，即便自己再想试图在政治角斗场上大显身手，恐怕也是势单力薄了。

是天使，还是魔鬼

作为全球最大的非上市公司，科氏工业集团旗下的全球员工超过 10 万人之众。根据安永会计事务所发布的《2021 年世界 500 强家族企业》榜单，科赫工业公司年营业收入达到 1150 亿美元，排名第七位，而科赫兄弟对集团公司的持股分别高达 48%，其中查尔斯・科赫在 2022 年《福布斯》全球富豪榜上的财富为 464 亿美元，2019 年去世的大卫・科赫当年财富就达了 505 亿美元。虽然两兄弟加起来的身价比首富贝佐斯的个人身价小了不少，但是科氏工业是一个没有上市的家族企业。基于此，有人认为，其实世界真正的首富应当是科赫兄弟。

与上市企业的资产相比，科赫兄弟在科氏集团持有的股权可谓是真金白银。一方面，不同于上市公司的盈利还要跟全体股东分配红利，科氏工业的全部收入都进入了科赫兄弟的口袋中，因此科赫兄弟的财富究竟有多少，本身就是一个无法准确计算的谜。另一方面，像贝佐斯的个人财富往往会随着股价的波动而波动，其所持有的股权其实也仅仅是账面上的虚拟数字，而且贝佐斯这样的大股东如果要将股票变现，势必又会引起股价的下跌，相应地，又必然带来个人总体财富的缩水。而科赫兄弟则完全没有这样的后顾之忧，只要像先前那样持续赢利，他们的财富就永远处于正增长状态。更为重要的是，如果科氏工业真要上市的话，上市后的企业市值必然出现大幅增值，这样科赫兄弟的财富量也势必飙升。有人做过计算，只要科氏工业上市，它便可以跻身于全美最大的40家公司之列，科赫兄弟全球首富的地位也将由暗转明。

像很多美国的知名企业家那样，科赫兄弟也将不少财富捐献给了社会慈善事业。在一次洛杉矶的飞机失事事故中，大卫·科赫身受重伤，但他是头等舱乘客中唯一的生还者，而在康复过程的一次例行检查中发现大卫患有前列腺癌。从此，大卫开始接受持续治疗，并且大卫当时就辞去了所有商界及政界的职务，劫后余生的他开始将主要精力投到公共慈善事业中。除了向斯隆·卡特灵癌症中心捐赠了大笔款项之外，大卫·科赫还向纽约长老会医院捐赠了1500万美元，并捐了1.25亿美元给马萨诸塞州理工学院供癌症研究之用。此外，大卫还向琼斯·霍普金斯大学捐了2000万美元，向林肯中心的纽约州剧院捐赠了1亿美元，而且现在这个剧院已经更名为大卫·科赫剧院。不仅如此，大卫·科赫还捐赠了6500万美元来整修大都会艺术博物馆的广场。在所有的捐款中，大卫的最大一笔善款是捐给了旨在寻找癌症治疗之策的“对月发射”项目，资金额度高达7.5亿美元。

但是，以公益者与企业家双重面目出现的大卫·科赫，难免会处在利益与慈善的矛盾之中。被科氏工业收购的佐治亚—太平洋集团旗下的化工部主要从事的是用自家生产的福尔马林制造胶合板、层压材料等木制品，年均福尔马林产能超过了22亿磅。但科学家们很早就发现福尔马林能使老鼠患癌症，同时美国国家癌症研究所发布的权威科学研究得出结论称福尔马林能够致人患癌，且这些研究成果使国立卫生研究所的专家组得出了“福尔马林应被归类为致癌物质”并应受政府严格管制的结论。可问题是，大卫·科赫恰恰又是美国国家癌症研究所的顶头上司——癌症咨询委员会——的成员之一，而且科氏工业抵制福尔马林管制规定已经几十年了，同时科氏工业也一直出资指使国会议员阻挠美国环保署，避免它将福尔马林划入“已知致癌物质”之列。

与科赫兄弟在慈善事业上的投入相比，美国民众更多看到的是科氏工业带给社会的危害。许多人认为，靠石油工业发家致富并长期资助共和党的科赫兄弟一直以来就是“邪恶资本家”的典型代表。按照《滚石》杂志的说法：“他们是世界上最有权势的50人之一，也是世界上最富有的20人之一，但他们更是遭受诅咒最多的12个人之一。”对此，《滚石》杂志援引马萨诸塞大学的数据指出，拥有超过4家大型炼油厂、6家乙醇化工厂和4000英里油气管道的科氏工业集团是和埃克森美孚、美国电力并列的全美三大高污染企业。另外，环保组织、绿色和平组织也在一份报告中称科氏工业是“否定气候变化科学理论”的主要势力，其每年的温室气体排放量超过2400万吨。

两度入围《纽约时报》年度十大好书的作者、《华尔街日报》率先被任命为白宫记者的简·迈耶在其著作《金钱暗流》中挖出了科赫家族不光彩的历史。按照迈耶的爆料，弗雷德·科赫曾帮助纳粹德国建立了他们的第三大炼油厂，直到它被盟军的炸弹炸毁之前，该工厂为德国空军生产了数十万加仑的高辛烷值燃料。不仅如此，为了确保孩子们的想法“正确”，弗雷德还雇了一个德国保姆，而这位保姆是一位狂热的纳粹分子，直到法国陷落时她才辞职并返回德国。在简·迈耶的笔下，科赫家族就是一群不折不扣的政治与商业流氓。

阿诺特家族

携带经典与高贵的“时尚王朝”

没有亲手制造一件奢华产品，但伯纳德·阿诺特得心应手地控制着全球奢侈品的半壁江山；没有亲自打造一个豪华品牌，但伯纳德·阿诺特怡然自得地拥有着多家国际顶级品牌；没有亲手创造一家原始企业，但伯纳德·阿诺特驾轻就熟地把持着众多知名企业的中枢神经。通过一场又一场眼花缭乱的资本并购与腾挪，伯纳德·阿诺特实现了完美的弯道超车；通过一轮又一轮大刀阔斧的资产整合，伯纳德·阿诺特编织出了奢侈品的精美构图。迪奥、轩尼诗、路易威登……可以排成长龙并让全球消费者顶礼膜拜与魂牵梦绕的顶级品牌，共同托举起伯纳德·阿诺特家族富丽恢宏的财富城堡。

别出心裁的产品设计和大师们的妙笔生花，体现了伯纳德·阿诺特不拘一格的用人思维；独具匠心的市场营销，以及消费者趋之若鹜的行为，映射出伯纳德·阿诺特不守陈规的商业谋略；持之以恒的精品提升和粉丝群顶礼膜拜的举动，传递出伯纳德·阿诺特对诚信为本的坚守；鬼魅丛生的商战风云和诸侯们锱铢必较的对垒，始终伴随着伯纳德·阿诺特圈城掠地的坎坷之途。进攻与守成之间，成功与失败之际，沉稳与激进之中，物换星移的风雨岁月，将伯纳德·阿诺特洗礼得让人引颈高歌的同时，也必然开启奢侈品王国接续未来根脉的时间窗口。

青出于蓝而胜于蓝

位于法国北部的工业城市鲁贝是伯纳德·阿诺特的出生地。伯纳德的父亲是一个上门女婿，服兵役期满后就直接进入岳父操持的建筑公司，并在伯纳德出生的那年正式接掌了公司的管理大权。不过，伯纳德的父亲虽然是倒插门，但与伯纳德的母亲结婚后并没有与岳父岳母同住一起，而是有自己的房子。并且，夫妻两人还特别会享受生活，如家里修建了游泳池，屋子里还挂满了名画等。另外，伯纳德的母亲并未像当时绝大多数女性一样回家当家庭主妇，而是为了保持自己的独立性选择了继续留在职场工作。就这样，孩提时代的伯纳德几乎都是在外祖父、外祖母的呵护与陪同中慢慢长大的。

外祖父、外祖母给了伯纳德许多超乎同龄小孩的偏爱，如与同街道的伙伴相比，伯纳德的玩具就要多得多，出门的穿戴也要比其他小朋友讲究得多。当然，作为家族企业的创始人，外祖父无疑对自己唯一的外孙寄予了特别的希望。伯纳德 7 岁时，外祖父就牵着他的小手参观了公司大楼，并走进楼内将每个办公室都“巡视”了一遍。伯纳德 10 岁时，外祖父去世。在葬礼现场，伯纳德默默把一个小纸条放进了外祖父的棺椁里头，纸条是他非常优异的成绩单。

高中毕业后，伯纳德考取了巴黎综合理工学院，并最终以优异成绩拿到了工程学位。起初，伯纳德听取了父亲“高才生就应该自己出去闯世界”的建议，走出大学校门后进入一家当地口碑还不错的咨询公司做实习生。但在工作一年后，伯纳德强烈感受到在咨询公司工作的人只能在一个边框里提出一些建议，却没有办法亲自试验与拍板决策。思前想后，伯纳德最终递交辞呈，回到了自家的建筑公司。

父亲管理的建筑公司所从事的主要业务是帮助别人建工厂，且在当地还小有名气，但伯纳德进入公司后发现，这个生意利润太薄，而且回款困难。于是，伯纳德建议父亲将公司旗下的工业建筑业务处理掉，重点转向开发个人房地产，主营公寓和度假别墅的建造与销售。起初，父亲并没有接受伯纳德的建议，可伯纳德不依不饶，他花了很长时间去做公司其他高管的工作。众意难违之下，父亲最终同意将工业建筑业务卖给了罗斯柴尔德家族的法国分部。

业务重组之后，不仅为家族建筑企业带来了高达400万法郎的现金收入，而且公司员工从1000多名一下裁减至不到百人，运营成本大大降低。与此同时，由于设计与开发出了适合消费者口味且非常新潮的个人住房与别墅，市场卖点格外看好，公司财务面貌由此大大改观。更为重要的是，从未有过的家族企业战略转向及超乎预期的大好收成，鲜明验证了伯纳德非同寻常的市场洞察与预见力，客观上也造就了伯纳德必须走到前台的基本趋势。

不过，当时伯纳德的父亲只有50出头，虽然亲身领受了儿子超乎常人的商业禀赋，却并没有将管理决策权移交给下辈的任何打算。不仅如此，看着儿子在公司的人气一天一天地上升，父亲心里虽然暗自高兴，但被提前取代的危机感也与日俱增。期间伯纳德尽管感受到了来自父亲的故意刁难，但伯纳德并没有过多上心，他只想以更好的工作业绩证明自己的能力。不过，父子这种没有摆上台面的“宫斗”还是没有逃过外祖母的目光。最终，令所有人没有想到的是，外祖母将个人所持股份全部转让到了伯纳德的名下，伯纳德于是成了公司最大股东。28岁时，伯纳德从父亲手中接过了CEO之职，几年后顺利出任公司董事长。

所有企业的商业命运都难以逃脱本国甚至全球政治气候的直接或间接影响。1981年，法国第一位社会党领袖弗朗索瓦·密特朗上位主政，并出台了一系列带有民粹主义倾向的经济政策，随即引起国内商界保守分子的紧张与不安。与此同时，大洋彼岸的美国在里根总统执政下大兴自由主义改革思潮，挑起了无数欧洲人跨洋淘金的投资热情。于是，像法国很多保守派企业家那样，伯纳德也选择前往美国谋求新的发展。不过，站在他乡异土之上，伯纳德第一次感受到了什么叫不适应。当时美国国内个人住房以大户型为消费主流，而伯纳德建造的都是小型住房，很难产生市场卖点，而且伯纳德发现几乎没有一个开发项目能盈利进账。

游子的目光始终关注着故土。三年后，法国国内的经济政策出现松绑与解冻，一度出走的资本开始缓慢回流，而此时，伯纳德几乎没有任何犹豫，带着全家踏上了回国的旅程。为了表示自己破釜沉舟的决心，伯纳德还赔本卖掉了在美国的一所豪宅。紧接着，走出巴黎机场的伯纳德就从前来接机的朋友那里得知有一家名为布萨克（Boussac）的法国纺织集团正在破产出售的消息，如同猎人意外发现即将到手的猎物难耐兴奋那样，伯纳德丰富的商业细胞也因听到布萨克的名字一下子被全部调动起来，他决定拉满弓把箭朝着既定的目标飞射过去。

吹尽黄沙始到金

一般而言，破产出售的企业在市场中都是“烫手山芋”，伯纳德意欲接手的布萨克集团同样也不例外。当时布萨克不仅财务账目上悬挂着36亿法郎的巨额债务，而且还有3万名定期罢工的员工。不仅如此，作为认购条件，法国政府要求购买者必须至少安置半数以上的原岗职工。显然，面对这样一个烂摊子和如此苛刻的条件，几乎所有的购买方都唯恐避之不及，而只有伯纳德不仅答应了政府的要求，并且表态称会掏出真金白银将布萨克全资购买下来。

伯纳德先找到了法国拉扎德银行的老总，获得了这家银行的出资承诺，紧接着又拉上了两个石油行业的投资人，总共凑足了4亿法郎的认购资金，其中伯纳德本人单独出资 1.5 亿法郎，四方联合成功收购了布萨克。在接下来三年多的时间中，布萨克展开了连续性的资产变卖与重组，集团的债务最终减缩到只剩下 17 亿法郎，相比于当时 50 亿法郎的总资产而言可以说是少了很多。伴随着负债状况的不断改善，作为上市公司的布萨克在资本市场上也逐渐得到了投资人的认可，股票也是一路节节攀高，最好的时候公司的市值一度达到 80 亿法郎。虽然最终不是在股价最高点位将集团资产整体售出，但成交时伯纳德与其他三位投资人依然将高出先期投资 4 倍的现金装进了自己的腰包。

其实，伯纳德对收购布萨克并不感冒，但“项庄舞剑，意在沛公”，伯纳德看中的是布萨克旗下的两个金字招牌——邦马士和迪奥。尤其是后者，伯纳德对它可以说是一往情深。原来，少年时期伯纳德就非常崇拜法国著名时装设计师克里斯汀·迪奥（Christian Dior)，在美国生活时，伯纳德还看到了迪奥香水开始在美国百货公司起售的市场景象，这个来自故乡的品牌给了他浓浓的思乡之情，也使伯纳德对迪奥更加情有独钟。很有意思的是，在与纽约的一位出租车司机聊天中，那位司机竟然告诉伯纳德说：“你是法国人，我不知道你们的总统是谁，但我知道迪奥是法国的名牌。”而这句简单的调侃让伯纳德对迪奥又多了一份魂牵梦绕的情感。正因如此，在甩卖布萨克全部资产的同时，伯纳德只留下了迪奥与邦马士两个品牌。

迪奥的国际标准名称是“ Dior”，法文中是“上帝”和“金子”的组合，金色后来成了 Dior 品牌最常见的代表色。作为迪奥品牌的创立者，克里斯汀·迪奥从巴黎政治学院毕业后很长时间找不到工作，时而在朋友那里借住，时而露宿街头，饥一餐，饱一餐，最终得了肺结核。但克里斯汀·迪奥是一个天生的设计师，尽管从没学过裁剪、缝纫的技艺，可对裁剪的概念了然于胸，对比例的感觉极为敏锐，因此，他曾在巴黎开办过一家艺术家画廊，也进入一家服装企业担任过时装制版师。41 岁时，克里斯汀·迪奥在巴黎街头邂逅了商业大亨马塞尔·布萨克（纺织品集团布萨克的创始人)，从此命运发生逆转。

布萨克纺织集团当时在马塞尔·布萨克的手上格外红火，在与克里斯汀·迪奥进行了简单的交谈后，马塞尔·布萨克决定出资支持克里斯汀·迪奥创立自己的服装公司。就这样，投资6000万法郎、共有85名员工的Christian Dior服装店在两个月后于巴黎蒙田大道30号开业了。第二年，克里斯汀·迪奥就开办了他的第一个高级时装展，推出的第一个名为“新时尚”的时装系列——急速收起的腰身凸显出与胸部曲线的对比，长及小腿的裙子采用黑色毛料点以细致的褶皱，再加上修饰精巧的肩线，颠覆了所有人的目光，也彻底打破了“二战”后女装的保守、古板。这种风格轰动了巴黎乃至整个西方世界。不久，克里斯汀·迪奥带着“新时尚”成功着陆美国，刮起一阵飓风后在纽约的第七街扎下脚跟。随后，Dior覆盖到古巴、墨西哥、加拿大、澳大利亚、英国等海外市场。

就在克里斯汀·迪奥举办“新时尚”时装系列展的当年，他还开发出了名为“Miss Dior”的香水。对此，克里斯汀·迪奥有这样一段表白：“香水是一扇通往全新世界的大门，所以我选择制造香水，哪怕你仅在香水瓶旁边逗留一会儿，你便能感受到我的设计魅力，我所打扮的每一位女性都散发出朦胧诱人的典雅。香水是女性个性不可或缺的补充，只有它才能点缀我的衣裳，让它更加完美。它和时装一起使女人们风情万种。”不错，正是有了香水的衬托，迪奥才显得更加完美，最终成为全球女性奢侈品的代名词。

除了服装与香水外，迪奥后来还推出了唇膏，应当说从1947年举办首场时装系列到1957年克里斯汀·迪奥因突发心脏病去世，十年间迪奥一直没有停止创新的步伐。而且，克里斯汀·迪奥也在去世的当年成为首位登上美国《时代》周刊封面的服装设计师。但是，从克里斯汀·迪奥手上接过管理权杖的年轻设计师伊夫·圣·洛朗仅仅在短期内保持了企业昂扬向上的态势后就因入伍和生病离开了公司(后来创立了自己的品牌“圣罗兰”)，随后迪奥便开始走下坡路。1968年，Dior香水公司被布萨克出售给了轩尼诗公司。10年后，布萨克破产，伯纳德“捡”到了迪奥（时装）品牌，迪奥时装公司作为单独企业实体也被保留了下来。

虽然迪奥不得已走上了卖身之路，但她在成就创始者本人的同时，也铭刻下了许多不可超越的历史记录，如她使巴黎成为战后全球的时尚中心，同时栽培出了两位超一流的服装设计大师，除了伊夫·圣·洛朗外，另一位就是皮尔·卡丹集团的创始人皮尔·卡丹。更为重要的是，手握着可以一言九鼎的金字招牌，站在布萨克的废墟上，伯纳德仅仅用了两年时间就让迪奥重新熠熠发光，并以此为据点展开了疯狂的圈地运动。迪奥旗下的高档消费品主要包括女装、香水、男装、童装、首饰和化妆品，在《财富》推出的“2022年世界500强”榜单中，迪奥位列156位。同时，在世界品牌实验室编制的《2022世界品牌500强》排行榜上，迪奥高居第76名的位置。

鹬蚌相争，渔翁得利

酩悦·轩尼诗—路易威登集团（Moet Hennessy Louis Vuitton，简称LVMH），简称路威酩轩，由路易威登（LOUIS VUITTON，简称LV）与酩悦轩尼诗集团（MOET HENNESSY）两大公司合并而成，因此，单从集团名字看，公众就不难看出路威酩轩非同凡响的实力，除了直接跳入眼帘的LV、轩尼诗这两个名字外，作为目前全球最大的奢侈品生产与销售企业，LVMH旗下还悬挂着星罗棋布般的国际驰名品牌。有意思的是，LVMH本来与伯纳德没有一点关系，但后来伯纳德硬是成了它的新主人。

路易威登公司由路易·威登（Louis Vuitton）在1845年创建，37岁时路易·威登推出了一款方便运输的平盖白杨木行李箱，表面覆防水帆布，角位以金属包边，装上手挽及托架，表面的榉木条以铆钉钉牢。这种新设计能保护衣物及易于携带，公司业务随着这款产品的出世蒸蒸日上。家业传到儿子乔治·威登的手上，为了打击各种假冒伪劣，更为了纪念父亲，乔治·威登设计出L、V两个字母环环相扣的符号，标志着LV品牌的正式诞生。后来，随着19世纪末期铁路旅行和轮船旅行蓬勃兴起，LV的需求量越来越大，并先后在伦敦、纽约等开设了旗舰店，接着就是得益于20世纪70年代中期迅速富裕起来的日本人的追捧，LV实现了几十倍的收入增长。

酩悦公司（Moet）由酒商克劳德·莫奈（Claude Moet）在1743年创建，主要从事香槟酒的酿造，而且到了第三代掌门人也就是克劳德·莫奈的孙子酩悦·雷米（Jane-Remy Moet）主政时，因其与拿破仑的深厚友谊，酩悦作为香槟品牌一炮而红，并赢得“皇室香槟”的美誉，酩悦公司也很快成为欧洲最著名葡萄酒供应商。法国大革命时期，被誉为“法国香槟酒之父”的唐·皮耶尔·培里侬修士所住之地奥维利修道院与葡萄园被充公，酩悦公司在拍卖会中斥巨资将其购入，紧接着将这个香槟酒的诞生地开辟为香槟博物馆，并树立了一尊培里侬修士的全身铜像，令香槟喜爱者以“朝圣”的心态前往参观，也让饮家们认为酩悦才是最正宗的香槟，酩悦因此后来闻名世界。

轩尼诗公司由为法国国王效力的爱尔兰人李察·轩尼诗（Richard Hennessy）于1765年创建。当年，轩尼诗敏锐地洞察到法国干邑地区“生命之水”巨大的国际销售潜力，于是在干邑地区建立了自己的酒庄。以美国为起点，轩尼诗自18世纪末开始在全球市场四处开花，先后敲开了澳大利亚、南美、日本及中国市场，并成为全球第一大顶级法国葡萄酒及烈酒品牌。而在此前的1971年，酩悦公司与轩尼诗公司合并，组成了酩悦轩尼诗集团（Moet Hennessy）。

合并之后的不到10年光阴，由于家族持股的不断下降，酩悦轩尼诗集团一直在为可能被外部收购而提心吊胆。与此同时，路易威登公司也在为自己过于依赖日本人的购买力而惴惴不安。1987年，在法国政府的撮合下，路易威登公司与酩悦轩尼诗集团合并，形成了 LVMH 集团。酩悦轩尼诗集团的总裁阿兰·舍瓦利耶出任集团总裁，路易威登公司的总裁亨利·拉卡米耶出任集团战略委员会主席，同时两个创始家族合计持有新公司 35% 的股份和 50% 以上的投票权。

但是，牵手容易相处难。合并后的路易威登公司和酩悦轩尼诗集团不仅在实际运作中各自独立，未能实现业务整合和协同，而且两家公司的文化也很难相容，因为酩悦轩尼诗集团的创始家族属于贵族，路易威登家族则是草根出身。更为重要的是，两家企业的老大经常为诸如信纸应该用什么颜色的问题吵得不可开交。最终，为了扩大在海外市场的酒类销售，舍瓦利耶让 LVMH 集团与英国的啤酒制造商健力士签订了国际分销协议，并互相持股，这也使在到底是强化酒类产品还是服装和皮革产品方面，舍瓦利耶和拉卡米耶之间的矛盾对抗和权力之争走向升级。

平时与拉卡米耶关系不错的伯纳德被拉进去做和事佬来调停 LVMH 集团两位经理人的矛盾。趁着对方还欲理还乱的关口，伯纳德提出希望将迪奥香水公司收归名下并将迪奥香水整合到迪奥时装的建议，不料却被 LVMH 集团当面回绝。友好收购无望，伯纳德转身找到了与 LVMH 集团签有分销协议的健力士，彼此达成了成立合资公司的协议，其中伯纳德持股 60%，健力士持股 40%。天时地利，1987 年 10 月法国股市突然崩盘，LVMH 集团的股票断崖式跳水，伯纳德控股的合资公司迅速出手，直至最终买进了 LVMH 集团 43% 的股票，成为该集团的第一大股东。

控制了 LVMH 集团之后，伯纳德开始对集团原来的团队进行调整，除了自己担纲集团主席和首席执行官以外，伯纳德的父亲让·阿诺特进入高管层担任监事会主席，舍瓦利耶和拉卡米耶双双走人，同时大批 LVMH 集团的元老也被无情放逐与挤走。在业务重组方面，原酩悦公司、轩尼诗公司及路易威登控股公司与不久后收购的法国第四大香槟制造商凯歌香槟（Veuve Clicquot）一同整合进酒水饮料部门；而迪奥香水公司、原路易威登控股公司的子公司纪梵希香水及娇兰香水悉数归入 LVMH 集团的香水部门。值得注意的是，对于迪奥品牌，伯纳德可谓情浓至深。2017 年，伯纳德又慷慨出资 121 亿欧元收购了散落在其他投资人手中 25.9% 的迪奥股份，并将其归入迪奥时装公司，伯纳德从而完成了对迪奥品牌 100% 的掌控，迪奥所有业务也终于归一。

在接下来 30 多年的时间中，LVMH 集团的确在伯纳德的统领下走到了全球奢侈品行业的王者地位。在由开云集团、历峰集团及路威酩轩集团组成的世界三大奢侈品集团阵营中，LVMH 集团是唯一一家涵盖奢侈品市场五大主要领域——葡萄酒和烈酒、时装和皮具、香水和化妆品、腕表和珠宝及高端零售的集团，而且旗下遍布着 70 家高档品牌，除古驰和香奈儿之外，迪奥和路易威登几乎占据了全球五大顶级奢侈品牌的半壁江山。

穿着开司米衫的狼

无论是轩尼诗、酩悦香槟、纽顿酒庄和凯歌香槟等葡萄酒及烈酒品牌，还是迪奥、路易威登、思琳和纪梵希等时装与皮革制品品牌，抑或是迪奥、馥蕾诗、纪梵希和娇兰等香水和化妆品品牌，以及宝格丽、尚美巴黎、戴比尔斯钻石珠宝等腕表和珠宝品牌，这一豪华家族中任何一个成员的出生与面世都与伯纳德扯不上半点关系，但今天他们像珍珠般环绕在伯纳德的周围，而导致这些奢侈品牌从原点迁移的最主要力量，无疑是伯纳德经常舞动的资本并购魔杖。从将迪奥收编到手起的近 40 年时间中，伯纳德一共展开了 64 场收购，涉及持股公司 76 家。

在公众面前，伯纳德不仅总是以西装革履的行头出现，而且看上去还非常儒雅，除了外界给伯纳德送上了“时尚教父”的雅号外，伯纳德还多次被时尚杂志安上“最佳着装男士”之类的头衔。不过，生性沉稳且平日少言寡语的伯纳德只要看到哪一家值得收购的企业内部乱了阵脚或者制度出现了裂缝，他就会马上变脸，随后便如饿狼扑食般地展开攻势，直至将对方逼到墙角束手就擒。为此，有人认为，伯纳德的成功完全依赖的是狠辣的并购手段，尤其是在对 LVMH 掌控权的争夺上，伯纳德几乎依靠的是赤裸裸的“抢”。正因如此，有人形容伯纳德是一条“穿着开司米衫的狼”。

不过，除了具有狼的凶狠外，人们不得不承认伯纳德更具有狮子般的果敢与猫头鹰般的睿智。伯纳德发动并购的时机往往集中在经济萧条期，相应的局部或者全球经济正在加速走下坡路或者已经进入寒冬，消费需求受到压制，奢侈品市场也会步入低潮，此时出手收购，目标企业往往会存在不小的折价，因而交易成本就要低得多，而且廉价捡到手的筹码日后还可以在经济回暖后获得巨大的回报。从收购日本时装高田贤三（KENZO）和买进美国时装唐纳·卡兰（Donna Karen），再到吃进法国香水化妆品娇兰和西班牙钟表品牌恒宝，以及拿下法国皮具品牌罗意威（LOEWE）和思琳（CELINE）等，伯纳德都是在经济低潮背景中完成了一场又一场资本布局的。因此，有人发现了一种有趣的常态，那就是每每有经济危机发生，LVMH 集团的市场份额总会有不同程度的提高。

“只要最高贵的”是伯纳德在收购时经常喊出的一句口号。伯纳德具有狼性不假，但在取舍猎物时，伯纳德还会挑三拣四，他必须保证到嘴的食物美味可口。因此，行业专家评论说，伯纳德只要见到一个美丽的品牌，就想将其收入囊中，这是他的一种强迫症，特别是那些具有百年历史的商业品牌，伯纳德都会一掷千金，从不吝啬大把的钞票。除了收购布萨克仅仅是为了迪奥而不惜押上所有资产及为获得 LVMH（实际就是瞄准了 LV、轩尼诗与酩悦香槟三大品牌）而在外围进行大手笔的资本布阵之外，后来收购唐纳·卡伦、普奇、罗威、豪雅等奢侈品，伯纳德无不是阔绰出手与慷慨下注。这种“只买贵的”的商业价值观，最终让众多奢侈品牌如群星般地汇聚到 LVMH 集团的麾下，搭建起了一个极度奢华的品牌金字塔，而且每个领域都有最顶尖品牌，同时使伯纳德仅用了 10 多年就将 LVMH 集团推到了全球奢侈品行业老大的位置。

如同面对瞄准的猎物伯纳德从不优柔寡断，伯纳德在对并购之后资产、品牌及管理层的重新架构与再度整合上，同样会显示出抽刀断水的强人姿态。对此，有人解释说这源于早年伯纳德在美国市场的搏杀经历，尽管前后时间不到三年，但伯纳德学到了一套日后被同事称为“100% 资本主义”的工作方式，乃至让那些思维传统的法国同胞措手不及，对待时装品牌企业思琳（CELINE）的并购处置便是最好的案例。由于无人继承，思琳创始人赛琳·薇琵娜在伯纳德承诺保留“创意方面”决定权的条件下同意了并购，但仅仅三个月之后她就发现伯纳德更换了全部管理层，变相剥夺了她所有的权利。所幸的是，思琳在伯纳德的手上并没有暗淡下去，而是从一个二、三线品牌跃升为可以与香奈儿抗衡的奢侈品牌，而且在世界品牌实验室发布的《2018 年世界品牌 500 强》中，思琳排名第 396 位。

当然，伯纳德并不是一只只顾吃进的“贪吃蛇”，对那些经营后回报预期不理想的收购品种他会像对待布萨克那样毫不吝惜地甩卖与抛售出去。很多人也许并不知道，除了在时尚领域排兵布阵外，伯纳德也在零售市场的精品端频频下注，如伯纳德是全球著名的法国连锁超市家乐福的第一大股东，也是法国最大的拍卖行塔桑的最大股东。另外，阿联酋迪拜食品零售商 Bateel 及中餐连锁集团翡翠餐饮的控股权也掌握在伯纳德手中。在伯纳德的眼中，非专卖性的零售端同样应该是奢侈品牌绽放异彩的理想场所。

设计师中的设计师

虽说并购能让企业变大，使旗下品牌数量增多，却并不意味着企业因此能够一定变强或者新增品牌价值一定会放大。但是，伯纳德就是有化腐朽为神奇、点顽石成真金的魔力与功力。对此，伯纳德吐露过自己成功的秘诀："奢侈品品牌的树立要比其他生意困难得多，它需要创造一种根本不存在的消费需求，塑造时尚奢侈品牌必须遵循一个公式：通过挖掘品牌历史并通过优秀的设计师来诠释它，从而定义出品牌身份。"显然，对于设计师匠心独运的选配是伯纳德打造品牌浓墨重彩的一笔。

买下布萨克后，伯纳德一方面大手笔处置资产，另一方面试图挑选优秀的设计师以让布萨克能够起死回生。当时，伯纳德花了三倍高薪和其他诱人的条件挖来法国才华横溢的设计新星克里斯蒂安·拉克鲁瓦。被挖墙脚的公司恼羞成怒，以"不正当竞争"为名将布萨克告上法庭，伯纳德与拉克鲁瓦被判赔偿对方1000万法郎。尽管如此，伯纳德对拉克鲁瓦仍充满期待与信心，全力资助他所有的设计和新品的推出。不过，拉克鲁瓦回报给伯纳德的却是一场接一场的失败，他在设计界光芒四射的作品走向市场后却遭遇着持续的冷遇，给集团造成了巨额亏损。但伯纳德并没有太多计较，直至找来了詹弗朗哥·费雷才让情势有所好转。

詹弗朗哥·费雷是来自意大利的设计师，伯纳德将其钦点过来就是让他操刀迪奥并让这块金字招牌再度发光。不过，由于迪奥在法国人心目中是最具有老牌风味的顶级品牌，人们对于伯纳德聘请费雷还是有很多的不解，而且也不相信这个不懂得法国文化的意大利人能够给人带来什么惊喜。可是，被人称为"造型美天才"的费雷确实成功了，1987年名为"Ascot Cecil Beaton"的巴黎时装处女秀带给世人一场空前无比的惊艳，并让其几乎成了日后迪奥的代名词，同时消费者也用大把的钞票为伯纳德的选择投下了赞成票。

对于"鬼才"约翰·加利安诺的大胆启用同样验证了伯纳德非凡的眼光。当时老牌法式时装纪梵希陷入设计困局，伯纳德高薪聘来加利安诺希望能够让其再现朝气，而加利安诺也不负众望，以煽情派的创作风格，用近乎极限的繁复华丽打破传统的枷锁，赋予了纪梵希全新的灵气。两季之后，伯纳德又将加利安诺转调到迪奥，与英国设计师亚历山大·麦昆联手合作，并在接下来的10年中推出一系列经典设计，迪奥的声誉由此被推到了历史顶点。

设计师们神奇的回春术当然也发生在LV的身上。20世纪80年代末，做工精细的LV包成为单调乏味、价格高昂的代名词，年轻的一代甚至与其渐行渐远。对此，伯纳德请来了纽约前卫设计师马克·雅可布担任公司的创意总监。按照伯纳德的要求，雅可布熟读了LV历史，然后将一系列现代元素镶嵌在老式LV上，最经典的两款LV手提包就这样被设计出来：一款将LV标识涂鸦堆砌，另一款因日本艺术家村上隆参与设计将五颜六色的LV标识衬托在纯白底色上。伯纳德对雅可布的设计十分满意。新品发布完毕的当天，伯纳德第一个冲向后台以拥抱的方式向雅可布表示祝贺。

女性时尚品牌思琳在设计力量的加持下再度大放异彩是伯纳德又一辉煌之笔。收购前，思琳是一家做童装起家的公司，伯纳德首先挖来了纽约著名设计师克斯出任高级定制服的首席设计师。克斯给思琳服饰赋予了季节性的着装特色，并让高级定制服走向更年轻化，同时箱包、鞋子也呈现出了年轻气息。继而，伯纳德又请来了美国设计师迈克·柯尔，思琳的商旅系列服装于是纷纷问世。紧接着，设计师菲比·菲洛升任设计总监，进一步将思琳打造成女性时尚的标杆品牌。团队智慧的累积最终使思琳从二、三线品牌飞向了可与香奈儿比肩的旗舰奢侈品牌行列。

为什么设计能够在伯纳德的手中发挥如此改天换地的功效？除了设计本身的颠覆性与创造力之外，在LVMH设计师们的眼中，伯纳德能够给予他们最大的自由去感知与联想，而且几乎从不否定任何一个新的创意设计。在商业研究者看来，LVMH是一个很有趣的个案，它内部所有单元品牌都是独立经营和管理，各有各的经营策略，这保证了多元化的组合，而且伯纳德一直坚定地捍卫着这种多元和独立。虽然伯纳德对并购有着浓厚的兴趣，但企业内部并不热衷于集权，伯纳德和总部200多名官员的主要任务是帮助子公司按照各自认准的方式运行。尽管总部设有监控官与各部门主管，但他们都时常受到伯纳德的告诫：要给那些活跃的子公司足够的发挥空间。另外，在LVMH的整个控股公司，并没有确定谁是首席设计师，分布于全球的50多家子公司基本保持自治状态，原公司老板仍可在自己的领地产生巨大的影响力。

伯纳德又是如何在这种松散管理模式中牢牢维系与体现出自己的核心地位的呢？一方面，伯纳德在并购或控股过程中一贯以现金支付，鲜以股票充抵，如此操作既不会稀释LVMH的股份，又能使被控公司的老总臣服于自己的资本优势。另一方面，LVMH虽然外表结构松散，但内部管理切实有效，企业文化的高度认同在其中发挥了重要作用。在LVMH，每个品牌的经营商及旗下的雇员都非常清楚，自己是隶属于全世界最大的奢侈消费品集团的，而伯纳德觉得LVMH这个品牌本身的价值对现有和潜在员工来说就是一种承诺和激励。对此，纪梵希男装设计师奥瓦尔德·博阿滕曾经大发感慨："在LVMH，伯纳德就是上帝。"

营销造势的背后

有人说，如果没有伯纳德，迪奥可能早已香消玉殒，LV也不过是被祖母遗弃在床底的旧梦，思琳最多还在地摊上苦苦挣扎。做出如此定论，除了肯定伯纳德对设计人才别具一格的使用，从而为昔日众多暗淡的品牌注入了厚重的历史元素与新鲜的时代血液，并让其能够再度发光外，另一个十分重要的因素就是伯纳德具有超乎常人的营销理念及十分犀利的市场穿透思维。

从理论上来说，与其他消费品相比，奢侈品给人的印象就是面向小众人群。因此，在伯纳德看来，让更多的人对奢侈品产生真正的消费欲望并加入购买行列自然就要难得多。正因如此，在进行销售推广时，伯纳德往往会一掷千金。在翻修巴黎LV时装专卖店时，LVMH共计投入了150万美元的财务成本，最终在专卖店外围搭建起了外形为两个LV皮箱的脚手架。当然，这个脚手架如今成了效果十分显著的巨大广告。纽约布卢明代尔百货公司前主席马文·特劳布对此评论道，只有伯纳德才愿意花150万美元在专卖店门前配置两个巨型LV手提箱模型。

除了永久性投入外，伯纳德对市场营销投放阶段性资本时也格外慷慨。2021年在罗丹博物馆花园内推出的迪奥春季镜面秀场其实就是一个巨大的镜面展馆。秀场占地总面积2200平方米，共用8万块镜面和7.2吨涂层混凝土搭建而成。秀场内部粗糙的白色混凝土与闪亮、光滑的镜面产生强烈反差。在全白色的展示厅搭配混凝土的室内，采用不同的镜面进行装饰，将其镶嵌在墙面、地板及天花板上。当迪奥的模特进入跑道的中央长椅座位时，镜子创造了一个发光的空间。仅这次投入LVMH就斥资近5万美元。

当然，搭建商品的脚手架模型或者建造超豪华的展厅让人觉得这样的决策看上去有点过度铺张或者笨拙，但伯纳德同样不缺乏充满心智的营销点子。从苹果公司的产品发布会，到铺天盖地的限量版营销，公众对于饥饿营销已经见怪不怪，但这种促销方法其实早已被伯纳德用得烂熟于心。一方面，LVMH的全球专卖店会不约而同地限制顾客的购买数量，同时在每个季度限量推出高价产品；另一方面，不同区域的专卖店实行错时销售，如一款售价5550美元的LV手包，最初只在美国纽约第五大街的专卖店有售，伦敦和纽约的消费者都要等上数月才能买到这种手包。这种奇货可居与人为制造产品稀缺的销售方法，一方面能够更强烈地吸引公众眼球和激起人们的羡慕感，另一方面也可以达到让消费者抢着疯狂下单的商业目的。

运用名人签约方式以制造出产品的感染力与影响力同样是伯纳德屡试不爽的销售方法。玛丽昂·歌迪是法国影坛大红大紫的女星，她凭借《玫瑰人生》赢得了奥斯卡影后的第二年就被LVMH抢到手，成为迪奥手袋的代言人。美丽动人的外表、睿智迷人的气质让玛丽昂·歌迪与迪奥手袋简洁高贵的定位形成了完美融合。在玛丽昂·歌迪亚被冠上“迪奥女郎”的背后，无疑是迪奥手袋被粉丝们的超级追崇与青睐。同样，在中国，LVMH请来了著名影星刘亦菲担任迪奥花蜜系列全球首位大中华区形象大使，完美诠释了迪奥花蜜系列的核心价值——不断追求卓越、极富女性魅力、精致而优雅，使迪奥产品赢得了越来越多的消费群体。据总部位于伦敦的品牌金融公司（Brand Finance）所发布的全球500个最有价值品牌的年度排名显示，迪奥的名次由2018年的第451名提升至了2019年的326名。

无疑，眼花缭乱的销售手法往往容易给人留下制造噱头的印象，但LVMH的真正竞争实力并不只是通过销售竞技表现出来。伯纳德一方面尽最大可能让自己手下的艺术大师与营销人员展开最大限度的创新，另一方面又不遗余力地在生产层面深耕细作。在法国巴黎LV总部制造厂，有一台专门销毁不合格LV产品的粉碎机，检验员逐个清点手提包上的缝线，多一个或是少一个都会被送进粉碎机。同样，如果伯纳德或者产品质量部门发现皮件接缝处一侧是四针，另一侧是五针，该产品的整个生产线就会重新整改。在伯纳德看来，要控制产品质量，必须能够支配工厂。因此，无论是迪奥还是LV，LVMH都会确保在自己的工厂加工成品，而不是选择外包。

必须指出，无论是加大销售层面的推陈出新，还是注重产品质量的精益求精，在让LVMH财务数据一路飘红的同时，更重要的是整个奢侈品也因此发生了斗转星移的改变。以LV为例，这个全球销量最大的奢侈品品牌，过去两个多世纪里不仅一直扮演着奢侈品行业规则制定者的角色，同时将旧式贵族发源起来的“奢侈”概念推向了更广泛的中产阶级人群，甚至抵达普通消费群体。按照行业分析师的说法，除了手包和时装外，LV的名牌店里最畅销的商品还有香水和太阳镜。对此，美国社交名媛苏珊·葛夫汉德对迪奥评价道：“当一切喧扰过后，商品卖给大众；你走过机场，买一副负担得起的迪奥太阳眼镜，感觉也沾上了一点光环。”

曾经的心痛

戎马倥偬的岁月对于伯纳德来说虽然有着太多值得自豪的历史记录，但商战风云的变幻莫测也有让他夜不能寐的时候，甚至还无数次将他推到了进退维谷之中。对此，伯纳德要么选择退而求其次，要么无奈断臂求存，或者不得不承受失败压顶的痛苦煎熬。当然，现在看来，伯纳德似乎并没有因商战步伐所遭遇到的大小荆棘而放弃圈城掠地的野心，也许曾经的心痛会让勇敢者进击的脚步变得更为坚定与执着。

在欧洲市场，意大利皮具生产商古驰集团（Gucci）一直是 LVMH 的劲敌，伯纳德早就盘算要将这个对手全盘收入囊中，而依据伯纳德的常规套路，他一定会以最小的代价获取最大的收益。于是，伯纳德采取了蚂蚁啃树的方法，他先是在二级市场小笔买入古驰集团的股票，使持股比例逐渐达到了 5%，继而疯狂扫货，分三次连续大笔买入古驰集团的股份，使 LVMH 对古驰集团的持股比例上升到了 34.4%，并成为后者的最大股东。在不到 20 天的时间，伯纳德共计调动了 14 亿美元的资金砸向古驰集团。

按照许多国家的资本市场规则，当持股人的持股比重达到目标公司股票权重 5% 时，应当立即进行信息披露，但当时荷兰（古驰集团虽是意大利公司，但总部分别设在意大利佛罗伦萨和英国伦敦，注册地则在荷兰的阿姆斯特丹），这给伯纳德在二级市场的蚕食行为提供了可乘之机，而且等到古驰集团发现自己已经沦为被人控制的公司时，一切都为时已晚。

作为对伯纳德敌意收购的无奈反击，古驰集团 CEO 德索尔要求 LVMH 全盘收购古驰集团，但被伯纳德明确拒绝。按照伯纳德的计划，他只想达到对古驰集团的控股，以削弱其竞争地位，同时作为一笔财务投资从中获得可观收益。不过，遭到回绝的古驰集团转身展开了“毒丸计划”——通过扩股来稀释 LVMH 的股份。同时，古驰集团还找到了法国巴黎春天集团（PPR），将总股本的 42% 以 30 亿美元的价格出售给了巴黎春天集团，巴黎春天集团于是成为古驰集团的最大股东，LVMH在古驰集团的股份则从34%稀释到了20%。不仅如此，巴黎春天集团还与古驰集团达成一项战略协议，保证古驰集团的独立性，继续实施多品牌战略。

古驰集团的无情驱逐让伯纳德恼羞成怒。很快一纸诉状递到了荷兰法庭，伯纳德要求法院对巴黎春天集团收购古驰集团股份的行为进行调查，理由是德索尔将古驰集团置于巴黎春天集团的控制之下，损害了古驰集团股东的利益，同时质疑德索尔与巴黎春天集团订有一项内幕协议，即同意巴黎春天集团作为古驰集团的大股东后，德索尔和古驰集团的设计师汤姆·福特将获得一笔巨额股票期权。经过取证调查，法院指出古驰集团行为不当，但并没有判决撤销古驰集团与巴黎春天集团的交易。伯纳德随后上诉至荷兰最高法院。

荷兰最高法院首先采取了庭外调解的方式，伯纳德乘机提出了新的要求，即巴黎春天集团必须全部收购古驰集团的其他股份，包括LVMH在古驰集团的股份。显然，伯纳德是倒逼迫巴黎春天集团出手，因为如果巴黎春天集团不全部收购，法院很可能最终判决古驰集团的增资扩股行为无效，巴黎春天集团将不得不从古驰集团退出，LVMH又会成为古驰集团的最大股东；关于巴黎春天集团能否整体收购古驰集团这个问题，伯纳德则不相信对方具有如此雄厚的财务能力。然而，令伯纳德没有想到的是，在法院的反复磋商下，巴黎春天集团最终竟然接受了全资收购古驰集团的方案。伯纳德的精妙计划又一次失算了。无奈，LVMH以每股100美元的价格将其所持古驰集团的全部股份转让给了巴黎春天集团，伯纳德控股古驰集团的全盘计划彻底失败。好在伯纳德买进的古驰集团的股票实现了34%的溢价，LVMH从中进账6亿美元。不过，让伯纳德后背有点发凉的是，巴黎春天集团以80亿美元吃进了古驰集团后，很快就由一家零售商华丽变身为全球第三大奢侈品集团，而且岿然耸立在LVMH的面前。

伯纳德试图收购本国竞争对手爱马仕（Hermes）股权前前后后发生

的故事更加值得玩味。舍瓦利耶执掌酩悦轩尼诗集团后，就已经购买了爱马仕15%的股权，而在酩悦轩尼诗集团与路易威登合二为一后，股权自然就归LVMH所有，后来LVMH又被伯纳德控股，股权自然就交到了伯纳德的手上。不知为什么，后来爱马仕要上市，去找伯纳德商量希望回购LVMH名下的股权，伯纳德竟然满口应允了对方的请求，将15%的股权售还给了爱马仕。不过，也许正是这一次不经意的让渡举动，才使伯纳德后来盯上了爱马仕。

为了不引起爱马仕的注意，伯纳德先是找到了几家中间公司，通过换股方式获得了1000万股爱马仕的股票，后来又通过其他衍生工具搞定了另外的300万股，持股比重也由最初的5%上升到了后来的17.1%，前后投入资金大约14.5亿欧元。然而，伯纳德竟然忽略了法国法律要求持有上市公司股票超过5%时必须发布声明的规定，而且LVMH在增持爱马仕股份的各个阶段均隐瞒不报。由于严重地连续违反了信息公开披露规则，法国股市监管当局对LVMH开出了金额高达800万欧元的罚单。尽管如此，伯纳德依然没有停止购买爱马仕股票的脚步，持股比重后来达到了23.2%，并成了爱马仕的第二股东。

面对伯纳德的行为，爱马仕家族再也坐不住了。作为一家股份两合公司（指无限责任股东和有限责任股东共同组成的公司），爱马仕的绝大部分股权掌握在家族成员手中，也就是爱马仕家族的200多个成员控制着72%的股权，而且得益于品牌的运营良好，家族成员格外团结。因此，作为对伯纳德收购行为的反击，爱马仕家族成员一起建立了一个基金会，将超过51%的股权锁死在基金会中，由此导致伯纳德永远也无法获得实际控股权，并且前期用高价购进的股份只能滞留于手中，LVMH的流动性也由此受到牵绊。眼看继续进攻毫无获胜希望，在巴黎商业法庭的调解下，伯纳德与爱马仕签订了和解协议，同意放弃所持的大部分爱马仕股份，并承诺五年内不再染指爱马仕股份。和解协议的大致内容是，由伯纳德控制的LVMH

向其股东分派所持的爱马仕股份，同时 LVMH 最大的股东迪奥集团将转手把爱马仕股份分派给自己的股东，并且伯纳德家族控股公司伯纳德集团持有爱马仕的股份降低到 8.5%。

值得注意的是，伯纳德答应不触碰爱马仕股份的期限已到，蛰伏了多年之久的猎人是否又会抄起猎枪并再次将子弹上膛？也许作为爱马仕的最大单一股东，伯纳德还会伺机而动，而且爱马仕家族成员中绝大多数人已步入老年阶段，等到这批人相继退出权力中心，财富接力棒交到第六代家族成员手上，那个时候可能是伯纳德发动攻击的时间窗口。

家族传承人

纽约曼哈顿中心的第五大道和麦迪逊大道之间坐落着高耸入云的 LVMH 大厦，过往人群只要抬头仰望，就不难感知这座大厦的主人超乎寻常的富裕程度。目前伯纳德是伯纳德集团的董事会主席，伯纳德集团控制着 Financiere Agache，而 Financiere Agache 又持有迪奥 70% 股份，迪奥作为母公司持有 LVMH41% 的股份，而且伯纳德既是 LVMH 的董事长兼 CEO，也是集团的最大股东，持股比例达到了 47.5%。不难发现，在错落有致的股权结构中，伯纳德完全将财富控制棒牢牢攥在了自己的手中。

按照业内人士的估算，以 LVMH 旗下 70 多个品牌的市场竞争实力，一年仅在中国市场就可赚取上百亿元的利润。据《胡润全球富豪榜》显示，自 2010 年成为法国首富后，再也没有任何一个法国人的身价超过伯纳德。《2022 年福布斯全球富豪榜》显示，伯纳德以 1419 亿美元的个人财富位居全球富豪第二的位置。值得注意的是，作为 LVMH 的灵魂人物，伯纳德不止一次在公共场合表示，自己的目标是将 LVMH 保持在伯纳德家族的控制之下，同时伯纳德也高调宣称，无论何时，自己都不会主动退出，他还有 20~25 年的时间去筹划未来。

然而，“世上万物有盛衰，人生安得常少年”。年近古稀的伯纳德也的确到了必须思考家族企业接班人的时候。伯纳德膝下有五个子女，其中长女德尔斐娜·阿诺特和长子安东尼奥·阿诺特是他与前妻所生。而且，五个子女从小就在为继承家族产业而接受教育，在伯纳德为争夺 LVMH 所有权勾心斗角时，他都会每天抽出时间给孩子们讲述商战上发生的故事，而在控制 LVMH 后，伯纳德很长时间都坚持在每个周六上午带子女们参观公司的专卖店。更为重要的是，五个子女都在国内外著名的高等学府接受过良好的专业教育。

德尔斐娜·阿诺特应该是父亲最为宠爱的掌上明珠，这一点从伯纳德低调且隆重嫁女一事便可管窥一斑。作为豪门的千金，德尔斐娜选择了意大利酒业继承人亚历桑德罗·瓦拉里诺·甘恰为夫。婚礼当天，新人先在世界文化遗产之一的圣·让·巴蒂斯特教堂举行了婚礼，然后在具有传奇性的伊更堡葡萄园宴客，整个婚礼场地用 5000 朵白玫瑰装饰，宾客们得到的招待是庄园酒窖藏品——伊甘酒庄 1975 年的葡萄酒和白马酒庄 1995 年的葡萄酒。当然，婚礼中最出风头的还有德尔斐娜身上的那件绝世无双的新娘婚纱。婚纱由昂贵的白色奥根纱配以白色珠罗纱，饰以老玫瑰色的精美刺绣和银线穿坠的水晶碎片，由迪奥的能工巧匠们历时 1300 小时而特别定制。

伯纳德的长女德尔斐娜在十几岁时就曾在巴黎迪奥专卖店做过香水销售员，高中毕业后便前往于法国享有盛誉的北方高等商学院（EDHEC）读本科，之后转道伦敦经济学院进行深造，毕业后便在全球最著名的战略管理咨询公司麦肯锡工作了三年。26 岁时，德尔斐娜正式加入 LVMH，从鞋业部门的基层工作做起，后来负责开发和推广迪奥香水的新品种。由于业绩突出，仅用四年时间，德尔斐娜便成为 LVMH 董事会里唯一的女性成员，出任迪奥产品部门副总经理，之后又转任旗舰品牌 LV 部门的副总经理一职。

与姐姐一样，安东尼奥·阿诺特从法国著名的商业学校毕业取得MBA学位之后并没有直接回到家族企业工作，而是花了两年时间学习网络投资，之后便在香榭丽舍大道的LV专卖店做了三个月的销售助理。不久，安东尼奥进入LV的传讯部门，几年后便被委以重任，担任拥有100多年历史的法国老牌贝鲁提（Berluti）的CEO。两年之后，又出任诺悠翩雅（Loro Piana，被LVMH收购的意大利顶级奢侈品牌）公司新主席。很有意思的是，安东尼奥与父亲一样非常追逐时髦，而且着装还十分优雅。按照性别判断，安东尼奥无疑具有接过父亲手中管理大权的优势，不过，从德尔菲娜的经历与资历来看，她似乎又得到了伯纳德的有意栽培。当然，猜测归猜测。当被问及谁才是最适合的家族继承人时，伯纳德从来没有明示过，相反，总是冷冰冰地做出回答："不要总是带着家族企业的阴谋论，伯纳德家族要比别人英明得多。"

匡特家族

驾驭恢宏产融城堡的隐形“沙皇”

埃米尔·匡特奠基铺路，由此实现匡特家族的商业起飞，也完成了个人社会地位从平民到富商的逆袭；京特·匡特巧手经营，由此带动匡特家族的产业转型，也完成了个人职业身份从工厂主到大财阀的晋级；赫伯特·匡特匠心独运，由此实现了匡特家族的资本扩张，也完成了个人从实业家到资本家的延伸。作为德国最富有的家族，匡特家族不仅在财富的代际传承上实现了完美禅让与交接，而且从未发生兄弟阋墙的人间悲剧。匡特家族以自己的智慧游刃有余地穿越了两次世界大战的硝烟，最终在成功塑造德国经济基石的同时，也将自己的不凡镜像刻录在了德国经济历史的簿记之中。

财产和谐分割的结果传递出的是匡特家族对血缘亲情与家庭友爱的倍加珍重，实业拓展图强的追逐表达出的是匡特家族对财富创造与产业变革的努力坚守，金融版图创新的聚能释放出的是匡特家族对要素整合与价值再造的高度认知，刻意低调形象的营造透露出的是匡特家族对过往经历与岁月留痕的许多无奈。作为名噪全球但充满争议的百年家族企业，匡特家族不仅需要以四代商业传承的经典事实向同行证明自己的不凡，更需要以足够的勇气与气度接受公众的审视与裁判。

纺织工的拯救

位于德国首都柏林东北130千米处的巴特洪堡虽然是一个小镇，但它是德国全境一座最受欢迎的高雅疗养小城。这里有值得参观的黑森公园露天博物馆及小巧精致的黑森农舍，并且可徒步到达旁边的格鲁森费尔德山。登上只有880米高的格鲁森费尔德山顶，便可从观景塔楼上俯瞰和眺望美茵平原的美丽风景及黑森州最大城市法兰克福的摩天大厦。

巴特洪堡的历史格外悠久。位于巴特洪堡北面的萨尔堡是罗马大帝哈特里安统治时期修建的，而且当时还有500名罗马军团士兵在此驻扎过。不过，与这些已经尘封的历史相比，匡特家族则更容易引起巴特洪堡老百姓茶余饭后的谈论兴趣。在巴特洪堡的西南边，有一家名叫奥古斯特和路德维希·德雷格的纺织厂，这是匡特家族发家的原点。距离工厂不远的地方还有一排面朝田野和草地的小楼，它们分别是以匡特家族二代和三代掌门人名字而命名的京特·匡特办公楼、哈拉尔德·匡特控股有限公司和赫伯特·匡特基金会。按照约定，第四代匡特家族成员每隔四年会来到巴特洪堡相聚会面。

追寻匡特家族的商业历史，虽然在埃尔米·匡特之前，父亲弗里德里希·匡特甚至爷爷曾做过制鞋、织布或者制绳的生意，但那都不成什么规模，最多算是养家糊口的小生意，匡特家族真正崛起的时日应当从埃尔米·匡特开始。由于父亲在埃米尔6岁时撒手人寰，全家所有的重担落在了母亲身上，因此中学毕业后埃米尔就不得不停止学业去打工来分担母亲的压力。当时，巴特洪堡有一家名为奥古斯特和路德维希·德雷格的织布厂正在招工，埃米尔很快便走进了这家工厂。

奥古斯特和路德维希·德雷格纺织厂的厂名采用了两位创始人的名字，

公司创立不久，普法战争爆发，对军服的需求猛增，企业的财务业绩由此红火了好一阵子。但战争结束后，销量迅速下跌，而且不久又发生大火，创始人中的一人退出，另一人路德维希·德雷格继续留守。或许是为了纪念二人共同创业的成果，厂名也一直没有变化。埃米尔进厂后从学徒开始做起，并且由于勤奋与聪明好学，几年后就被提拔为店员和公司业务经理。

对于埃米尔来说，影响其后来命运的恐怕不是职务的升迁，而是有幸结识了老板的千金海德维格·德雷格，并且二人很快坠入爱河。相识两年后，埃米尔与海德维格结婚，次年岳父路德维希·德雷格去世，埃米尔与小舅子马克思·德雷格联手接管织布厂。后来，埃米尔发现，公司除了岳父的股权外，还有其他投资人的股份。在征得了小舅子的同意后，埃米尔个人拿出了3.5万塔勒（德意志大银币）先后收购了除岳父名下之外的所有股份，由此实现了对纺织厂的全资控股，也从此开始了匡特家族的创业历程。

接手奥古斯特和路德维希·德雷格纺织厂后，埃米尔除为企业添置了当时国内最先进的机器从而使生产效率成倍提高外，还通过开发新品种扩大了市场占有率，同时借助产品降价及设立经销商渠道拿到了德国军队的不少订单，工厂的营业收入一直保持着良性循环状态。不仅如此，埃米尔是一个非常保守的人，在生意经营上拒绝贷款，增添机器都是靠工厂经营产生的现金流。正因如此，在随后德国经济寒冬不期而至时，埃米尔的纺织厂依然能够存活下来，而很多同行却在萧条期间倒闭歇业。更为重要的是，每一次经济危机都是一次产业形态与企业组织的深度洗盘，趁着很多公司在商业萧条之下急于出手且并购成本低的大好时机，埃米尔先后收购了当地三家实力强大的纺织厂，奥古斯特和路德维希·德雷格纺织厂也由此站到了行业垄断的位置。

研究德国企业历史的学者发现，不同于美国的家族企业主允许自己的孩子根据个人意愿选择职业及中国家族企业主认可甚至鼓励下一代进行自我创业，德国的家族企业几乎都希望子承父业。为此，德国很多的富豪家族制定了严格的教育与继承制度，家族的每一个孩子从小会被安排在封闭的环境下培养，了解家族文化，学习各项技能。相关数据显示，在德国350万家企业中，90%由家族经营。当然，这种企业上下代相承的制度安排也与德国的遗产税制直接相关。在德国，一般的遗产税最高可达70%，但如果一家企业传给子女，同时子女承诺10年之内继续经营，那么遗产税上交金额几乎是零。

埃米尔同样没有脱俗。作为长子，京特·匡特自小就享受着来自父亲的无尽厚爱。从小学到中学，京特都被送到柏林最好的学校学习，之后又在父亲的安排下进入普鲁士纺织工业中等专科学校就读。不仅如此，为了让儿子提前长见识，埃米尔不止一次带着京特参加巴黎的世界博览会。按照计划，埃米尔其实并没有那么急迫地将企业管理的权杖交到儿子手上。在一次体检中，埃米尔被检查出患有严重的胆病与肝病。为防不测，埃米尔只能火速将儿子从柏林召回。在父亲身边接受了为期半年的观察后，京特接过了家族企业的帅印。

不随父道行走

与父亲一样，京特·匡特除了拥有与生俱来的商业禀赋外，还特别擅长与政府打交道。在柏林读高中时，京特寄宿在校长家里，即便当时只有15岁，只要有一些要人造访校长家，京特都会不失时机地主动迎上去，目的是让自己在对方心中留下印象。第一次世界大战结束后，京特被当时的德国首相马克斯·冯·巴登特邀进入帝国议会大厦聆听首相宣读停战要求。“二战”爆发前后，京特深得希特勒的赏识与重用，匡特家族也从战争中受益匪浅。

京特·匡特主政家业后，抛弃了父亲过于保守的经营理念，开始从银行进行大额贷款用于企业扩张。在京特看来，当时的首都柏林及全国其他地区的人口快速增长，必然对棉纺织品构成强大需求，企业唯有扩大经营才能迎来更广阔的发展空间。为此，京特斥资110万德国马克买下了亲戚手中一个规模为中等的织布厂，接着进行了持续六年的增量投入与扩建。命运厚赐给了京特一个大展拳脚的机会。随着第一次世界大战的爆发，仓皇参战的德国急需大量织物被服，京特的纺织厂的产量被迅猛扩大到了原来的四倍之多，白花花的银子也开始源源不断地流进了匡特家族的口袋。

应当说京特不只是一个仅能捕捉市场机会的商人，更是一个能够准确预测经济走势的行家里手。“一战”期间，6500万人参战队伍中有1000多万人丧生、2000多万人受伤，而且随着同盟国与协约国停战协定的签署，战争所造成的经济余震开始发威。战后，战胜国要求德国支付巨额赔款，导致德国货币持续贬值，国内通货膨胀率飙升，大部分中产家庭因此而破产，甚至几代人辛苦积累的财富被洗劫一空，但匡特家族属于另外。正如德国历史学家与哲学家戈洛·曼所言：“战争使强者更强，使已经开始衰退的弱者更弱，这是一个经验。”这句话用在京特身上非常贴切。

京特比身边的任何人觉醒得要早，他已经提前看到了战后通胀必然升级与蔓延的结果，于是未等战争结束，京特就将手中的现金转换成了实物资产。不仅如此，通货膨胀也让京特轻易地还清了向银行的借款，而且京特开始将目光转移到了上市公司的股票身上。当时京特在二级市场上买进了20多家公司的股票，理论上来看算得上是一种可以分散风险的理智投资方法，但京特认为，作为小股东“我在哪里都没有讲话的权力”，于是，在睁大眼睛搜寻猎物的基础上，蓄电池厂股份公司（AFA）很快进入京特鹰犬般的视野。

经过缜密的研究，京特惊奇地发现尽管货币急剧贬值，但AFA的股本从战前以来就没有增加过，理论推定它的股票一定具有相当大的实物价值。基于此，京特开始系统地通过交易所购买AFA的股票，而且还以不声不响的方式进行，尽量不让AFA的创办人、70岁的阿道尔夫·穆勒有所察觉。最终，京特成功晋升为AFA的大股东，并被推选担任AFA监事长。对于匡特家族来说，这次成功的股权收购算得上一个重要的转折点，不仅AFA成了日后匡特王朝的商业核心，而且匡特家族也从此由轻工业迈进了重工业。

进入AFA管理层后，京特在德国商界的地位不断升高，并通过同样的股份收购取得了德国最大的军工康采恩（商业垄断组织的一种）德意志武器和弹药厂（DWM）的控制权，而且京特被推选为DWM的监事会主席。DWM旗下的毛瑟工厂具有强大的步枪和弹药生产与供应能力。这样，连同AFA一起，匡特家族又实质性地掌控了两家地位显赫的企业，且为日后在战争中获取超额利润做好了铺垫。

当然，京特的财富扩张才能与经济预判能力还赢得了希特勒的关注。在担任德国总理一年半之前，希特勒亲自召见京特·匡特，向他请教如何能解决德国的经济危机。胸有成竹的京特言之凿凿地陈述道，这场经济灾难的起因在于产品过剩及缺乏明确的规划，因此他向希特勒提出了“扩大公共投入，加强基础设施建设，增加就业岗位，拉动内需”的经济改革建议。这项经济改革策略深受希特勒的认同。希特勒成为德国总理后，仅用了三年时间德国便从全球赤字和失业率最高的国家变成了世界上名列前茅的经济强国。

第二次世界大战的爆发带给匡特家族的红利可想而知。趁着战争之机，京特有目的地收购了一家名为比克·古尔登的制药股份公司，因为他觉得收购一家制药厂是一种在战时跟和平年代都能获利的投资形式。事实也的确如此。多年以后，以比克·古尔登公司为核心的阿尔塔纳集团在匡特家族的第四代人手中大放光彩，最终成了一言九鼎的世界级企业。另外，值得强调的是，战争中，尤其是战后的京特，在商业思维上已经越来越成熟，竞争手法也日趋老辣。明显的标志是，在与对手展开竞争的同时，京特会主动发出倡议，寻求与不同公司的联合。在京特看来，合作和竞争的有机结合才是促进商业和经济发展的理想途径。也正是依靠着这种全新的友好商业理念，京特在业界的人缘越来好，即便是到了67岁，AFA董事会依然挽留他担任公司监事长。

然而，患上了严重支气管炎的京特·匡特已经开始明显察觉到身体一天不如一天，而在平均两个月就得住院一两周的情况下，京特开始考虑遗产的传承与分割。京特去世时，匡特家族的业务涉及200多家公司，包括电池、军工、冶金、纺织、化学、医药等，并持有汽车企业奔驰集团3.85%的股份。按照京特的遗嘱，家族资产将平均分配给两个儿子，其中赫伯特·匡特管理蓄电池、汽车和钾矿业的股份，哈拉尔德·匡特负责其他公司，包括德意志武器和弹药厂。就管理权而言，赫伯特出任AFA董事会主席，哈拉尔德出任监事会主席，而在德意志武器和弹药厂则正好相反。

三个儿子的不幸之事

京特·匡特经历了两段婚姻。首任妻子安东妮按照京特的公开说法是“自己的真爱”，而且婚后二人培育出了两个爱的结晶：儿子赫尔穆特·匡特与赫伯特·匡特。然而，正当京特分享着幸福婚姻与美满家庭生活时，安东妮在37岁时不幸病故，京特第一次遭遇到了命运沉重的打击。不过，京特似乎并没有因此而沉沦，反而不久之后结识了比自己小20岁的玛格达·弗里德伦德尔后感觉又得到了爱神的宠幸。相识两年后，二人走进婚姻的殿堂，玛格达在次年为京特生下了他的第三个儿子哈拉尔德·匡特。

京特·匡特与玛格达是在火车上相识的，为了庆祝结婚假期的到来，京特特地送给了玛格达一套位于格利布尼兹湖畔的高档别墅。可惜的是，这场婚姻只有善始却没有善终，二人的夫妻关系仅仅维持了10年便不欢而散。哈拉尔德·匡特后来跟随着母亲的改嫁来到了继父家中。当然，除了婚姻变故再度给自己的家庭笼罩上了一层乌云外，儿子们身上接二连三发生的意外让京特·匡特这个商界强人几乎感觉到走向了人生的绝境。

作为家中长子，赫尔穆特自打一出生就被寄予厚望，而且在京特的心中，赫尔穆特就是钦定的家族事业接班人，为此，赫尔穆特读完小学就被送到国外学习语言，后来还在巴黎接受工商管理专业的学习。但天不遂人愿，19 岁那年赫尔穆特患上了急性盲肠炎。住进医院后，医生叮嘱彻夜守在病床前的玛格达尽可能不要给孩子服安眠药，否则会引起肠麻痹。然而，赫尔穆特就是整晚睡不着，而且疼痛得在病床上直打滚。看着赫尔穆特痛苦的惨状，玛格达还是给了儿子一粒安眠药。早上查房时得知消息后，医生决定在傍晚给赫尔穆特做一次纯油灌肠，清洗肠道。

然而，傍晚时分做完灌肠的赫穆尔特却疼痛得大喊大叫，这时医生才惊讶地发现，护士用的不是纯油，而是兑了一半水——这位护士是一个逃亡者，并未接受过完整的护士培训。而接下来的一整夜，赫尔穆特就在一会儿疼痛一会昏睡中度过，至次日凌晨 6 点中安然睡去，并且再也没有醒过来。悲痛的京特起身走进凌晨的清新空气中，摘回了满满一捧红色玫瑰，将它们铺在儿子的病床上。“我失去了我亲爱的孩子，这是一场灾难！”京特在后来的回忆录中这样描述自己悲痛欲绝的心情。

长子早逝后，京特将家业传承的希望转移到了次子赫伯特的身上，因此只要有可能，无论是饭局应酬，还是出外旅行，抑或是商业考察，京特都会将儿子带在身边。不过，赫伯特也同样算不上是一个健康之人。出生落地不久，京特夫妇就发现儿子患有先天性眼疾。及至稍微长大，赫伯特的视力进一步退化，甚至到了 10 岁的时候，赫伯特已经完全不能看书，最终不得不离开学校。为此，京特在一座平缓的山坡上为儿子买了 100 公顷的农庄，还花大本钱进行了改造，以让儿子能够舒服地在那里待上几个月。但所有的努力似乎并没有见效，赫伯特一生只能通过听觉来打理公司事务。

与大哥和二哥相比，哈拉尔德的命运结局更加悲惨。9岁时跟随妈妈玛格达来到继父约瑟夫·戈培尔家中，哈拉尔德不仅成了“德国最年轻的希特勒少年”，因为戈培尔是希特勒政府的宣传部部长，而且后来的生活深受戈培尔的影响。戈培尔在鲍根湖畔盖了一所房子，里面有21个房间，并配有5个游泳池和家庭酒吧，而且整个房子都可以用电控制沉降到地下。同样，哈拉尔德的别墅中安装了25部电话，还有一座私人影院。为了能够更舒服地看电影，他让人在床上方的天花板镶嵌了一个巨大屏幕。不仅如此，哈拉尔德在300平方米的大客厅和家庭酒吧之间修了一堵墙，摁一下按钮就能让它沉降到地下。看得出，所有这些前卫式装潢，哈拉尔德都下意识地模仿了戈培尔的风格。

当然，哈拉尔德有超出继父的更多嗜好。45岁的时候，哈拉尔德喜欢上了一项高危险度的运动——航空飞行，并且还担任了德国空中俱乐部的董事长。然而两年后，哈拉尔德搭乘一架私人飞机去他位于法国南部城市尼斯的别墅度假，没想到在法兰克福上空遭遇到恶劣天气，飞机的无线电联络系统出现故障，无法判断方向的飞机只能盲飞，飞行员与哈拉尔德及其助手都判断错了路线。当他们看到图林的灯光时，误以为到了尼斯，飞机开始降落，结果一头撞在了前方的阿尔比斯山脉上，飞机上所有人员遇难，哈拉尔德也未能幸免。

无疑，京特当初在为两个儿子分割遗产时绝对不会想到小儿子哈拉尔德后来的遭遇。不过，有一点却可以让这位做父亲备感骄傲，那就是哈拉尔德活着的时候，与二哥赫伯特共同管理家业时一直保持着亲密的兄弟感情，二人也从没有发生任何争论或者利益上的冲突。正如赫伯特在后来的回忆录中所言：“我们发誓，在匡特家族内不应该发生一场兄弟阋墙，我们珍惜兄弟情谊。我们所有的生意都对半分。在德国企业界，我们兄弟的和睦被传为佳话。”

产业“狩猎者”

德国作家吕迪格尔·荣格布鲁特在《宝马背后的家族》一书中写道：“这个家族的历史贯穿着一条线：历代的匡特成员从不固守于某种行业，一旦发现某种产业经营发生变化，他们就迅速重新部署。”在荣格布鲁特看来，每一代匡特家族的领导人都是敏锐的“狩猎者”，他们能从复杂的商业环境中找到最具发展潜力的行业，其中最有代表性的案例就是匡特家族对汽车行业股权的染指与争夺。

位于德国慕尼黑的宝马集团全称是“Bayerische Motoren Werhe AG”，前身是一家飞机引擎制造厂，由古斯塔夫·奥图与人合伙创建，后因经营不善奥图黯然离开，他的合伙人找到奥地利金融家佛朗兹·约瑟夫·帕普，后者于是接下了这家工厂并将其改名巴伐利亚发动机制造厂股份有限公司，即今天的BMW（宝马）。另外，宝马的LOGO是一个中间蓝白相间的图案，它代表的是蓝天、白云和旋转不停的螺旋桨，象征该公司过去在航空发动机技术方面的领先地位。

由宝马制造且配置IIIa直列六缸发动引擎的军用飞机得到了第一次世界大战期间参展各方的大量采购。但随着战争的结束，根据《凡尔赛条约》，德国禁止制造飞机，无奈宝马公司转型制造汽车、摩托车发动机。其中，首款R32摩托车帮助宝马摆脱了战后阴影的束缚。另外，“二战”前夕宝马收购了英国奥斯汀汽车公司并拿到了奥斯汀汽车公司的生产许可，这样，将奥斯汀汽车公司简单贴上宝马的车标，宝马便可开始销售汽车。三年后，宝马推出3/20 PS这一首款自己研制的产品，次年又推出宝马303。又过了三年，宝马推出首款中型豪华汽车326四门轿车及326加长版335豪华高端轿车。从转型到汽车领域到产品正式升级拓展，宝马用了不到七年时间。

不过，伴随着“二战”的枪声响起，战争的需要又将宝马拉回到了飞机引擎制造的轨道上，同时宝马放弃了汽车制造。不仅如此，由于战争期间宝马的工厂被盟军炸毁，且随着纳粹德国战败，作为“二战”时德国飞机发动机主要生产公司，宝马的设备产权被盟军剥夺。为了公司能够维持正常的生产，宝马只能使用没有被盟军拆走的设备生产水壶和平底锅等产品。战争结束的两年后，宝马获得了可继续生产摩托车的许可，其中首款R24摩托车为宝马完成了“二战”后的资本再积累，而随着公司财务状况的持续改善，宝马又迈出了进入汽车领域的步伐。

的确，战后宝马推出的搭载V8发动机的502车型一度成为德国市场销量最好的轿车。但是，这款定位高端市场的车型并没有延续持久向好的销售态势，而且在当时德国国内豪华品牌奔驰、奥迪的竞争下，宝马似乎没有十分过硬的还手之功。及至20世纪中后期，宝马竟然发生了高达600万德国马克的亏损。不仅如此，就内部管理看，宝马当时的董事会也是群龙无首，扭转市场颓势的有效策略迟迟未能落地，而此时寻找狩猎对象的商业资本也开始闻到了宝马身上的血腥味。

虽然面前的物质世界模糊一片，但赫伯特拥有着常人所不具备的灵敏嗅觉。尽管当时宝马的股价逆势涨到了票面价值的180%，但赫伯特仍持续地在二级市场吃进宝马的股票。对此，哈拉尔德曾出面坚决阻止，但赫伯特还是坚持不断地买入。特别是作为一根重要的“救命稻草”，宝马股东大会通过了非定向发行新股的增资方案，但此时根本无人愿意认购，而且德意志银行也拒绝承销。僵局之下，赫伯特决定背水一战，亲自担任协调人，以自己财产作为赌注，购买了全部剩余股份。这就意味着，如果宝马无法脱离困境，赫伯特个人也将破产。

连同之前在二级市场购进的股份，加上一次性的增资认购，赫伯特让匡特家族对宝马的持股上升到了47.6%，并最终取得了完全的控股地位。当然，当时几乎所有人都相信赫伯特不可能让宝马会起死回生，但后来的事实证明赫伯特的确有着妙手回春的能力。除了想尽一切办法赢得了政府支持外，赫伯特还拿出了新的整改方案，并赢得了多达96%持股人的支持与赞同。另外，赫伯特还从通用汽车公司挖来了在欧宝工作过的汽车销售经理保罗·哈恩曼，并任命他为宝马的销售总监。在此基础上，赫伯特对管理人员充分放权，鼓励员工参与企业管理，由此极大地激发了他们的积极性与创造性。随后，宝马开发出的运动轿车New Class，一举将公司推入上升通道，接踵而至取代New Class的宝马5系更是赢得了市场如潮水般的抢购。当时消费者必须提前15个月下单才能如期将宝马5系开回家。

对于自己押注宝马股权的冒险抉择，20年后赫伯特这样自评道："对于我来说，1960年可能是我人生中最难的一年，其中一次就是决定投资宝马。某种程度上我是站在十字路口，要么带着一定的损失放弃自己在宝马的股份，要么独自承担全部风险。"同时，赫伯特的妻子约翰娜·玛利亚·匡特回忆说："我们家族史上有两个重要阶段：一个是在两次世界大战之间，我公公京特·匡特扩大企业规模的时期；另一个是我丈夫挽救宝马公司的时期，这在当时需要非凡的勇气。后来的成功证明他们是正确的。"

事实上，在获取宝马公司控制权之前，赫伯特还展开了对奔驰股权的争夺。当时，德国一名煤炭和钢铁生产商弗里德里希·弗里克买入了戴姆勒—奔驰公司25%的股票，与德意志银行并列成为最大股东，双方为控股股东身份展开明争暗斗。而此时，投机商赫尔曼·克拉格斯持有奔驰总股份的8%，周旋于两大股东之间，企图借此以双倍价格卖给对方。但"魔高一尺，道高一丈"，弗里克与赫伯特联手施展"明修栈道，暗度陈仓"之术，一方面弗里克明确拒绝出价，另一方面赫伯特出面与克拉格斯展开谈判，在没有拿到德意志银行理想价格的情形下，克拉格斯最终只能选择以双方都能接受的价位将全部股票卖给了赫伯特。随后弗里克与赫伯特按照3.5∶2.5的比例分配增量股份，前者取得了奔驰的控制权，匡特家族对奔驰的持股比重上升到9%。

无风波分家

在匡特家族的所有男性成员中，有着三次婚史的赫伯特所经历的情感路径最为复杂。在与乌瑟尔明斯特曼的婚姻中，夫妇两人育有一个女儿西尔维娅·匡特，两人婚姻存续时间为九年；再婚后，赫伯特·匡特与莉茨洛特共养育了三个孩子：长女宋娅·匡特、二女儿萨比娜·匡特和儿子斯万·匡特，两人婚姻存续时间也是九年；同第三任妻子约翰娜的婚姻关系让市井百姓更有谈资。约翰娜曾经是一位女佣，到德国之后成了赫伯特办公室的私人秘书，两人日久生情，最后从工作关系上升为夫妇关系，并育有苏珊娜·克莱藤和斯特凡·匡特一对儿女。

独自承担起家族企业管理重担的同时，赫伯特很长一段时间必须腾出一定的精力去关照弟弟哈拉尔德·匡特留下的孤儿寡母。与此同时，在丈夫去世后，英格·哈莱姆后来也找到了自己的生活伴侣、丈夫的生前好友、著名的体育节目主持人莱纳·金茨勒。不过，英格最终没有嫁给金茨勒，而是带着五个女儿改嫁给了金融专家汉斯·希尔曼·冯·哈勒姆。这种身份与关系的变化已经从客观上说明，如果再将他们与赫伯特说成是一家人其实已经非常勉强了。不仅如此，哈拉尔德去世不久，英格就与赫伯特之间在家族利益上产生了分歧，而在金茨勒的建议下，英格向赫伯特提出了分割家族资产的要求。

赫伯特对英格的请求没有表现出任何的异议，并请来了 45 岁的法学家汉斯格拉夫·冯·德尔戈尔茨作为第三方监督人见证了双方分家的整个过程。最终，经过两次财产分割，英格和五个女儿获得了家族持有的奔驰约 15% 的股权，同时还取得了车厢联合有限公司 50% 的股份、布什—耶格尔吕登舍德金属厂、德意志武器和弹药厂、科佩兰德股份有限公司及康特兰斯公司和吕贝克 GVL 两个公司 40% 的股份。作为对等，赫伯特获得了宝马及瓦尔塔（AFA 此时已经改名为 Varta）的全部股权，还有君特·劳曼国际运输两合公司、乌珀金属股份有限公司、布什一耶格尔丢伦金属制品有限公司的股份。

第一次分割家族财产后，英格和五个女儿在1974年将其持有的全部奔驰股份卖给了科威特国王萨巴赫三世萨利姆·萨巴赫，交易金额约15亿德国马克，创下了当时德国国内最大的并购交易记录。四年后，英格因心脏衰竭去世，旗下全部股份转移到儿女们手上。又过了四年，赫伯特·匡特突发心脏病身亡。赫伯特去世时，匡特家族经营着200多家公司，员工超过7万人，销售收入达到130亿德国马克，资产总额比他接手时扩大了四倍。匡特家族第四代也由此站到了一个更为耀眼的财富高地上。

宝马的新主人

赫伯特去世前对旗下财产在儿女之间进行了堪称完美的分割。西尔维娅·匡特喜欢艺术，包括雕刻、绘画、收藏东亚艺术品与旧表，赫伯特给她留下了一大笔债券财产，让她能衣食无忧地专心于自己的爱好与生活；同时将瓦尔塔集团等企业的股份分给了宋娅、萨比娜和斯万，即便是后来萨比娜退出瓦尔塔的时候，另外两个姐弟持有的股票价值依然高达1.2亿欧元。当然，在遗产分配中，最引人注目的部分就是宝马股权的分割。赫伯特将此一分为三：约翰娜持股17%，苏珊娜持股12.6%，斯特凡持股17.4%。约翰娜去世后，股权转移到了儿子斯特凡的头上，后者持股比重达到了34.4%。另外，苏珊娜和斯特凡还从父亲手中继承了其他公司的不少股权，并在此基础上成立了一家控股公司，集中掌控与管理散布在各企业名下的股份。

斯特凡·匡特在大学时学的专业是经济学，大学毕业后曾在著名的战略分析机构波士顿咨询公司工作过，后又跳槽到美国一家企业香港分公司出任营销经理。与弟弟一样，虽然大学学的是企业财务，但毕业之后苏珊娜也没有直接进入家族企业工作，而是只身踏进了著名的4A广告公司扬罗必凯打了两年工，之后又漂洋过海到伦敦，进入一家银行工作，紧接着便跳槽到著名咨询公司麦肯锡。由于担心匡特这个姓氏太惹人眼球，苏珊娜不得不隐姓埋名，改名为Kant穿梭于职场。而且，即便是在积累了不少工作经验而回到宝马上班后，苏珊娜好长时间用的依然是Kant这个名字。

有意思的是，虽然匡特家族过去几十年中一直是宝马的控股股东，但除了约翰娜担任过宝马董事会副主席之职外，再也没有任何人出任宝马的高层要职。目前来看，无论是苏珊娜与斯特凡，二人都只是宝马监事会主席团的成员，但这并不代表他们在企业重大决策上没有实质性的话语权。别的不说，按照公司章程，宝马的董事会主席或者CEO都必须获得半数以上股东的支持，由此也不难想象掌控着宝马1/2以上股权的匡特家族“一票否决”的分量。自然，无论是庞克，还是雷瑟夫，或者是目前在位的科鲁格，宝马的历任董事长与CEO都经过了匡特家族的亲自甄选与钦定。

同样是德国汽车行业的标志企业，奔驰—戴姆勒集团并没有大股东，主要由科威特主权财富基金及汽车制造商雷诺—日产控股，共持有10%股份。在做重大决定之前，戴姆勒必须召集众多的机构投资者。另外，大众汽车背后却闪现着波尔舍家族与皮耶希家族两大势均力敌的家族身影，而且皮耶希是一名具体管理者，其所担任的职务就是大众汽车集团的监事会主席。对比之下，匡特家族一直以来将业务交由职业经理人打理，同时将决定权牢牢地攥在自己手里。

以下两件重大事件再一次佐证了匡特家族在宝马决策上说一不二的地位。由于经营不善，英国罗孚汽车公司于1992年被宝马收购，但收购罗孚汽车公司之后宝马因此遭遇了严重亏损，为了挽回局面，苏珊娜在董事会上坚持卖掉罗孚汽车公司，并极力主张辞退负责这次收购事件的高级经理。还有一件事情就是，宝马董事会对董事会成员的年龄规定是到了60岁就得走人，但时任集团董事长与CEO的庞克则希望鉴于自己在宝马的成就而能网开一面，最终尽管董事会接受了庞克的请求，但监事会给出了明确的驳回，庞克在自己60岁生日的当天就收到了解除合同的通知。

匡特家族无情解除庞克的行为虽然合规合理，但此事在当时德国商界与舆论界引起了不小的非议。要知道，庞克对于彼时正在大步迈向国际化的宝马来说也算得上是一位功勋卓著的“船长”。退休的前一年，庞克让宝马以132.8万辆的销量超过了老对手梅赛德斯—奔驰，成了全球豪华车市场的新霸主，而且宝马还登陆《财富》杂志“全球最佳品牌”的榜单。也因为宝马的出色表现，庞克还被《商业周刊》评为“欧洲之星”及当年欧洲25位最杰出商界人物之一。

很多人因为匡特家族对庞特表现出的冷酷之举而担心宝马是否能够真正找到忠诚与尽责的职业经理人。其实，在全球企业界，德国企业员工的忠诚度与稳定度是非常高的，这不仅是因为德国员工很注重职业的传承，很多人进入一家企业工作20年以上是常事，甚至终身不换东家的员工也比比皆是，更由于宝马的“一把手”很少是从其他公司跳槽而来，而往往是从宝马资深员工中产生。特别重要的是，宝马的每个重要岗位都有短期和中长期的候选人培训计划，所以一旦有高层人员离职，很快就能有接替者补缺。这种自带风险平衡能力的用人体制确保了企业离了谁都能照样运转，更不会因为几位高层人员的离开而影响到原有战略的执行，即便宝马在外界看来是名副其实的输送高端管理人才的“黄埔军校”，但宝马几乎从来没有因此伤过半点元气。

作为全球驰名品牌，宝马在苏珊娜与斯特凡的手上不仅没有丝毫失色，而且熠熠生辉。除了收购罗孚与路虎遭遇失败外，苏珊娜与斯特凡也带领着宝马成功拿下了英国的MINI和Rolls-Royce（劳斯莱斯），由此形成了目前宝马集团的BMW、MINI和Rolls-Royce三大顶尖豪华车品牌。并且，三大品牌的市场细分定位目标非常清晰，其中BMW突出的是感悟汽车，即“全面的高科技、创新、美观及驾驶乐趣”的形象；MINI表达的是另类高贵，即“年轻、城市化、多姿多彩和与众不同”的形象；而 Rolls-Royce 代表的是“永恒的高贵和典雅”形象。

在三大品牌之下，宝马形成了 1 系（小型汽车）、2 系（小型轿跑）、3 系（中型汽车）、4 系（中型轿跑）、5 系（中大型汽车）、6 系（中大型轿跑）、7 系（豪华 D 级车）及 8 系（大型轿跑车）等多产品系列，同时还有其他四大系列产品车型，包括 i 系（电动及混合动力车系列）、X 系（SUV 系列）、Z 系（跑车系列）和 M 系（高性能改装车系列）等新型车矩阵。目前宝马集团在全球 15 个国家拥有 31 家生产和组装厂，销售网络遍及 140 多个国家和地区，2021 年集团全球汽车销量 252 万辆，同比增长 8.4%，其中 BMW 品牌全球销量达到历史新高，为 22 万辆，同比增长 9.1%，重回全球第一的位置；另外，宝马的纯电动车销量增长了一倍，达到 103855 辆，同比增长 133.2%。

企业经营业绩连续强劲上行并大范围飘红的同时，苏珊娜与斯特凡的个人身价也是水涨船高，来自《2022 年胡润全球富豪榜》显示，两人的财富分别为 164 亿美元和 172 亿美元，在全球富豪榜上分别排名第 93 位和 86 位。不过，这也只是苏珊娜与斯特凡在宝马所显示出的财富，如果算上二人在其他众多公司的持股及所得红利，保守估计财富总量可能超过 500 亿美元。

金融超级版图

作为匡特家族的商业大本营，巴特洪堡镇如今依然坐落着两栋别墅，赫伯特·匡特之家与哈拉尔德·匡特之家隔街而立，而且包括 HQ Holding、HQ Trust、HQ Capital、RECAP 及 Equita 等匡特家族的金融服务公司总部就设在哈拉尔德·匡特的别墅中，人们每天都可以看到许多穿着西装革履的白领人士从别墅门口进进出出。哈拉尔德的五个女儿每年都会来到别墅中聚会四五次，在投资经理和家族顾问的建议下，五姐妹会在碰头会议上就投资方向展开热烈的讨论。

在将高达 15 亿德国马克的奔驰股票变现后，虽然哈拉尔德的五个女儿各自平分得到了父辈的财产，但她们并没有进行分散持有与投资，而是决定重新整合起来，成立了单一家族办公室（SFO）——哈拉尔德·匡特控股有限公司（HQ Holding）——统一管理家族财富，通过建立投资组合分散投资。作为德国最早的 SFO，HQ Holding 聘用专业的职业经理人进行管理，主要为五姐妹提供专门的量身定制金融服务方案，包括投资、保险、艺术收藏及马厩管理等诸多领域。同时 HQ Holding 的创建也代表着匡特家族的一部分资产完成了从产业资本到金融资本的转移。

HQ Holding 的成功激发了五姐妹身边好友的兴趣，她们希望将自己的部分财富交由 HQ Holding 管理。同时，五姐妹也有意推广她们的成功实践，因为如果能将家族办公室的服务开放给其他家族，不仅可以降低运营成本，还可以扩大合作平台，吸引更优秀的团队，增大投资组合配置的能力及资本获利的机会。不过，匡特家族并没有对外部家族开放 HQ Holding，而是另外创建了一个联合家族办公室（MFO）-HQ Trust（哈拉尔德·匡特信托），为其他家族提供金融投资服务。这样，匡特家族便形成了仅对自己服务的 SFO 与对外部家族开放的 MFO 这一独特的双层 FO（家族办公室）结构。

HQ Trust 由匡特家族 100% 控股，但采用的则是典型的德国治理模型：管理委员会负责日常运营和战略执行，监事会负责制定 MFO 战略、维护股东利益、处理合法合规等，二者之间各负其责、职权分明，其中由两名成员组成的监事会没有任何一人来自匡特家族，监管权完全下放给职业经理人，匡特家族不参与任何战略与投资抉择，以摆脱创始家族对 MFO 的影响，同时杜绝 MFO 与 SFO 的利益冲突。而在执行层面，HQ Trust 的管理委员会由三名资深合伙人组成，同时还有另外三名资深合伙人参与日常运营决策的讨论，但 HQ Trust 并没有 CEO，匡特家族成员不进行任何干涉。另外，匡特家族对外做出承诺，将永远不会出售 HQ Trust 或者股权变现套利，从而形成了 MFO 与匡特家族之间的稳定合作关系。

无论是 SFO 或 MFO，都必须面对投资决策的选择，但相对而言，MFO 的投资决策流程更凸显机构化特征，而非将决策权聚集在一两人手中。因此，在具体的投资决策上，HQ Trust 往往遵守着投资委员会、CIO（首席信息官）、执行委员会、管理委员会、监事会这一严格流程。HQ Trust 的投资委员会由 13 ～ 14 名成员组成，每种资产类别都在投资委员会中占一席位。这些委员有权对投资做出提议，但唯独 CIO 和联席 CIO 拥有投票权。CIO 与联席 CIO 得出结论后，投资提议交到由三至四人组成的执行委员会手中，对其进行核实，决定该投资提议是否适合客户的投资组合，并将可能有的意见及修正反馈给两位 CIO，最终将投资提议交给管理委员会和监事会审批。

HQ Trust 所提供的核心服务主要包括财富簿记、战略资产配置及常规咨询三大产品。由于多数家族的资产均以分散形式存在，家族财富以家族企业股权、现金、房地产、艺术收藏品、证券、债券等多种形式分散在多个金融机构，家族本身较难对自己的整体财富做出正确评估。HQ Trust 将家族财富汇集于一张资产负债表中，协助家族进行财富结构化，识别家族财富的风险点。在完成对家族整体财富的记录与评估后，HQ Trust 的团队会对客户的财富状况进行汇报及咨询，根据家族财富的风险及机会提出资产配置方案。同时，HQ Trust 还会对客户家族提供常规咨询，包括法律、税务、企业管理、另类投资及产业咨询等。

在客户层面，大部分的 MFO 都希望拥有的客户越多越好，但 HQ Trust 没有宣传资料，客户大多为应邀参与，更偏爱与目标家族客户面对面地交流。这些投资组合中不仅包括债券、证券、黄金与现金，也拥有更大比重的房地产、PE（私募股权）、对冲基金等另类投资。或许与匡特家族的历史有关，HQ Trust 比其他德国同行更加青睐另类投资，在 MFO 家族客户的投资组合中出现 20% 的 PE 投资并不罕见。

在 HQ Holding 与 HQ Trust 两大平台发展的同时，匡特家族也在持续开拓其他金融服务品类，其中 HQ Capital 是一个专门提供 PE 与另类投资的专业机构，对于家族内外同时开放，分支机构散布于法兰克福、纽约、伦敦等地，旗下管理的资产总额高达 120 亿美元，像中国的阿里巴巴、京东、美团等公司都曾是 HQ Capital 的投资对象。另外，匡特家族还在美国成立了专门投资房地产的 RECAP 公司，创始至今在美国总共投资了超百亿美元的商业及住宅地产。不仅如此，哈拉尔德的五个女儿还创办了 Equita，专门投资德语国家的中盘股及一些中小创新企业。

与纳粹的那些事

在全球商界，匡特家族的谦逊与低调令人吃惊。不仅在自家的企业与产品名称上匡特家族从不使用家族姓氏，见之于公开媒体的匡特家族成员名单也是屈指可数。之所以如此，倒不是匡特家族自带不喜张扬的基因，而是如同分析人士所表述的那样，历史上的匡特家族有着难以启齿的污点，尤其是与“二战”狂人希特勒更有着说不清、道不明的关系。

在德国，一部名叫《沉默的匡特族》的纪录片播出后一度引起轩然大波。这部片子指责匡特家族在“二战”期间的纳粹行径，声称他们的工厂在战争期间曾经雇佣奴隶工人。纪录片公映的五天后，四名家族成员代表全体匡特家族发表了一份声明称，将捐助资金支持一项历史研究项目，以调查清楚家族在“二战”期间的经营活动是否和纳粹有染。而在经过四年的调查和研究之后，一份长达 1200 页的报告展现在公众面前，得出的清晰结论是“匡特家族与纳粹的罪行是密不可分的，其家族元老本身就是纳粹体系的一部分”。

的确，京特·匡特除了在“二战”前得到了希特勒的赏识外，战争爆发后二人的关系也快速升温。希特勒担任国家总理的三个月后，京特也加入了德国民族社会主义工党，即所谓的“纳粹党”；战争打响后，京特很快被希特勒授予“军工经济领袖”的头衔，而正是利用这一特殊身份，京特掌控的AFA生产制造的海军潜艇蓄电池被运送到前线，对德军在大西洋海战取得绝对控制权起到了重要作用，同时AFA还参与了导弹及毛瑟枪等武器弹药的研制，并向德军提供了大量的军服纺织品。更为重要的是，由于大部分德国青年都上了前线，京特·匡特的工厂出现了严重的劳动力匮乏，匡特家族于是开始使用强制劳动，即使用大量的集中营囚犯，而这些集中营囚犯干着高强度且毫无安全保障的工作，食物医疗等十分匮乏，最后这些工厂变成了“死亡工厂”。按照《每日邮报》的说法，战时总共约有5万人被迫为匡特家族的产业服务，其中至少1万人最终丧命。

在利用战争获取巨额利润的同时，京特还借机占用了不少商业资源。一方面，匡特家族战时廉价收购了一家名为比克·古尔登的制药股份公司，该企业在多年以后成了阿尔塔纳集团的核心，并在匡特家族第四代人苏珊娜的手中绽放光芒。另外，趁着横扫德国的所谓“雅利安化”运动，京特还不择手段地占有犹太人的财产。换句话说，犹太人的家财被迫以“白菜价”卖给了京特这样的纳粹效忠者。

与父亲在战争中长袖善舞一样，京特的两个儿子赫伯特·匡特与哈拉尔德·匡特也加入了纳粹党，并且哈拉尔德作为义勇军一员参加了德国侵略波兰的战争，之后又报名参加德国空降兵，纵横东西战场，先后在进攻克里特岛与争夺蒙特卡西诺的战役中不遗余力。后来，哈拉尔德在战争中负伤被盟军俘虏。与弟弟相比，虽然赫伯特没有参加战争，但依靠家族的独特身份，赫伯特曾在其周末度假地“圈养”了大批苏联战俘作为奴仆使唤。

“二战”结束后，京特·匡特被美国政府逮捕，三年后被无罪释放。之所以能够逃脱法律制裁，与他的第二任妻子玛格达·弗里德伦德尔直接相关。由于玛格达带着儿子哈拉尔德改嫁给了纳粹二号人物、希特勒政府宣传部部长约瑟夫·戈培尔，京特·匡特借机将全部责任推到了戈培尔身上，称戈培尔为了争夺对哈拉尔德的抚养权而逼迫他加入纳粹党。这个说法得到了哈拉尔德等人的证明，自然也在法官面前拿到了同情分。更为重要的是，战后德国经济陷入极度混乱，重建社会经济秩序的重要性超过了对“第三帝国”企业家的追责，加之美国政府睁一只眼、闭一只眼的处理方式，京特自然就获得了重生的机会。而且，朝鲜战争爆发后，美国及其盟国急于扩充军备，京特·匡特的军工厂还派上了用场。

显然，在匡特家族与纳粹错综复杂的关系中，玛格达·弗里德伦德尔也是一个不得不提及的重点人物。除了与京特·匡特育有一子外，玛格达与戈培尔也生育了六个孩子，而且连同哈拉尔德在内，另外六个孩子名字的第一个字母都是H，为的是表达追随元首希特勒（Hitler）的忠心。一个有趣的事实是，在嫁给戈培尔之前，玛格达差点成为希特勒夫人。在见过玛格达第一面后，希特勒告诉自己的亲信说玛格达可能是第三帝国领导人配偶的合适人选。不过，当这位亲信征求玛格达意见时，玛格达却委婉地拒绝了。后来由于希特勒终身未娶，玛格达就一直被人们看作是第三帝国的第一夫人。更让人不免扼腕和叹息的是，追随希特勒的自杀脚步，戈培尔夫妇也选择了自杀。而在他们朝自己开枪前，玛格达给六个熟睡中孩子的嘴里滴入了致命的氢氰酸药液，将他们一起带进了坟墓。六个孩子中，最大的12岁，最小的只有4岁。

最后，需要特别指出的是，除了主动出资支持调查本家族在战争期间的经营活动外，宝马之前还出版了一本名为《BMW——一部德国历史》一书，在汽车行业中率先引发了公众对匡特家族在“二战”中历史的讨论，而且后来宝马还连续出版了几本相关主题的书籍。不仅如此，作为“记忆、责任、未来”基金会的创始成员，宝马还倡导与发动了为纳粹统治时期的奴工捐款募资的行动。实际上，如果仔细考察，从戴姆勒－奔驰到德意志银行和大众汽车，“二战”期间与纳粹政权纠缠不清的德国大企业比比皆是，如戴姆勒集团曾使用4万奴工以攫取巨额利润，德意志银行通过积极参与“雅利安化”运动侵吞犹太人的产业而一跃成为德国最富有的经济实体等。当然，对于自己的历史污点，一个家族和企业只要不选择刻意回避，而且勇于直接面对，同时担起应有的社会责任，照样也能赢得公众的原谅。

沃森家族

引领计算机革命的“技术大拿”

没有一对父子能像沃森父子那样用庞大的科技能量创造出流芳百世的商业传奇；没有一对父子能像沃森父子那样用浩瀚的科技产品迭代出装点尘世的斑斓色彩；没有一对父子能像沃森父子那样用执着的科技热情传承出恩泽后世的智慧。机械制表机、真空管计算机、个人电脑等，这些似曾相识却又耳熟能详的产品诠释着沃森家族的卓尔不凡；硬盘驱动器、关系数据库、随机存取芯片等，这些技术形态渲染着沃森家族的卓著伟岸；深蓝、沃森、智慧地球等如雷贯耳却又魅力十足的称呼映衬着沃森家族的卓尔不群。

挑战与危机之下的革故鼎新，让沃森家族用自己的明断与睿智打开了计算机革命的远大前程；竞争与重围之下的断臂求存，让沃森家族用自己的骁勇与果敢拓展了计算机升级的广袤空间；负压与沉重之下的砥砺前行，让沃森家族用自己的耐心与痴迷打破了商业王国扩容的高墙围城；守成与创新之下的开疆拓土，让沃森家族用自己的信任与包容摆开了管理人才辈出的精彩方阵。无与伦比的盖世精英，如数家珍的惊世杰作，厚泽后人的传世精品，改变历史的旷世成就，承载着不朽岁月与经典传奇的炫酷与溢美之词，都可以用来彰显沃森家族的风尚与作为。

从销售起跑

托马斯·约翰·沃森的父亲是一位从苏格兰逃亡到美国去寻找“美国梦”的欧洲移民。不过，像许多来到美国的欧洲寻梦人一样，那种淘金般的财富梦想并未在当时的移民一代人身上得以实现，为数不多的幸运者也是传至第二代才实现了孜孜以求的梦想，沃森家族就属于这种类型。之所以如此，一方面是这些欧洲移民抵达美国后都分流到了当地的农村而不是豪华都市，但另一方面他们又不满现状且有着改变自己命运的强烈愿望，同时舍得吃苦和善于抓住机遇也是刻在欧洲移民身上的特定符号。

由于在乡下倚靠伐木和种地为生，在托马斯·约翰·沃森出生的时候，家境依然十分贫穷。也因为父母收入的拮据，17 岁时沃森不得不中断了在埃尔米拉商业学校的学业，走出校门到社会上自我谋生，随后便在一家五金店找到了一份做销售员的工作。那时，邻居们几乎天天看到一个瘦小身躯的肩膀上扛着缝纫机来回奔波在附近的村庄和小镇上。当然，其中遭遇到了多少白眼恐怕连沃森自己也说不清楚。不过，回忆起这段初入商海的销售经历，沃森却得出了这样的结论：“一切始于销售，若没有销售就没有美国的商业。”

挨家挨户推销缝纫机的营生干了四年，21 岁时沃森应招进入全国现金出纳机公司（NCR）做销售工作，老板帕特森给他开出了每月 400 美元的薪水，外加销售提成，一个月下来相比自己推销缝纫机赚到的收入多了不少。不过，沃森主动应聘到 NCR，除了得到了不错的薪水外，让他一心向往的还是 NCR 的创始人帕特森，因为帕特森是当时纽约北部地区人气爆棚的“推销天才”，经他之手培养出了很多质朴、勤奋的一流青年推销才俊，沃森显然也希望得到帕特森的真传。

沃森首先被分配到了NCR下面的一家分公司，在这里他遇到了帕特森的高徒，也是该公司的总经理兰奇。对于沃森的到来，兰奇一开始并不十分看好，所以动不动就对沃森横挑鼻子竖挑眼。可让兰奇没有想到的是，无论自己怎样冲着沃森大吼大叫，对方不仅不温不怒，反而总是笑脸相迎。更重要的是，沃森还能在兰奇心情愉快而喜形于色之际，不失时机地向他讨教和学习销售经验，此时的兰奇也是毫无保留地传经授业。几年下来，沃森也变成了销售高手，每年提交给兰奇的都是出色的销售成绩单。而在兰奇的眼中，沃森也是一个可造与可信之才。在退休之前，兰奇便顺理成章地将公司总经理的权杖交到了沃森的手上，那年沃森才25岁。

帕特森虽然是一个了不起的销售奇才，但他的身上有着致命的"阿喀琉斯之踵"——独断专行且生性多疑。一方面帕特森用优厚待遇来换取雇员的忠诚和服从，另一方面他决不能容忍下属的任何违逆与背叛，以致当时的公司总经理查尔摩斯仅仅是忍无可忍地对他的指责进行了反驳，帕森特一怒之下便炒了对方鱿鱼。遍访了各个分公司的负责人之后，帕森特挑中了沃森来接替查尔摩斯。当然，此时沃森已经在分公司总经理位置上历练了11年之久，也具备了出任总公司总经理职务的资历与底气。只是沃森非常清楚，"伴君如伴虎"，作为公司二号人物，自己在疑心很重的帕森特面前肯定不会有安生的日子。

因与果之间其实有着紧密的逻辑循环。帕森特无论如何不会想到，在查尔摩斯被他驱赶一年后竟然会反戈一击，协助纽约州法院以垄断罪起诉了NCR，结果帕特森被判入狱一年，公司的最高管理大权交由沃森代行。无疑，没有帕森特带来的心理压力，沃森在工作上感觉轻松了很多。更幸运的是，一次外出巡查工作时沃森遇到了自己的终身伴侣珍妮特，且十个月之后迎来了儿子的降生。然而，就在沃森享受着事业与家庭丰收美满的快乐时光时，出狱的帕特森一口认定沃森趁自己不在公司暗自培植亲信，拉帮结派。辩解无门的沃森于是愤然将一纸辞呈摔倒了帕森特的面前，一无反顾地离开了NCR。

走上起跳的平台

美国建国时宪法里规定，“政府每十年要进行一次人口普查”，而1880年正好是一个人口普查年，并且此时在美国经济大跃进的刺激下，欧洲移民仍在源源不断涌来，美国人口呈现爆炸式增长，将人口总量家底摸个清楚也就更有必要。不过，要搞清楚人口结构中男女分项数据及老人与小孩的各自占比，以及每个年龄段的人口结构状况却并非易事，按照当时人工统计法，最终理出个头绪来至少也需要六七年时间。于是，美国人口统计局公开张榜招贤纳士，希望有人能够设计出新的统计方法与便捷技术，以加快人口统计进程和提高统计效率。

赫尔曼·霍尔瑞斯是一位不到23岁的年轻小伙，大学毕业来到美国人口统计局虽然不到一年时间，却是第一个站出来“揭榜”的人。在哥伦比亚大学就读期间，霍尔瑞斯就在老师的指导下利用学校的实验室设计出了它的第一台基于布卷的计数器，只是当时计数器上还没有用到打孔卡片，每次要提取一小段数据时需将整个布卷在机器上过一遍。不过，有一次霍尔瑞斯坐火车去西部，他发现车上检票员在每人的车票上打孔的图案都不同，一问才知道原来检票员是为了防止逃票，在打孔作废车票时用图案来代表持票人的性别、头发长短、眼睛颜色等信息，这样有人偷了别人的票也会被发现。回到家后，霍尔瑞斯立即决定用打孔卡片来做计数基础，便将计数器重新设计了一番，于是有了提交给美国人口统计局的穿孔制表机。

作为一种数据统计机器，穿孔制表机由打孔卡片与读卡机两部分组成，大体工作原理是这样的：人口统计过程中每人的基本信息如性别、年龄、住址等都写在一张打孔卡片上，然后将卡片放进读卡机，读卡机不仅可以算出总人口数据，还能统计出总人口中的人口性别及不同年龄阶段的群体。

按照美国人口统计局的分析报告，一台穿孔制表机可以承担500人的工作量，原来人工需要六七年才能完成的分类统计数据，制表机则只需一年就全部解决。对此，当时的《科学美国人》杂志还将这个成功案例当作封面故事报道。

接下来，霍尔瑞斯的制表机被许多国家订购用于本国人口统计，同时制表机也进行了许多的改进，产品开始被一些民营企业租用，用户也越来越多，霍尔瑞斯便顺理成章地创办了制表机器公司。然而，作为发明家，霍尔瑞斯并不很喜欢过多涉入商业经营过程，而且由于他只租不卖，企业用来生产计数器的现金流总是很紧张。就在此时，金融家查尔斯·弗林特来到了他的面前，并建议霍尔瑞斯可以安心地去做研究，经费要多少有多少，条件就是卖掉自己的公司，只做股东而不进行管理，而霍尔瑞斯也很高兴地接受了弗林特的建议。

通过贩卖军火起家的弗林特是与摩根财团同时代的资本大佬，不仅在早期通过收购兼并成立了生产考勤钟和打卡机的国际时间记录公司，还运用同样手法建立起了生产磅秤等计量器材的美国计算秤公司。在购买了霍尔瑞斯的制表机器公司后，弗林特不久便将三家公司整合归并为计算制表记录公司（The Computing-Tabulating-Recording Company），简称为CTR。看得出，CTR中的“C”就是英语“Computing”。

话说回去，作为金融家的弗林特在资本市场上可以玩得风生水起，却对实体企业的管理一窍不通，更何况他面对的还是一个经由三家企业合并而成的庞大商业联合体，因此CTR成立后不仅不赚钱，财务业绩也每况愈下。进退维谷之下，弗林特寄希望于能够找到为他打理公司的职业经理人，此时正在纽约寻找工作的沃森进入了弗林特的视野，并被聘任为CTR的总经理。

应当说沃森接手的CTR不仅是一个财务烂摊子，而且不久碰到了第一次世界大战的爆发，加上全球大流感蔓延，本已风雨飘摇的CTR可谓四面楚歌。但“真金不怕火炼”，愈是艰难时候愈能证明与彰显出一个人的特殊价值。在企业内部，沃森将前东家 NCR 的一系列管理运营方法导入进去，与 CTR 的企业基因相结合，塑造出了业绩至上的销售文化，特别是号称“百分百俱乐部”的销售模式在“一战”之后大显身手。不仅如此，沃森笃信 CTR 旗下的制表机、计时钟等办公自动化产品一定会有广阔的商业前景，并用“负债只说明过去，贷款是为了未来”这句沃森一生中最经典的推销词打动了银行官员，取得了 5 万美元的贷款，以此进行产品研发，最终开发出了打印制表组合机等新产品。

正如沃森所预料，随着“一战”炮火的熄灭，CTR 制表机需求量激增，从大保险公司到铁路公司，再到政府部门，制表机都成了必备办公工具，同时新型的打印制表组合机也受到客户的广泛欢迎，产品供不应求。“一战”结束的次年，CTR 的销售额达到了 1300 万美元，利润升至 210 万美元。三年之后，沃森在加拿大和拉丁美洲开设分公司。但是，人们发现，分公司的名称没有沿用 CTR，而是启用 IBM（International Business Machines Corporation），即“国际商业机器公司”；又过了一年，也就是 1924 年，沃森正式将 CTR 总部更名为 IBM。此时沃森已经 50 岁，而 IBM 的传奇才刚刚开始。

浪荡公子哥

虽然儿子汤姆·沃森（以下简称小沃森）出世不久，沃森便意外失业，但作为父亲，沃森此时已经为儿子积攒下了非常厚实的财产家底，因此也可以说小沃森算是嘴里含着金钥匙出生的幸运儿。然而，没有摆脱任何富家子弟身上的毛病，总觉得高人一等的小沃森不仅从小就格外地调皮捣蛋与桀骜不驯，而且稍微长大后更是玩世不恭。在旁人看来，小沃森就是一个匪气十足的浪荡公子哥。

上小学时，小沃森的顽皮在全校也是出了名的，以致学校校长一口断言“这孩子长大了不会有任何出息”，至于同学们，几乎每个人都认为小沃森就是一个“坏小子”。及至中学，“可怕的汤姆”这一称呼更是传遍整个校园。初中二年级时，趁着全校师生正在全体集合，小沃森将早已准备好的了一瓶黄鼠狼臭腺放入主通风管道，顿时整个学校臭气熏天。此事发生后小沃森被校方开除，在随后多所中学都对其关上大门后，小沃森最后转到一个名叫哈恩的中学就读。

按照现在的说法，哈恩中学就是一所贵族学校，在这所校园的都是出自豪门的花花公子。他们常开着高级轿车，在大街上游荡。这样的学习与生活场景是小沃森非常喜欢的，而且他很快融入其中。当时，小沃森进出校门开的是一辆最时髦的克莱斯勒，这是他过 15 岁生日时父母买给他的。除了这部豪车外，沃森当时每月还给儿子 300 美元的生活费。

算上哈恩中学，小沃森一共换了三所高中，且用了六年时间才将中学念完。当然，虽然在哈恩中学毕了业，但极差的成绩几乎让所有大学都对小沃森说“不”。无奈之下，沃森再次出面，找到了自己捐过资的布朗大学，对方碍于情面才给小沃森一个入学名额。当然，大学阶段小沃森同样没有将心思放在学习上，翘课成为家常便饭，毕业时成绩单上都是挂科的红色记号。最后，还是沃森向校方施压才让儿子拿到了一纸大学毕业文凭。

大学毕业后，小沃森在父亲的安排下直接进入了自家企业。不过，这一次沃森并没有给儿子什么特殊的工作待遇，而是安排他像所有进入公司的新员工那样到 IBM 公司的销售学校进行学习，培训完后当了一名销售员。其实，小沃森对于父亲经营的 IBM 并没有什么好印象。5 岁时父亲就带他去过公司所属的一家工厂，装配线上散发出刺鼻的金属气味，金属铸件冒着滚滚浓烟，一台台机器发出隆隆声响，这些情景一直在他脑海中记忆犹新。也许正是这样，小沃森对于自己的销售工作其实并没有上心，而是把更多的时间和精力则放在如何学习飞行上。

“我不能让IBM支配我的生活！”小沃森在自传《父与子：IBM发家史》一书中道出了当时的心声。且不说注意力是否放在本职工作上，起初做销售员时小沃森像许多人那样不仅表现笨拙，而且更缺乏自信，尤其是在强势的父亲面前，小沃森觉得自己就是糊不上墙的烂泥。而在另一方面，沃森对儿子取得的销售业绩从来没有正眼看过，甚至连一句赞美与鼓励的话都不会说，这让小沃森更加自卑。“他做的每一件事，让我觉得根本没法和他比。”在《父与子：IBM发家史》中小沃森写道：“当我做销售员时，父亲从来没有表扬过我的工作表现，仅仅一个字，他就可以把我的自信摧毁掉。”小沃森甚至认为三年的销售员经历加剧了他的不自信，这是因为在这三年中，小沃森常常无法分辨哪些成功是靠自己的努力获得的，哪些又是沾了父亲的光。

当然，小沃森不是不明白自己的角色及未来所要担负的重任。在另一本自传《父亲、儿子和公司：我在IBM公司的生活以及其他》中，小沃森这样写道：“我从来不记得父亲对我说过‘我真的很希望你来继承我的事业’之类的话，而且事实上看着我的时候他大概觉得我不像是能继承他事业的人。但是我一直对自己说，这位老人希望我加入IBM公司，接管他的职位，管理整个家族生意。”在做完三年销售员工作后，小沃森这样总结道：“一路走来，我认识到什么叫作权力：要屈从于它，为它奋斗，继承它，发挥它的作用。”

战争爆发后，小沃森加入了国民警卫队。对于小沃森来说，军旅生涯淬炼出的不只是严谨思维与语言表达能力，更有危机状态下冷静观察与应急反应能力。一次，小沃森自愿请战担任飞行员，穿过敌人炮火飞向缅甸，结果途中起了浓雾，他们什么也看不见，而且从当时的情况来看他们可能会撞山坠毁。但在生死攸关时刻，小沃森还是格外冷静，与飞行员一起稳健控制螺旋桨，最终化险为夷，任务完成后小沃森被晋升为空军中校。通过不断历练，小沃森越来越成熟。临近退役时，小沃森非常清楚自己的去向，他第一次满怀信心地拿起电话，告诉父亲想回到IBM，而电话这头，69岁的沃森高兴得哈哈大笑，眼眶中还闪烁着几滴泪。

互撕怒怼的父子

面对着一个比较强势或者成就与声名显赫的父亲，一般人往往对他们施展出的家长型强权管理方式选择被动接受或者隐忍，但当他们成长到一定阶段或者完全成年及财务独立后，角色就会发生反转，即孩子要么表现出非常强烈的逆反心态和行为，要么主动地与父辈公然对抗，而后者此时则更多的是被动回避与退让。对于沃森来说，不幸的是长大后的儿子将两种方式公然撂到了自己面前，而且父子之间常以激烈对吼的形式进行沟通。

从部队回到公司后，小沃森被父亲安排到了IBM公司新曼哈顿总部工作。在这里，小沃森也确实没有让父亲失望，连续两年交出了不错的销售成绩单，之后便被召回总部担任公司副总裁。可是，“远是亲家，近是冤家”。整天在父亲的身边走动，小沃森感到自己被束缚了，更察觉到父亲的权力至高无上且无处不在。在压力之下，小沃森更想证明自己的存在，提高自己在决策上的话语权，甚至迅速取代父亲的欲望也愈来愈强烈。这样的心态导致小沃森与父亲的关系变得越来越紧张。

父子俩的第一次争吵发生在沃森的办公室。当时，小沃森对父亲说公司研发部门的执行力不足，沃森听后勃然大怒，便马上叫来工程部副总裁，对他怒吼着：“我儿子告诉我，我们根本就没有什么研发部门，是不是真的？”那位副总裁回答说，IBM公司拥有世界上最好的研发部门，这样对话的结果无疑将小沃森置于相当难堪的境地。当那位副总裁离开后，小沃森对着父亲几乎失去理智地大吼了一声，然后摔门而出。

其实沃森父子最激烈的争论不是发生在办公室，而是发生在第75号东街的寓所里。一次，小沃森有事未回自己的家，便在父母家住了一夜。那天沃森夫妇正好外出参加社交活动，回家时已经很晚了，小沃森也已呼呼入睡。此时，沃森走到儿子床边，假装和儿子道晚安，故意把儿子叫醒。睡眼惺忪中小沃森听到父亲跟他开了几句玩笑，随后便要求他坐起来与他一起讨论开辟西部地区销售业务的问题。可关于这个问题，小沃森之前已经向沃森递交了自己的方案，但父亲毫不客气地全盘否决。对此，小沃森已经窝着一肚子无名之火。趁着父亲将自己野蛮地从睡梦中叫醒，小沃森便趁机发威，又一次对着父亲大吼起来。看着儿子对自己咆哮，沃森脸色铁青，下颚颤抖着，气氛紧张到了极点。此时已是凌晨1点半，听到屋里一声高过一声的争吵声，小沃森的母亲身穿睡衣，散乱着头发来到儿子的房间居中调停，争吵再次以父子的无言告别而结束。

随着父子俩情感冲突的扩大化，其他家族成员也卷入了他们的争吵，小沃森和最受父亲宠爱的大姐的关系也开始恶化。而围绕着弟弟迪克的任职一事，小沃森与父亲的争执更为激烈。与弟弟相比，作为哥哥的小沃森一直担心对方会把自己甩在后面，虽然二人之间仅相差5岁，但迪克善于交际，待人处事谦恭有礼、不卑不亢，风度翩翩，在他面前小沃森常感矮人三分。这种日生日浓的嫉妒与防备性心理，最终以小沃森与父亲激烈冲突的形式发泄了出来。

那年，沃森快75岁了，感觉自己已经越来越力不从心，于是便想把IBM公司的一半交给小儿子迪克掌管，也就是让小沃森掌管IBM公司的国内部分，经营范围限于美国本土，弟弟迪克掌管IBM公司的国外部分，名为IBM环球贸易公司。对于这种人事安排，小沃森当即就跳出来坚决反对，指出建立环球贸易公司势必增加费用开支，降低整个IBM的生产效率。最后，小沃森还提出不应该将加拿大的业务划归环球贸易公司。此时的沃森何尝不晓得儿子的真正动机，他猛然站起来咆哮道："不让弟弟得到发展事业的机会，你究竟想干什么？”而稍微平静后，沃森低语道：“记住，孩子们，你们要和睦相处！”听到这儿，小沃森的心软了。

当然，争吵有时不见得都不美好，一个众所周知的故事是IBM进入计算机领域的战略决定也是沃森父子在激烈的争论中敲定的。面对当时兰德公司的挑战，小沃森提出要尽快发展计算机的研制生产，这意味着要增加数千名工程技术人员，花费几千万美元兴建工厂和实验室。对此，沃森认为那些用真空管和电子零配件装成的庞然大物很难看，而且由很多吱呀作响的机械构成，听起来像满满一屋子的人在织布一样。他甚至断言：“世界市场对计算机的需求大约只有五部。”父子俩随后发生了激烈争吵。不过，这一次沃森做出了让步，并且小沃森被任命为IBM新总裁，专门领导IBM的计算机业务开发。而对于这样的结果，小沃森在《父与子：IBM发家史》一书中这样自评道：“父亲就像这样一位国王：他看着邻国发生革命，但是当他自己的臣民们发生骚乱的时候，他感到惊慌不已。他没有认识到，一个旧时代已经结束，一个新时代已经开始……自从我的意见被考虑后，他的时代就结束了。”

的确，小沃森的主政代表着IBM一个新时代的开始，但并不意味着父子俩之间的争吵游戏就可以终结。相反，即便是小沃森被任命为公司总裁，父子关系的恶化照旧一发不可收拾，因为在小沃森的眼中，自己能够被提升为公司总裁，完全是因为他向父亲抱怨现任总裁的诸多不是，说他只是父亲的一个“秘书”而已，公司在不得已的情况下仓促做出了这个决定。“我和爸爸实在吵得够多了，以至提升我为IBM公司的总裁这件事都是在争吵中决定的。”小沃森后来在自传中写道。

在小沃森担任总裁的次年，父子俩的争吵似乎达到了高潮。当时，公司下属的打印机分部经理去世，为了表示对他的哀悼，小沃森决定前往加利福尼亚参加葬礼。临去机场前，父亲把儿子叫去，为某项业务他们之间又展开了一场互不相让的争论。为了赶班机，小沃森匆匆离开了父亲的办公室。谁知父亲竟已抢先到了机场，当时他已近80岁高龄，老态龙钟，从候机楼外步履蹒跚地向小沃森走来，拉住儿子的手臂要继续讨论。小沃森心中升起一股无名怒火，大声吼道："别老缠着我好不好？"然后使劲抽回胳膊，转身朝飞机走去。

然而，在接下来长达9小时的飞行中，小沃森开始强烈地感到一种莫名的恐惧在心头弥散开来，他担心父亲会因他的无礼而突然死去，这样的话，他将带着曾经咒骂过自己父亲的歉疚而抱恨终生。于是飞机一降落，小沃森便急忙给父亲打电话，诉说他为今天的举动而无比内疚。回到纽约不久，小沃森带着全家乘船沿东海岸南下到切萨皮克湾度假，但他的心始终无法平静，于是以忏悔的心情提笔给父亲写了一封信——

"亲爱的爸爸：在我乘船前往切萨皮克湾的海上，就想给您写封信。望着那碧海蓝天，38年的往事飞入眼底。尽管我一次次感受到您对儿子的关怀、爱护、体贴和理解，但唯有当我自己有了儿子时才对此有了真切的体会，但愿我的儿子不会像我和您那样争吵不休，因为这会给父亲带来多么大的痛苦。"

计算机革命

在将IBM的最高权杖交到儿子手上不久，沃森便离开了人世。那天，IBM在华盛顿举行年度销售会议，82岁的沃森在两个人的搀扶下小心翼翼地向主席台走去。伴随着人们热烈的掌声，沃森的身躯变得挺拔起来，步履越来越轻盈，最后竟一步跨两级台阶纵身跃上了主席台。在场的人们都激动不已。然而，仅仅进行了不到十分钟的演讲，参会者听到沃森的声音变得越来越微弱，手也开始抖动起来，主持人见势不妙急忙上前将沃森搀扶到后台。自此，人们再也没有见到沃森重回舞台中央，而且这位老人也再也没有回到他熟悉的员工队伍中。

的确，在是否开发计算机的问题上沃森提出过反对意见，但这并不等于他就是一个冥古不化的老顽固，甚至看不到时代的进步趋势而抱残守缺。其实沃森在是否投巨资开发研制计算机的问题上与儿子的区别不在产品方向的选择上，更多的担心则是成本开支及市场销路，而最终迫使沃森做出让步的直接原因除了他听到了打孔机出现严重滞销的市场消息外，如雷灌顶的是雷明顿·兰德公司研制出了一台 Univac 电脑，并将计算机正式投入商业用途。与作为世界上第一台电子计算机的 Univac 相比，IBM 的打孔机最快每秒执行 4 次加法运算，但前者每秒可执行 5000 次加法运算，而且 Univac 每秒钟可以进行 50 次乘法运算，还能做平方、立方、余弦、正弦和其他更加复杂的计算。

真正对 IBM 形成绞痛般刺激的还是 Univac 对自己使用价值的完全替代。在 Univac 问世之前，华盛顿的人口统计局一直是 IBM 打孔机的忠实用户，但 1950 年人口统计局改用 Univac 处理人口普查资料，而且快速计算的结果受到上自白宫下到办事人员的一致好评。两年之后，第二台 Univac 参与了美国总统的大选统计工作。当时共和党候选人是 62 岁的艾森豪威尔，但新闻传媒普遍看好民主党竞选人史蒂文森，舆论几乎一边倒，只有 Univac 预测艾森豪威尔可能获胜。而这个结果大大超出了电视台的预料，甚至让电视台不敢如实播报。次年大选揭晓，艾森豪威尔大获全胜，Univac 也因此大出风头，兰德公司由此成了电子计算机的代名词。

“卧榻之侧，岂容他人酣睡？”沃森迅速将公司的总裁权杖交到了儿子手上。而小沃森也不负厚望，他先是聘请数学奇才冯·诺依曼担任公司的科学顾问，继而将 IBM 的工程师队伍从 500 人快速扩编到 4000 多人，将实验室经费从 3% 增加到 9%，同时放弃打孔机产品。另外，IBM 还开发出逻辑电路、存储电路、磁带处理装置和记录头等产品，且与其他制造厂家共同开发真空管和磁带。很快，IBM 研制出了“国防计算机”，紧接着在 1952 年研制出名为“ IBM 701”的第一台存储程序计算机。次年 4 月，IBM 纽约总部迎来了 150 位全美最出色的科学家和商界领袖参加“ IBM-701”首发的盛大典礼。

1956 年，四年一度的总统大选再度拉开帷幕，而此时电视上再也见不到 Univac 电脑，到处都是 IBM 的标志。数据显示，当年 IBM 已经占领了美国国内约 70% 的市场，公司收益超过 7 亿美元，几乎是“二战”结束时的六倍之多。与此同时，美国本土只留下以雷明顿·兰德公司为首的七家公司，新闻传媒戏称美国电脑业是“ IBM 和七个小矮人”时代。遗憾的是，也就是在这一年，沃森来不及听完儿子在病榻前的数据汇报就安详地闭上了双眼。

虽然 IBM 让兰德公司乖乖地收敛了曾经不可一世的锋芒，并最终成为电子计算机的领导者，但如同《福布斯》杂志当时所言：“曾经有人预测电子计算机市场会有几十亿美元的市场规模，但实际上只有 1.25 亿美元的市场规模，各公司为了几百万美元的单子争得头破血流”。因此，就计算机的营收与赢利能力来说，包括 IBM 在内，当时在电子计算机行业拼杀的十几家公司实际都在赔本赚吆喝，而且制表机依旧是 IBM 维持生存的主要业务。另外，虽然“ IBM 701”较 Univac 在零部件结构上简化了很多，但依旧使用电子管作为原件，体积大、能耗高、散热大、噪声大、寿命短和可靠性低成了它的硬伤。

晶体管对电子管的取代让 IBM 计算机有了从物理体型到使用便捷等方面的改善，并使计算机业务真正构成了 IBM 的核心支柱。在 IBM 内部，获悉晶体管发明成功的消息后，小沃森迅速制定了著名的“威廉斯堡计划”，计划的核心内容就是将晶体管广泛用于计算机等大型设备上。为此，小沃森不仅向公司员工发出备忘录，明确宣布不再设计和使用电子管的机器，而且为了让广大员工了解晶体管，他买了 100 台晶体管收音机赠送给了那些守着电子管不放的人，让这些人体会晶体管的好处。与此同时，IBM 与得州仪器开展合作，后者专门为IBM建立了一条硅晶体管生产线。随后IBM的一系列晶体管计算机也就是第二代计算机面世，市场也好评如潮。数据显示，当时全美共有6000台电脑在运转，IBM就占了4000台。人们开始把IBM公司称作“蓝色巨人”(Big Blue)。

惊天的豪赌

晶体管革命带来了计算机品质与功能的升级，但同时也引爆了一个巨大的市场，甚至可以说市场的增量空间大到足以让那些手握重磅资金抑或怀揣技术神器的野心家们个个蠢蠢欲动与摩拳擦掌。因此，在IBM昂首阔步于计算机江湖的同时，也有不少的竞争者或者潜在进入者环伺于周围，它们时刻保持进攻态势，并且只要一有机会便会张开血盆大口从IBM身上撕下一块肥肉。

美国无线电公司RCA是收音机和电视机的发明者，企业资金实力雄厚，在自己的老本行本来做得相当不错，但难以抵挡电子计算机市场巨大潜力的诱惑，于是对IBM发起了全面进攻，甚至一度举起要与IBM平分计算机天下的旗帜。不过，论销售能力，RCA却一直被IBM甩出几条大街，而且计算机产品从来也没有给RCA带去半个子的财务进账。万般无奈之下，RCA宣布退出计算机行业，且最终被通用电气公司吞并。

通用电气公司曾是IBM最大的商用客户。论规模，它比IBM大很多，在当时全美500强公司中长期保持在前10，而同期的IBM则排在50名左右。显然，兼并RCA后通用电气公司是否会踏入计算机行业的猜想一直令IBM惴惴不安。尽管如此，IBM已经来不及做出更多的思量，因为它必须正面迎接其他更专业杀手的挑战，其中最重要的是控制数据公司CDC和数字设备公司DEC构造出的市场合围之势。

CDC是从雷明顿·兰德公司走出来自立门户的几个技术大佬创建的，

主攻技术较为复杂的科研用超级计算机，并在1958年推出了当时最先进、速度最快的1604型超级计算机，且五年之后又推出了比IBM的7000系列计算机强三倍的6600型产品。自此，CDC在超级计算机市场基本碾压IBM。与此同时，DEC瞄准了低端市场，其推出的首款小型计算机PDP-1只有家用冰箱那么大，并在落地当年卖出了89台，随后用户规模突飞猛进。

不难看出，服务科学计算的计算机高端市场及侧重商业数据处理的低端市场分别被CDC和DEC抢走了不少，而且除了提供商用数据计算的1400系列和提供科研用超级计算的7000系列外，IBM在小型计算机市场的涉足并不深，如果拿不出一点看家本领与绝门功夫，不排除其市场份额有继续被蚕食的可能，更不用说还有虎视眈眈的通用电气公司。面对这种情况，小沃森选择了一生中最大的豪赌，从而将IBM推向了要么彻底陨落要么登基封帝的风口浪尖，而决定这一切的就是后来闻名世界的“System/360”。

受当时技术的约束，IBM推出的八种电脑产品对用户而言存在着共同的痛点，那就是内部结构各不同，软硬件互不兼容，导致一旦用户想换个其他类型的计算机，从打印机、磁盘驱动器到软件等所有配套产品都要跟着一起更换。这种状况不仅增加了用户的使用成本，也影响了用户的产品体验度，最终也会弱化客户的忠诚度。而最为严重的损失是，在更换软硬件过程中有可能导致用户数据资源的丢失或者账户被窃取，最终直接威胁到用户的财务与商业安全。

除了听到用户的烦恼与投诉之声外，小沃森还看到了公司内部之间资源内耗的不协调。当时，IBM有两个电脑部门，初衷本来是希望它们相互竞争以促进新产品的开发，在实际运行中也确实产生了一定的积极作用，但弊端也十分明显——两部门之间为了竞争导致产品型号不同。期间小沃森也直接告诫两个部门的负责人必须加强团结，减少重叠的产品门类和生产线，但似乎无济于事。无奈之下，小沃森最终采取了强行把两个部门的尖端工程师互换交流使用的变通手法，结果相应的共识在两部门之间慢慢生成。受此启示，小沃森终于下定决心投入“System/360”的研发。

新电脑系统以360为名，意思是“一个整圈，360°”，既表示IBM将涵盖低、中、高三档的计算需求，实现全面覆盖，也代表全新系列的计算机机型彼此之间在外观设计、操作系统等软硬件上完全兼容。由此可以看出，除了商用数据处理的普通计算机和服务于科学计算的超级计算机外，IBM还要将小型机市场揽入怀抱，而且所有机型还具备了兼容性。“System/360”系统彰显出的是IBM要统一计算机江湖的巨大野心。

不仅野心十分庞大，IBM为“System/360”投入的财务资金也格外令人咋舌。除了软件开发耗费了5亿美元外，建厂和开发设计硬件的费用高达45亿美元，加起来“System/360”总共耗资50亿美元之巨。从纵向上看，它的财务成本是美国研制第一颗原子弹的“曼哈顿工程”的2.5倍；从横向上看，项目启动时IBM的年营业额不过18.17亿美元，净利润不过2.05亿美元。正因如此，“System/360”被看成是IBM的终极“核武器”，是对所有竞争对手全面出击、横扫六合的亮剑。剑出，不是群狼阵亡，就是血槽已空的巨人自己倒下。

然而，IBM没有倒下，而是以更加伟岸的身姿出现在大众面前。就在沃森创建公司的50周年之际，共有6个型号的大、中、小型电脑和44种新式的配套设备，从功能较弱的360/51型小型机，到功能超过51型500倍的360/91型大型机，清一色的“兼容机”走下IBM的生产线。为庆祝它们的诞生，IBM分别在美国63个城市和14个国家举行记者招待会，近万人莅临盛会。在纽约，小沃森亲自租用一辆专列火车，率领着200多名记者浩浩荡荡地开往波基普西实验室。他向全世界庄重宣布：“这是IBM自成立以来最重要的划时代产品。”

的确，一场惊天豪赌让人类历史中的第三代电脑正式登上了时代舞台。之后，美国太空总署采用五部搭载“System/360”的计算机执行阿波罗十一号任务，帮助人类登月成功。更重要的商业意义还在于，在计算机的历史上，“兼容”从此成为深入人心的概念和推动电脑产业革命最响亮的口号，也转化成了电脑文明最基本的信念。当然，作为引领创新的大赢家，IBM 的帝王地位也被进一步夯实。从“System/360”落地开始，三年之内 IBM 售出了 3.23 万台电脑，创造了电脑销售中的奇迹。至 1966 年年底，IBM 年收入超过 40 亿美元，税前纯利润高达 10 亿美元。而在接下来的数十年时间中，IBM 的核心平台虽经历了无数新模型的演化，包括 370、380、390 等相继豪华登场，但这些模型与机型都从未放弃对 360 的向后兼容性，而且至今“System/360”系统下的十多种产品也为 IBM 贡献了千亿美元的净利润。

反垄断的炮火

从前期制造销售打孔制表机，到转身进入计算机领域，IBM 一直以头雁的角色飞翔在行业最前列。然而，越是占据先锋位置，企业往往更担心自己地位的滑坡或者丧失，如同《永远向前：IBM 动员歌》中的那句歌词：“我们虽然很强大，但是我们需要变得更强大，我们不能失败。”也正是基于这样的理念驱动，小沃森才必须在“System/360”上进行空前押注，也就有了 IBM 随后商业体量迅速膨胀，直至霸占了美国超过 80% 的计算机市场。

“木秀于林，风必摧之”。在一个行业市场上，任何一家企业过于强大，势必对其他竞争对手形成强烈的“挤压效应”，特别是按照当时 IBM 的发展势头，如果任其无节制地扩张蔓延，整个计算机行业尤其是大型计算机行业最终可能就只剩下 IBM 一家公司了。于是，就在 IBM 只顾埋头拉车而不顾抬头看路之际，一场由商业巨头们联合撬动并由美国政府直接监管推动的反垄断诉讼降落到了 IBM 的身上。

翻看相关历史文献，许多人发现针对 IBM 发起反垄断官司的始作俑者是 CDC，由此也产生了许多的不解，因为如前所指，CDC 已经在科研用的超级计算机领域对 IBM 形成了反超与碾压，挑起反垄断官司也的确没有道理。但问题是我们可能只看到了前戏，而没有看到后剧。CDC 推出 6600 计算机后，性能是 IBM7000 系列的三倍。骄傲的小沃森无法容忍世界上最快最好的电脑居然不是出自 IBM 之手，于是在公司内部发了一个备忘录表达他的恼怒："他们开发这个电脑系列的实验室，包括看门人在内总共只有 34 个人，其中有 14 位工程师、4 位编制程序的人员，他们之中只有 1 名博士和 1 名资深的程序编制人员。再拿他们和我们公司比较一下，我们是一个资金十分雄厚的大企业，我难以理解，我们为什么反而不能在电脑行业中居领先的地位，而让别人供应世界上最先进的电脑。"

反击的脚步随即在恼怒之后迅疾迈出。小沃森向市场公开宣布，IBM 将为用户研发出比 6600 更强大、更便宜的超级计算机。面对着巨人发出的声音，特别是有了" System/360"的前期背书，所有用户对小沃森的表态选择了相信，买方市场也开始进入观望期，6600 同时陷入卖不动的窘境，CDC 的账目上开始出现严重财政赤字，股价从 75 美元下降到了不足 30 美元。可是，当 IBM 真的推出了它的超级计算机以后，大家发现其功能和价格并不像 IBM 所描述的那样强大和便宜，用户们马上有了一种上当受骗的感觉。气急败坏的 CDC 趁机抄起了反戈一击的武器，并成了在后来反垄断诉讼中给 IBM 带来最大麻烦的对手。

从客观上判断，其实当时超级计算机的存量市场已然不大，同时相比商用计算机，超级计算机会产生不菲的开发和生产成本，小沃森为了这么一个性价比并不十分显著的市场惹来了 CDC 的疯狂报复，从理性上看的确有点得不偿失。当年美国司法部收到从四面八方寄来的控诉 IBM 垄断市场的文件多达 7.6 亿件。而对于 IBM 来说，当时已经目睹了美孚石油公司、

AT&T 等巨型公司因垄断而被分拆的残酷事实，一种大厦将倾的不祥之感也开始在自己的头顶上弥散开来。

作为被诉方必须履行的义务，IBM 公开了大量企业文件供对方律师检索。CDC 检索了 400 万份，确定其中 100 万份与反托拉斯案件有关，然后他们将这 100 万份进行了微缩处理，又将最关键的 8 万份进行了编码和分类，输入了计算机进行备案和检索。这是世界上第一次用电脑进行大规模诉讼。从某种意义上而言，假若没有 CDC 的技术支持，政府和其他竞争对手对 IBM 的诉讼可能会因海量资料而毫无头绪，但 CDC 的强大数据分析与计算功能最终加速了 IBM 恐慌的到来。

遭遇四面楚歌的 IBM 选择了与对手和解。按照和解协议，CDC 撤诉并把那 8 万份资料还给了 IBM，IBM 转手将这些材料彻底销毁；作为交易，IBM 把一个专门做信息处理工作的分部卖给了 CDC，让它成了世界上最大的电脑信息服务商。另外，IBM 还向 CDC 购买了大约 1 亿美元的产品和服务，包括 CDC 的 1500 万美元诉讼费。除了上述两项，据《IBM 百年评传：大象的华尔兹》一书中披露，IBM 还给了 CDC 至少 1 亿美元的赔偿。

作为最大赢家的 CDC 抽身而退，失去了技术支持与前期资料支撑的反垄断官司从取证的角度一下子变得棘手起来，于是这场起自 1956 年的商业纠纷案直到 1995 年美国司法部宣布终止才画上句号。期间，IBM 与各个诉讼对象一一和解，对手从中拿到了少则几十万美元多达数百万美元的好处费，或是缔结了交叉专利协议，而 IBM 为这场官司总共付出了 10 多亿美元的代价。更为重要的是，被持续 30 多年反垄断官司打怕了的 IBM 从此变得保守与迟钝起来。自此之后 IBM 的每项文件起草都会有律师加入，以防止从文字到执行的任何过程中出现违背反垄断法的内容，IBM 的产品研发也越来越滞后，以致 20 世纪 90 年代 IBM 因没能追上电子行业日新月异的脚步而一度拉响破产的警报。

职业经理人时代

反垄断官司不仅令IBM元气大伤，也让小沃森身心疲惫，甚至小沃森还因心肌梗死而住进医院。出院两个月后，小沃森在1972年6月正式提出了辞呈。离开IBM的那一天，56岁的小沃森对继任者说“100天以内我不会再踏进这座大楼”。小沃森没有食言，而且直到79岁离开人世的20年间，他再也没有介入过IBM的管理。此前，弟弟迪克由于竞争总裁职位失利而黯然离职，出任美国驻法大使，不久病逝。妹妹简也在病逝前卖掉了手中1/3的IBM股票。最小的妹妹海伦则终生与IBM保持距离，把全部精力放在义工和慈善事业上。随着小沃森的退隐和兄弟姐妹的离世，沃森家族逐渐消失在IBM帝国身后，IBM也正式进入职业经理人时代。

有人统计，小沃森执掌IBM的20年中，IBM的年平均增长率达到30%，超过了他的父亲。小沃森提出辞呈的当年，IBM已经彻底击败了通用电气公司、美国无线电公司和斯佩里·通用自动计算机公司。而且，在小沃森任职期间，IBM为股东创造的财富超过了商业史上任何一家公司，且这一成就一直延续到20世纪90年代的牛市，《财富》杂志因此宣布小沃森“是当代最伟大的资本家”。当然，最为重要的是，小沃森是将IBM写进计算机历史的那个人，并以统领者身份掀起了人类计算机革命的阵阵狂澜。而对于IBM而言，他留下的最具价值的精神遗产就是那句脍炙人口的几个字：“IBM就是服务。”

文森特·利尔森从哈佛大学毕业后就加入IBM，从一名推销员做起，逐步跻身于IBM领导层。在当时小沃森准备开发“System/360”的动议下，公司的许多人提出反对意见，利尔森等少数人毅然站在了小沃森的一边，牵头组建了一个名为“研究、生产、发展系统工程委员会”的技术攻关组织，并在两个月内拿出了一份分析报告——《IBM360系统电子计算机》。从此，利尔森进入了小沃森理想接班人的视野。从年龄上看，利尔森只比小沃森大两岁，担任IBM董事长不到一年中便带头制定了公司领导退休制度，18个月后，利尔森主动辞职，把权柄交给了弗兰克·卡利。

弗兰克·卡利毕业于斯坦福大学，虽然是企业管理硕士出身，但与IBM历任董事长一样没有技术背景。在整个任期，卡利除了花费大量时间应付司法部提出的反垄断调查外，最大的贡献就是力挺IBM进入PC（个人电脑）业务。在卡利之前，看似强大的IBM与普通消费者并无直接关联，IBM主要面向的是机构客户。对此，卡利成立了一个名为“国际象棋”的项目小组，提出了一年内开发出微型电脑的计划。果然，由唐·埃斯特奇挂帅的13名技术骨干如期完成任务，IBM将计算机命名为“个人电脑”。

欧佩尔从卡利手中接过CEO和董事长帅印时，IBM的PC机还没有正式面市，首款IBM个人电脑在欧佩尔履新后的八个月落地。另外，欧佩尔在任期间，反垄断官司已基本接近尾声，市场的不确定大大减少。因此有人说欧佩尔是IBM舵手中的幸运儿。的确，在欧佩尔四年任职期间，IBM实现年利润44亿美元，销售额344亿美元，成为当时全美最赚钱的工业企业。受此影响，四年中IBM股票收益率高达117%，是同期标准普尔500指数的五倍。

作为IBM的第六任董事长，约翰·埃克斯感受到了反垄断官司遗留下来的阵阵剧痛。曾经被IBM扶植起来的兼容机厂商当时已经占领了55%的全球市场，超过了IBM公司，因此当IBM新研制的PS/2电脑问世时，以康柏公司为首的九大兼容机厂商再也不愿继续唯IBM马首是瞻，而是在兼容标准上另立门户，由此导致以PC开放策略大获其利的“蓝色巨人”重重关上了开放的大门，进而丧失了单枪匹马号令计算机产业的资格。受到影响，IBM在1993年发生史上首次亏损，并且由于在任期间连续亏损额达到168亿美元，公司股票狂跌到史无前例的每股40美元，同时IBM的PC机被挤出国际市场前三名，大型机产品也是巨量积压，埃克斯不得不向董事会提前递交辞呈。不过，在埃克斯任职的三年中，IBM造就了四位诺贝尔物理学奖获得者，发布了具有无线通信功能的笔记本电脑。

人称“食品大王”的路易斯·郭士纳可以说是救火队队长。他之前任职于美国最大的RJR食品烟草公司，IBM之所以跨界选帅，目的是希望郭士纳这样的人才能够剑走偏锋，带来与传统彻底决裂的新气象。郭士纳大刀阔斧地免掉了25个IBM副总裁的头衔，半年之内果断裁员4.5万人，同时下令停止了几乎所有的大型电脑生产线，并调动资金新建了北卡罗来纳州的PC电脑生产工厂。上任次年，郭士纳让IBM获得了20世纪90年代以来第一次赢利，紧接着便提出“以网络为中心的计算”（简称NCC）概念，先后通过收购莲花（Lotus）软件公司与网络软件Notes进入互联网领域，同时在IBM成立网络计算部门，历来以硬件为标配的IBM开始轻资产化。另外，在郭士纳任职期间，IBM“深蓝”计算机在国际象棋比赛中先后两次打败世界冠军。

彭明盛接替功成名就的郭士纳出任IBM的CEO时应当说高枕无忧，但包括柯达在内的一些大客户向IBM提出了更高的要求：他们不仅希望IBM能够向其销售大型机和PC，还希望IBM帮他们管理整个IT系统。彭明盛给予了迅速回应，由此也形成了IBM的ISSC（集成系统解决方案）的方阵，并最终发展成了IBM全球服务这支劲旅。

弗吉尼亚·罗曼是IBM历史上唯一一位女掌门，作为公司目前的在职舵手，罗曼有过担任IBM全球保险和金融服务部门总经理及IBM全球销售高级副总裁的资历，并有非常不错的管理业绩。罗曼在任期间，IBM以创办人沃森为名，推出了史上第一台能听懂人类自然语言的超级计算机（沃森），象征人机互动进入全新时代。对于IBM的未来战略，罗曼增加了SMAC（Social+Mobile+Big Data&Analytics+Cloud）方向，通过数据与分析为客户创造独特的业务洞见；通过云平台、产品和服务改变自身商业模式，从面向单一客户出售硬件到构建统一接入的资源平台。

福特家族

转动车轮的产业巨子

生存空间上的宽幅位移带来了家族命运的质变，个人爱好的梦幻追求打开了家族视野的崭新天地，创业欲望的原始冲动铸造了家族兴旺的精神信仰，旷世新品的横空出世奠定了家族腾飞的物质根基。从乡村到城市，从农耕文明跨越到工业文明，亨利·福特不仅坚守着自己的初心完成了一个“草根”的漂亮逆袭，而且带领着家族成员成功地跻入富贵名门，并且作为一代产业巨匠，亨利·福特也以自己的执着创造改写了人类工业革命的历史。

父子的恩怨情仇始终伴随着彼此，权力迭代交会着角逐力量的特殊诉求，创新制度架构潜发出企业的续航能力。福特汽车公司既是一部商业财富的演化史，也是一部家族权力的斗争史。在群体角色登场表演的台前和明暗身影来往穿梭的背后，公众看到的不仅是滑稽的喜剧，也有啼笑皆非的闹剧，更有扼腕痛心的悲剧。

共同的价值追求焊接出时代巨匠牢不可破的真挚友情，朴素的实业理念养成了商贾巨富特立独行的品质，泛起的变革基因搭建起超越传统的全新构架，完备的制度设计护卫着产业王朝的百年生机。在福特家族的商业图谱上，镶嵌着的不只是令人难以望其项背的资产符号，更留下了让人高山仰止的精神遗产，同时还弥漫出使人叹为观止的时代气息。

喜欢“破坏”的孩子

往祖辈的前两代追，亨利·福特的爷爷约翰·福特和奶奶托马辛娜·福特都是爱尔兰人，长期在一家英国人的农庄里做雇工。1847年，由于当地发生了马铃薯中毒和伤寒病流行等事件，许多爱尔兰人逃离故乡。约翰·福特也带领着全家十口人仓促地加入了移民队伍，来到了当时被视为“移民者和冒险家乐园”的美国，并在底特律附近的小镇迪尔本定居下来。这一年，亨利·福特的父亲威廉·福特21岁。16年后，亨利·福特降临到人世。

威廉有一个弟弟叫亨利，早在全家移民到美国的15前就加入了加利福尼亚的淘金狂潮中，后来定居加州。按照福特家族的习惯，男孩的名字可以随着家族代代相传，这样，亨利·福特其实与自己的叔叔同名。威廉刚来美国时几乎一贫如洗，到亨利·福特出生时，勤奋的威廉已经拥有一座120英亩的农场，过上了较为富足的生活，而且也在这一年，威廉正式成为美国公民。因此，从亨利出生起，威廉对儿子的最大希望就是接管农场。

然而，长大后的亨利却对管理农场没有丝毫的兴趣，而是狂热地迷恋上了拆卸钟表与农场器械。上小学时，同学们都知道亨利时不时地带着一只手表到学校，但这块手表的主人不是亨利，而是他的父亲。到了上课时，亨利就会将手表从口袋里掏出来，然后在课桌底下偷偷地拆卸开来，下课后，全班同学集体注视着亨利将手表拆得七零八落。当然，在放学回家后，亨利又会将一块组装好的手表完好无损地放回父亲原来放置的地方。

其实，除了父亲的手表外，从妹妹的八音盒到弟弟的小睡床，再到附近农户的农具，亨利几乎不只一次地都拆了个遍。为此，邻居们经常找上门来向威廉投诉。更让人没有想到的是，上小学时亨利在学校院墙边搞了个“涡轮机”，结果发生爆炸把院墙都烧了，为此，亨利不仅受到了老师的严厉批评，回到家后还招来了父亲的一顿训斥。尽管如此，亨利还是我行我素，可以拆卸的东西都没能逃过他的那双勤快之手。

由于大家都知道亨利精通手表的拆卸，因此无论是同学还是附近村庄的村民，只要手表出了问题，都会找亨利维修，而且亨利提供的还是免费服务。看着周围人对自己的技术活如此崇拜，亨利也正儿八经地为自己组装了一个小小工具箱，里面放着的宝贝有：自己制作的小锉刀，用母亲的毛衣针制成的几把螺丝刀，用母亲的胸针弯成的镊子，以及自制的锯、螺丝、钉子、锤子和钻孔机等。除了上学外，亨利也经常背着工具箱在附近的村子中穿梭不停。

看着儿子在自己设定的跑道上越走越远，威廉开始了直接干预，尤其是坚决反对亨利免费为别人修理钟表。道理很简单，他认为既然是掌握了一门手艺，就应该为家里挣些钱。不过，对于父亲的想法与要求，亨利除了无声应对外，更多的则是采取暗地行动。每晚过了 9 点，等到父亲睡着了，亨利就溜出去帮邻居们修理钟表和农具，或者一个人在房间里忙碌到很晚，甚至通宵达旦。

但是，有一件事却对亨利构成了沉重的打击。亨利 12 岁那年，母亲在产下她的第八个孩子后不久便离开了人世，为此亨利将自己关在房间中两天两夜茶饭不进。的确，母亲对亨利的影响是巨大的。在自己的回忆录里，亨利满怀深情地写道：“她给了我勇气，教我忍耐和自律，这是克敌制胜的法宝。她还教导我不要指望那些永远无法得到的东西。”亨利接受了他母亲所具有的荷兰人的洁癖，所以他在建功立业后，对其所属工厂的清洁卫生要求到了近于苛求的地步。稍不满意，全厂上下一起清扫，就连亨利名下所拥有的煤矿的井口都要涂上白色的油漆。

母亲去世后的几年里，亨利与父亲的交流变得越来越少，他整天把大部分精力都倾注在自己的爱好上，不停地拆钟修表，不知疲倦地摆弄各种各样的机械，甚至在休息的时候也沉浸在各种运行机械的构思和遐想中。而威廉在经过多次尝试后，知道自己劝不动这个大儿子，最终也就选择了沉默。尽管如此，威廉还是万万没有想到，就在儿子16岁时的一个早晨，他出门后没与两个弟弟一起向学校的方向走去，而是走上了通往底特律城的密歇根大道，然后搭上了一辆农夫的马车，驶向底特律城。

两闯底特律

亨利对底特律其实并不陌生，因为之前他随同父亲不止一次地来过这座离家不太远的城市。只是这一次与前几次完全不同，他要自己独闯世界。非常幸运，来到底特律的第二天，轻车熟路的亨利便很快在专门制造火车车厢的密歇根车厢公司找到了一份工作，并随后顺利地成了一名技工，日薪是1.1美元，但亨利只在这个岗位上仅仅干了不到六天的时间。

事情的经过是这样的：像很多新手那样，密歇根车厢公司的工友对于亨利的到来起初根本没有放在心上，可是有一天，他们却惊讶地发现，亨利一个人用了一下午的时间就修好了一台许多工人花了大量时间也没修好的机器。年轻的亨利也不会想到，他的这一举动不仅让整个车间的工人面上无光，而且他们的饭碗也面临着丢失的可能。很快，由工头直接发起、其他工人集体参加的诽谤亨利的言论在车间传播开来，年轻气盛的亨利哪能忍受得了如此围攻与屈辱，没有任何细想就走人了。

离开密歇根车厢公司后，亨利马上在一家生产铜制品和铁制品的工厂谋到了工作，虽然每星期的工资只有2.5美元，但亨利在这里学到了一项非常重要的技能，就是如何看图纸。另外，为了能够弥补收支差额，亨利还在一家卖珠宝和钟表的商店找到了一份兼职工作，以每晚50美分的报酬负责修理和清洗钟表。不过，虽然九个月后工厂老板将亨利的工资增加到了每周3美元，但全部收入加起来还是无法维持正常开支。考虑再三，亨利又一次做出了辞职的决定。

德莱·多克造船厂为正在谋职的亨利敞开了大门，虽然周薪还是2.5美元，但在这里能天天接触到各种型号的蒸汽机给亨利带来了最大的快乐，同时亨利还能每天照样去钟表店打零工来赚取自己的房租和膳食费。令亨利最为激动的是，到多克造船厂不到一年后，他竟然自己动手制作了一个小型蒸汽机。把这台机器接在住所后面的水管上，能够产生1.5匹马力的功率。可是，当亨利拿着自己的得意产品敲开一家又一家工厂的大门时，得到的要么是嗤之以鼻，要么是委婉拒绝。

“谁都需要表，为什么不能跟别人一起开一家表厂，由我来当经理试试呢?”小型蒸汽机无人问津后，亨利想到了自己修理手表的技术绝活。按照他的设想，制造出来的手表一定要便宜，让人人都能买得起，也只有人人买得起，才能卖得多，才能赚钱。然而，当亨利计算出手表制造的盈亏平衡点是每天2000只后，他又不得不自己掐灭了钟表梦，因为当时靠他一个人的力量是根本不可能完成的。失望之下，亨利在外闯荡两年之后回到了家乡迪尔本。

返回农村后除了为当地的农户免费修理各种农具机械外，亨利还在父亲的催促下结婚成家。也正是在与新婚妻子克拉拉的交流中，两位年轻人达成了共闯底特律的决定，并很快迈开了回城的脚步。对于威廉来说，这一次的强烈感受是，儿子将彻底告别田园牧歌式的乡村生活，开始真正地融入城市，而他原来设想长子继承农场管理大任的初梦也随之破灭。

这一次，亨利·福特是非常幸运的。回到底特律后，他竟然在爱迪生公司底特律分厂找到了工作。亨利知道当时底特律80%的住户用电是靠爱迪生公司提供的，自然对这份职业格外珍惜。起初，亨利的工作主要是在一个变电所负责各种机器的安装和检修，而且还是夜班。虽然每天都是满身油污，但听着有节奏的机器轰鸣声，亨利就感到了工作的异常愉悦。出乎亨利的意料，没过多久，他便从变电所调到了爱迪生照明公司总厂，而且那些损坏了很久的机器经过亨利修理后重新运转起来，亨利的能力得到了公司上下的一致认可，并被提升为公司的副总机械师。几个月后，亨利又擢升为总机械师，月收入从75美元增至100美元。

其实，在公司忙得不亦乐乎的同时，经房东同意，亨利还在自己租下的公寓后院建成了一个小小的实验工棚。而且，让亨利欣喜若狂的是，公司总经理亚历山大·道还允许他将零部件带回家进行研究和组装。也正是在这个工棚里，亨利用从公司带回来的零部件制成了一台发动机，配上采购来的其他物件，一辆能够自动行驶的“汽车”大功告成：车的主体由四只轻巧的自行车轮子和一个木制底盘构成，车的座位采用的是自行车车座，车的喇叭用门铃代替，控制车方向的装置类似一只小船的舵。全车看上去就如同一个营养不良的孩子那样单薄而不结实。

但是，到了试车那天，亨利与克拉拉双双变得目瞪口呆起来：零部件容易进到试验工棚，但组装成汽车后不能开出去。困扰之下，亨利找来了一柄大榔头，几下子在墙体上砸开了一个大洞，车子才勉强开出。当车子行驶到正下着倾盆大雨的街道上，所有的路人都为这个时速达到20千米的“怪物”停下了脚步。房东后来获悉亨利造出了“汽车”后不仅没有因墙体遭到毁坏而责怪亨利，反而出钱请人为试验工棚建造了一个方便汽车出入的活动门，据说它就是后来美国车库的雏形。而这一年，亨利·福特33岁。

与爱迪生的友情

爱迪生高高的额头下面是一双充满智慧的深邃双眼。爱迪生少年时代就在开往底特律城的火车上卖报，因为不慎险些引起火灾，被鲁莽的列车长打了一记耳光从而导致了失聪，但他不仅有自己的通用电气公司，而且还创造了千余项发明。比托马斯·爱迪生小16岁的亨利·福特从小就经常听老师与大人们讲述着一个人类最伟大发明家的神奇故事，而且心中对爱迪生产生了无比的崇拜与敬仰。最终，一个是产业资本家，一个是科技实业家；一个是要制造出“让人人能够买得起的汽车”，一个是要为人类“创造光明”；这两个都出生于密歇根农村的奇人因为共同的精神信仰而走在一起，成为在灵魂世界深度对话和现实生活中相互辅助的至交挚友。

对于亨利·福特来说，人生中无疑有很多次选择，但带着新婚的妻子第二次离开家乡再闯底特律恐怕是他最值得庆幸的一次。这不仅是因为从此迈开了他构筑汽车王国的脚步，更重要的是他获得了结识爱迪生并继而建立起深厚友谊的机会。来到爱迪生照明公司后，亨利从一名技师成长为总机械师，月薪也从最初的75美元涨至100美元，成就感的自我爆棚自不必说。而且，令亨利没有想到的是，在老板亚历山大·道的引荐下，他竟然见到了梦中神往的爱迪生本人，并获得了大师对他耳提面命的指点。

那是在一年一度的爱迪生照明公司协会的年会上，已经被参会者围得水泄不通的爱迪生正在向大家介绍自己用一组或更多组蓄电池作为汽车动力的研究成果。此时，亚历山大·道将亨利推到了爱迪生面前，大声对着爱迪生的耳朵说：“这位年轻的伙计已经造出了一辆用汽油驱动的车了！”接着，为了能更好地让爱迪生明白自己的意思，亨利拿出笔记本，用一支铅笔飞快地画出了几幅草图。“你的想法是对的，年轻人。”听完了介绍，爱迪生对亨利说，“继续干下去吧，千万别放弃！”而这就是亨利和爱迪生的第一次接触，也是他们后来所铸成的伟大友谊的开端。

回到底特律后，亨利因为自己创业而离开了工作七年多的爱迪生照明公司，不过与爱迪生初次见面的场景却让他念念不忘。最初，亨利试着给爱迪生写信，并向爱迪生索要他签名的照片，但其实书生气十足的爱迪生早已忘了谁是亨利·福特，当然也没有答应他的要求。不过，亨利并没有放弃对爱迪生的追逐。T型车走红后，亨利·福特在美国无人不知，于是在有关人员的安排下，他又和爱迪生见面了。这一次，亨利将一辆T型车送给了自己的偶像，还借给爱迪生100万美元的资金。如此厚重的见面礼，爱迪生恐怕再也无法将亨利从自己的记忆中抹去。

的确，接下来亨利与爱迪生不仅经常见面，而且在亨利的邀请下，爱迪生加入了由物学家约翰·巴勒斯、美国轮胎制造大王哈维·费尔斯通组成的野营和露宿团队。当然，笑谈于山水之间也只是亨利与爱迪生友谊生涯的小小片段。后来，亨利围绕着爱迪生所筹划与发动的系列举动进一步佐证了爱迪生在其心目中非同寻常的分量。

在密歇根州一个规模不大的村落中，亨利·福特出资修建了一座名为格林菲尔德的山庄，而山庄三大主题建筑中的两个部分都以爱迪生的名字命名，那就是爱迪生博物馆和爱迪生学院。其中，爱迪生博物馆集中了美国建筑史上三大里程碑：独立宫、议会大厦和费城旧市政府大楼的工艺特色，里面陈列的是美国农业、交通运输业和制造业发展的诸多成果及原始珍品；而爱迪生学院是一所私立的男女混合学校，其学制从小学一直到大学一应俱全。

也许连爱迪生也不会想到，就在自己发明电灯50周年和发明白炽灯泡15周年的纪念日那天，亨利·福特的“大众历史博物馆”举行了隆重的揭幕典礼，除了美国总统胡佛、著名科学家与诺贝尔物理学奖获得者居里夫人及科学巨人阿尔伯特·爱因斯坦作为嘉宾参加了开馆典礼外，爱迪生无疑是最引人关注的核心人物，因为在博物馆内，亨利·福特专门为爱迪生建造了一座个人实验室。而面对此情此景，爱迪生不禁老泪潸然，也正是在这样一个地方，这位科学巨匠将数以百计的发明创造奉献给了整个人类。

也许不少人认为亨利·福特与托马斯·爱迪生之间的付出是不平等的，但亨利从来没有要求爱迪生做出任何回报，而爱迪生给予亨利更多的则是精神层面的支持。当舆论界盛传福特要竞选美国总统时，爱迪生却这样告诉记者：“他做总统，我不投票；他做企业家，我投票，而且投双票。”后来，福特果然声明他不愿意参选。他说：“政权不能生产货物，也不能生产价值。”可见，亨利·福特是以新时代企业界的领导者自居的，他的心事，爱迪生懂得。

1931 年，托马斯·爱迪生离开了人世。福特汽车公司的职员们在清理一个不起眼的壁橱时发现了一盘珍贵的电影胶片，上面记录了亨利·福特和爱迪生的一段对话：年轻人如果努力工作，一定有很多机会，而如果他们是叫爱迪生和福特的话，那么他们提到这个名字是决不会有害处的。

搭台的“贵人们”

底特律市长威廉·梅伯里与威廉·福特是至交，这不仅是因二人的名字中都带有威廉二字，更重要的是他们都是来自爱尔兰的移民，而且在亨利还是一个孩子的时候，父亲与母亲就带着他前往底特律参加过梅伯里的婚礼，因此对于亨利·福特来说，威廉·梅伯里市长也算得上是老相识了，只是亨利当时不会想到，在自己日后的职业生涯中，梅伯里市长却是对他影响最大的人物之一。

新车试验成功尽管给亨利·福特带来了难以抑制的欣喜与狂热，但激情平静之后，亨利发现自己为购买汽车零部件竟然欠下了一屁股的债务，虽然他通过卖掉自己的第一辆汽车得到了 200 美元，但依然还是杯水车薪。正在亨利一筹莫展之时，欣赏其发明成果的梅伯里市长伸出了援助之手，不仅在两年内帮助亨利还清了所有的欠债，而且支持亨利接下来设计并制造出了两辆汽车。更为重要的是，梅伯里市长还特别挑选了一个公开场合，把一张可以在任何时间驾驶自己的汽车在底特律的所有街道穿行的许可证发给了亨利，从而使亨利的行为从法律上得到了保护。

“伯乐识骏马”，作为一市之长，梅伯里知道亨利并不会满足于窝在实验室替别人设计和制造样车，而是希望成为一个汽车制造商。于是，在帮助亨利清偿完所有债务后，梅伯里将一位叫威廉·墨菲的底特律商人引荐给了亨利·福特。在进行了简单的沟通后，两人当即联手成立了底特律汽车公司。

公司股东中除了梅伯里和墨菲，还有不少底特律有钱的商业大亨，亨利·福特担任公司的机械主管和总工程师。为了表达对梅伯里的感激与独立创业的决心，亨利辞去了爱迪生照明公司的工作。这一年，他 36 岁。

其实，就在底特律汽车公司成立的同时，兰塞姆·沃尔兹也在底特律成立了名为沃尔兹的汽车制造企业，而且推出了“快乐的沃尔兹”牌汽车，并投入批量生产。不仅如此，亨利·利兰父子也创建了一家汽车零部件企业，并直接为沃尔兹汽车提供零件供应服务。由于提出了“零部件通用化”的思想并将其运用于生产实践，亨利·利兰也赢得了美国汽车工业“标准化之父”的美称。

也许是太过急于求成，创业之初的亨利·福特没有贯彻自己确定的“价廉物美、大批量”生产的原则，而是完全偏向制造高档、豪华、纯手工制作的汽车。结果，亨利苦战半年推出的第一辆汽车无人问津，他只好把车送给了市邮局作为“邮递车”使用。底特律汽车公司因此亏损了 9 万美元。因此，脸上觉得无光的亨利·福特选择了引咎辞职。

就在亨利遭遇创业失败痛苦的同时，亨利·利兰在底特律正式组建了自己的汽车制造企业，并以底特律的开拓者卡迪拉克的名字作为新公司的名字。虽然后来卡迪拉克被通用汽车公司并购，但在“一战”结束后，利兰父子又创办了林肯汽车公司，并设计出了著名的“林肯”牌汽车。同样是在亨利·福特受挫的那一年，任期将满的美国总统西奥多·罗斯福在华盛顿检阅游行队伍时乘坐了汽车，从而成为美国历史上第一位乘坐汽车的总统。而当年美国汽车的生产量已经达到 3.4 万辆。

汽车行业的局面无疑让亨利·福特更感煎熬，但让他非常感动的是，作为底特律汽车公司亏损的最大牺牲者，威廉·墨菲却没有远离自己，而且也正是在威廉·墨菲的赞助下，亨利·福特研究并开发出了一辆功率大、速度快、装饰豪华的高性能赛车，并且也得到了已退休的著名自行车比赛冠军、家境富有的汤姆·库珀的热心支持，同时才华出众的青年工程师哈罗德·威利斯也作为合作伙伴和赞助者加入了亨利的行列。

很快，亨利驾驶的大马力赛车在罗得岛汽车大赛中一举战胜了包括亚历山大·温顿在内的所有对手，并赢得了1000美元的奖金和那枚温顿精心挑选来准备留给自己的雕花奖杯。光环环绕之下的亨利又得到了资本的眷顾，包括威廉·墨菲在内的几位企业家决定再次集资建立一家新的汽车公司。但令人想不通的是，此时的亨利依然对制造大马力高价赛车情有独钟，而且根本听不进董事会的任何意见。失望之下，威廉·墨菲只能看着董事会将亨利·福特再次清扫出门。

两次因同样的原因惨遭淘汰，已近不惑之年的亨利应该有所醒悟。正在亨利反省自己的时候，煤炭商麦肯森找上门来，主动提议与亨利联手成立一家汽车制造合资公司——福特汽车公司。并且，麦肯森还拉来了底特律银行家约翰·格雷及汽车零部件生产商约翰·道奇兄弟等投资人。在新的公司中，格雷任公司总裁，福特任副总裁兼总经理，麦肯森任财务主管。在股份构成上，亨利和麦肯森共同持股比例为51%。

不知是为了方便记忆还是对英语字母的偏爱，亨利决定在新公司中以字母表的顺序来命名自己的汽车车型。出乎亨利的意料之外，马力大、速度快的双缸实用型赛车“A”型车一落地就畅销不衰，其中仅旧金山的一家自行车商行就一口气订购了6辆。同时，福特汽车公司开发出的B型车与C型车也受到了市场的青睐。福特汽车公司成立的次年，总共售出汽车658台，盈利9.8万美元。

不过，正在企业生产与销售处于上升期，亨利与麦肯森等人的造车理念发生了明显分歧。在亨利看来，大马力、高档车型的热度不可持续，因此主张将部分生产能力转移到生产低价、实用的大众车上来，但对于亨利的建议，麦肯森等人则强烈反对。无奈之下，福特汽车公司接下来开发出的F型、N型、R型与S型（当时没有按顺序开发D、E、G、H、I、J、K、M型及跳过了O、P、Q型的原因至今不得而知，但后来福特汽车公司也进行了一定程度的补缺，如以 F 开头的福克斯和嘉年华、以 M 开头的蒙迪欧、以 E 开头的探路者、翼虎和锐界等）都走的是豪华版路线。

贯彻自己的意志必须赢得资本话语权。在私底下收购一些小股东手中股票的同时，改变亨利命运的机会从天而降。因麦肯森单独成立了一家新汽车公司而出现资金断裂风险，为了避免破产，麦肯森答应将属于自己的 255 份股票以 17.5 万美元的价格悉数出售给亨利·福特。由此，福特单独持股上升到 58.5%，成为公司的第一大股东。

如同出笼之鸟与入海之鱼，获得制控权的亨利感觉甩开膀子独立大干的时候已经来临。而这一年，福特汽车公司推出的多款车型还在大卖热销，公司总收入达到 470 万美元之巨，年均创利超过了百万美元。鉴于此，在年底召开的董事会上，董事们一致同意将亨利的月薪由 300 美元升为 3000 美元。但是，亨利完全没有被眼前的成功所陶醉，他的注意力已经转移到了新一代的 T 型车身上。

T 型车的传奇

也许是内心里滚动着希望自己能够作为平民代言人的诉求，也许是为了弥补当初没有设计与推出“让人人都能买得起”的手表的遗憾，也可能是出于对两次创业失败的深刻反思，亨利·福特对头脑中已经酝酿成熟的 T 型车满怀痴念。在公司董事会上，亨利这样描述了 T 型车的大致轮廓：通体黑色、大车轮、底盘离地较高，车中没有里程表，没有油量显示表，甚至连挡风玻璃都没有，但是这种汽车车身轻、坚固耐用，而最主要的是价格低廉。在亨利的眼中，汽车不应该是贵族们的专属，而应当走进千家万户。

赤诚与热望链接出的创新成果很快落地。1908 年春季，带着“FORD”标记的福特汽车公司第一辆 T 型车如期下线，市场定价是 850 美元，而这一价格无论是与五年前福特汽车公司成立时推出的 A 型车价格相比，还是与当时 4000 多美元的汽车平均售价相比，无疑都要低了很多。因此，没有任何意外，T 型车面世后迅速遭到了市场的疯抢，以致福特汽车公司不得不在各种媒体上发布公告，宣布 T 型车的存货已全部售出。尽管如此，全国各地的订单依然如雪片似的飞来。统计数据显示，T 型车问世的第一年，福特汽车公司共卖出 1.06 万辆汽车，打破全球汽车行业的历史纪录。

单独且彼此割裂的生产工序及手工作业方式显然无法满足如同潮涌的市场需求，于是福特汽车公司从 1913 年起建成了世界上第一个汽车生产流水线，并且不到半年时间所有工厂的车间全部安装了自动生产流水线。川流不息的传送带将若干个独立的个体劳动者联系起来，在大大节省了工序转换时间的同时，也显著提高了产品生产效率。经过优化的流水装配线可以支持完成 93 分钟内生产一部汽车的任务，而同期其他所有汽车生产商的生产能力总合也不及于此。更为重要的是，伴随着产能的提高与市场销量的扩大，T 型车的价格最终降到了 300 美元。

然而，在当时技术水平十分有限的情况下，高效率意味着劳动的高强度。据统计，由于新的生产方法的实施，福特汽车公司工人的劳动强度高出其他工厂工人的 0.5 倍或数倍，他们手中的半机械动作每过四个小时才得片刻休息，神经更是高度紧张。很快，与生产方式的变革相策应，亨利·福特做出了将工人工资从每天 3.5 美元提高到 5 美元的决定，这一标准比整个底特律的平均日工资水平高出了 2.76 美元。

“5 美元日薪制”确实给工人带来了实惠。据统计，1914 年年初福特汽车公司用于工人家庭生活的费用为 325 万美元，两年后这一数字增加到 2000 多万美元，与此同时，当地贫困户的比例从 20% 降到了 2%，工人在银行的人均存款额从 196 美元增加到了 750 美元。另外，“5 美元日薪制”也意味着工人只需两个月的薪水就可以购买一辆 T 型车，其生活质量由此得到明显改善与提升。对此，《底特律新闻报》曾登载了一幅漫画：一名福特汽车公司的工人身着皮夹克，衣袋里露出钞票，眼睛盯着标有“高档商品”字样的货架。

然而，“5美元日薪制”却被《华尔街日报》斥责为“经济犯罪”，同时美国许多媒体也对“福特制”展开了近乎疯狂的围攻。一气之下，亨利·福特将工人的日工资提涨到了10美元（后来由于成本压力又调回到5美元），由此也引起了波及美国与欧洲的一场劳动力大迁移。据史料记载，当时来自全美各地的职员、工人、水手、农民和矿工每天都蜂拥到福特汽车公司的大门前求职，很多外地人在刺骨的寒风中排了几天的队等待应聘。为此，福特汽车公司工人的正常上班秩序也受到了严重影响，最终公司不得不雇用警察用高压水龙头驱逐求职者。另外，据1914年福特汽车公司进行的一项调查显示，当时仅有29%的福特汽车公司工人出生在美国，其他71%的工人来自22个不同的国家，在成千上万的劳动者中最优秀的分子被吸收进厂。当然，劳动力充分竞争下的市场生态也极大地提高了岗位效率，福特汽车公司当时劳动力的变更率降低了90%，同时每天无故旷工的工人比重从原先的10‰下降到3‰。

由“生产流水线”与“5美元日薪制”构成的“福特制”酿造了惊人的市场效果。统计资料表明，从第一辆T型车出厂到1927年停止T型车生产，19年中福特汽车公司共生产了1500万辆T型车，占到了全世界汽车产量的一半，同时销售总额达到70亿美元。但是，T型车所彰显出的意义已经不能用生产与销售数量来形容，作为一种廉价的大众化交通工具，它不仅撕破了地缘限制，而且引起了人们生活方式的根本性改变。

美国一位社会学家曾这样描述与评价T型车：她就像收音机一样在美国社会各阶层普及，使美国广大的妇女从家庭的小圈子里走了出来，可以凭借这种交通工具去城市、商店和学校，从而获得了自由；农民们相信这种汽车可以带动各种农机，但他们更喜欢乘坐它奔驰在广阔的田野上。

还有一幅生活场景更能说明T型车的强大魅力。诺贝尔奖奖金获得者、美国著名小说家辛克莱·路易斯由于家庭生活的不幸，使他把自己的T型车当作了最亲密的伙伴，在业余时间摆弄T型车成了他生活的唯一乐趣。1916年，他终于忍痛把自己的T型车送给了考上大学的女儿。目送心爱的T型车消失在远方，大作家坐在门前的台阶上失声痛哭。

福特小王子

爱德塞·福特的长相写满了父亲强大的基因符号——瘦削的体型，大而深的双眼，高高的前额，微黑的皮肤。不仅如此，与父亲亨利·福特一样，爱德塞从小就对各种机械格外着迷。少年时，父亲带回家的各种汽车、机械杂志和报纸，爱德塞都要浏览一遍，从中发现一些新奇的事情。美国的莱特兄弟成功制造了人类历史上第一架飞机的消息轰动了世界，年少的爱德塞对此格外关注，并且还在后来根据公布的莱特兄弟那架飞机的图形等资料设计制造了自己的飞机，只是由于一名福特汽车公司的试飞员死于飞行事故，在给予了死者家属巨额赔偿后，爱德塞在父亲的禁令下放弃了继续制造飞机的愿望。

亨利将儿子取名为爱德塞体现了自己的希望。因为爱德塞·鲁迪曼是亨利小时候的同学和最好的朋友，在当时亨利班上所有的孩子中，爱德塞的成绩最优秀，自然也是亨利心中的英雄。亨利给儿子取名爱德塞，当然是希望儿子能像好朋友那样从小就出类拔萃，因为爱德塞出生时鲁迪曼已经完成了在大学的深造，开始在国内化学界崭露头角了，并在后来成为美国著名的化学家。

更为重要的是，爱德塞是父母膝下唯一的孩子，因此亨利夫妇对儿子格外呵护，严禁爱德塞去尝试做任何带有哪怕是一点儿危险性的事，如爬树、独自下水游泳等。也许是管教太严，爱德塞在伙伴们面前总是沉默寡言，其他孩子玩耍时他更多的时间是做一个旁观者。不仅如此，爱德塞在父母面前还显得特别乖巧与听话，以致中学毕业后听从父亲的安排放弃了上大学的机会，直接进入父亲的企业工作。爱德塞日后的出场顺序及出场机会似乎早已被父亲安排和规划妥当。

当然，爱德塞从父母那里获得的万般宠爱则是一般孩子所不可能得到与拥有的。爱德塞 14 岁时，亨利就为儿子专门设计制造了一辆儿童型小汽车，尽管当时还没有到法定的驾驶年龄，但爱德塞还是每天在底特律大学附中同学们羡慕的眼光中开着这辆汽车上学。此外，亨利还根据爱德塞的要求，为儿子修建了台球室、滚木球道和高尔夫球场。爱德塞 21 岁生日那天，亨利又将价值 100 万美元的黄金作为礼物送给儿子，并说这是儿子正式到公司上班所得到的佣金。

爱德塞小时不仅乖巧，而且也很少让父母失望。在学校，爱德塞的成绩单很少有 B+ 以下的成绩，凡是与机械有关的课程，如机械绘图、几何之类的功课，他的成绩一律是 A。有一天，亨利随手翻着儿子的图画本，只见上面画着一辆辆汽车。“这孩子就是个天生的汽车少年，天生就是我事业的继承人。”看着儿子的成就，亨利对站在一旁的克拉拉说道。

因此，尽管亨利对儿子划定了不少禁止性的行为跑道，可就是唯独没有禁止爱德塞对汽车的狂热爱好，并且千方百计地创造条件让儿子深度融入汽车制造的氛围中来。在家中，亨利不仅为儿子建造了一个小型的机械加工车间，里面除了放置各种汽车零配件外，还有各种修理工具，并安装了几台进行零配件加工的机床。此外，亨利还亲自为儿子设计了一个动力站，里面安装了两台大型发电机。

还有一件让爱德塞记忆犹新的事。父亲对自己钟爱的女孩埃莉诺并不满意，甚至爱德塞听说当得知自己与埃莉诺已经恋爱的消息后，父亲大发雷霆，并将一辆重新设计改进的 T 型车砸了个粉碎。尽管如此，爱德塞发现父亲从来没有在自己的前面就与埃莉诺的恋爱关系而表现出任何的不快，甚至也同意二人在埃莉诺的娘家举行婚礼，并且当天亨利夫妇还神采奕奕地参加了整个婚庆过程。同时，亨利还支持爱德塞带着新婚妻子开始了为期一个月从科罗拉多大峡谷到芝加哥及夏威夷的蜜月旅行。

专权的父亲

拿着父亲馈赠给自己的价值100万美元的黄金，爱德塞在21岁时进入福特汽车公司成了父亲的秘书和助手。更让爱德塞没有想到的是，自己刚刚过完25岁生日，父亲就在董事会上突然宣布辞去公司总经理的职务，并任命爱德塞为新任总经理。不仅如此，次年亨利还将自己手中福特汽车公司42%的股权交到了爱德塞的手上，从而牢牢确立了爱德塞在公司的主导地位。

实际上，宣布辞职后，56岁的福特和妻子克拉拉一起到美丽的加利福尼亚海岸度假去了，表面上看真的把权力交给了儿子，从此寄情于山水之间，但背后真相并非这么简单。度假途中，亨利专门接受了多家媒体的采访，明确表示自己的一家新公司正准备生产新一代的大众汽车，价格将比T型车降低一半，且性能更加完美。消息一出，T型车的销量急剧下降，股东开始集体抛售股票。而此时，爱德塞在父亲指令下斥资1亿多美元，将福特汽车公司的所有股票收归手中，从而完成了对公司100%的控制。为了奖励儿子与自己成功上演双簧戏，亨利将42%的股权给了爱德塞，3%分给了妻子克拉拉，其余55%则留给了自己。

不知是为了便于对儿子的指导还是有利于直接监督，亨利·福特将爱德塞的办公室设在了自己办公室的隔壁，而且接下来出现的一件事也证明了后一种动机的可能性更大，即亨利专门买通了一个人，监视着爱德塞一家的日常活动，并让其随时向他汇报爱德塞家庭成员的一举一动。更让爱德塞不可理解的是，虽然自己当上了总经理，父亲却授意公司宣传部门，公司向外发布的新闻稿中提到的唯一人名只能是亨利·福特，不能出现其他任何人的名字，甚至连出现爱德塞的名字也必须特别批准才行。不仅如此，公司向外宣传取得的每一项进展，必须要有“在福特先生的天才指引下”的语句。

对于父亲一手遮天甚至将自己边缘化的小动作，爱德塞当初并没有非常在意，但之后所发生的一系列事件就让爱德塞强烈地感觉到了在父亲身旁工作的艰难与痛苦。一次，亨利·福特来到鲁日河畔的福特汽车公司，发现工人们正在建设几座新炼焦炉，并且得知这是根据爱德塞的命令进行的。当时的亨利看后虽然没有做出任何表态，可等到炼焦炉建造完成且正准备举行一个小小的庆祝仪式时，爱德塞才得知父亲已经派人将新焦炉拆得七零八落。还有一次，亨利去纽约度假前授权儿子可以处理公司的一切事情，爱德塞于是踌躇满志地设计并建造了一座新的行政办公大楼。可是，就在工程进展得十分顺利且地基已经挖好时，父亲旅游回来，次日，爱德塞一上班便看见已经挖好的地基被工人填平了。

虽然是作为公司的象征性首脑身份出现，但在任期内，鉴于T型车流年不利的态势，爱德塞与父亲一起组织技术人员开发出了新一代A型车，并在一个月不到的时间从经销商手中拿到了500万份订单，甚至总销量一度占到了当年美国汽车销售总数量的34%，完全压倒了当时风头正盛的通用汽车公司的雪佛莱汽车。后来，爱德塞还凭借对汽车时代脉搏的精准把握，推出了B型车和Y型车，极大地丰富了福特汽车公司的产品线。值得肯定的是，在爱德塞的建议下，福特汽车公司将产品昂贵、品质优越的林肯汽车收入了囊中，同时爱德塞还顶住父亲的不满，模仿通用汽车公司创立了福特的车式设计部门，并成功地将弗罗列特、卡迪拉克等受到正在兴起的中产阶级青睐的好车推向市场，同时重新打造了林肯和风、水星车等受欢迎的车型，使福特汽车公司的海外市场获得大大拓宽。

与其说爱德塞面对的是一个强势父亲，还不如说某种程度上是爱德塞自己拜倒在了父亲的脚下。年轻的爱德塞虽然继承了父亲的外表，可没能继承父亲健康的身体。从少年起，病魔就时时折磨他，严重的时候他经常莫名其妙地感到头晕和恶心，甚至后来因为急性阑尾炎接受了一次手术。当然，肉体的痛苦只是一个方面，爱德塞最大的苦恼恐怕就是在超能的父亲面前总是自惭形秽，虽然自己算不上庸人，但正如一名美国作家在传记中所说："他对父亲的能力从来没有怀疑过，他和大街上的任何人一样毫无条件地接受了有关亨利·福特的神话。"

基于以上认知状态，爱德塞的心理与行为层面必然出现这样的矛盾：一方面，作为家族的唯一继承人，他必须要介入并管理庞大的福特王国，但同时又必须接受父亲的帮助；另一方面，已经成人的爱德塞又想摆脱父亲对自己的影响和控制。对于亨利·福特而言，同样也会出现十分类似的矛盾心理：一方面，作为创始人他想继续控制公司；另一方面，他又想让自己的儿子成为合适的接班人。正是呈现在两个成人身上的同样矛盾并一直贯穿在彼此之间，最终酿成了令人唏嘘的家族悲剧。

儿子的反击

作为一个有着健康大脑的生命个体，同时更是公司名正言顺的最高管理者，对待父亲的独裁与专断，甚至近乎刁难的干预，爱德塞既要拿出不凡的能力与不俗的业绩来证明自己，同时很多场合也不得不采取迂回甚至回避的态度，以免与父亲发生直接的冲撞。不过，由于性格上比父亲更敏感，爱德塞针对父亲而表现出的逆反甚至无言抗拒的行为方式也不少见。

在旁人看来，作为家中的独子，成婚后爱德塞可能与父母合住，但蜜月旅行回到家后，爱德塞并没有对亨利夫妇做任何知会，便与埃莉诺一起在底特律城外的印度村用 6 万美元买下了一座住宅，据说亨利对此非常失望。不仅如此，当得知父亲收买他人对自己进行监控后，爱德塞夫妇不仅辞去了这个人，而且将住址迁到了离父母更远的底特律北部，在那儿买下了一块占地 2000 多英亩的土地，兴建了新住所——黑文山庄。两代人拉开的看似是物理居住空间，但影射的是彼此心理上的距离。

爱德塞夫妇一共生育了四个孩子，除了长子亨利·福特二世外，从二儿子小爱德塞开始，之后的两个孩子女儿约瑟芬与小儿子威廉的名字全部改成了本森，姓名中均带有明显的埃莉诺所在家族——克莱家族的特点，而不是福特家族。这样的安排是否意味着爱德塞夫妇心中对力求淡化福特家族影响的强烈诉求，或者是对亨利·福特一种无声的强烈对抗？埃莉诺是一个极具主见的女人，在发现了丈夫顺从、胆小、忧郁和自卑的性格后，她决心帮助丈夫摆脱他那个伟大父亲的影子，为自己开创一条新的道路。

不错，为了避免在汽车领域和父亲发生直接冲突，爱德塞开始涉足那些父亲不感兴趣的领域，赛艇就是其中之一。爱德塞与福特汽车公司的几位工程师一起设计与制造出了一艘名为“迪尔本小姐”的赛艇，之后还计划批量生产，目的是能够像父亲那样，最终建立起一个与 T 型车并驾齐驱的“ T 型船王国”。但命运乖蹇，“迪尔本小姐”第一次参与国际赛艇比赛便在中途突然起火，好在起火的赛艇离岸很近，爱德塞才得以从驾驶舱里逃生。对此，亨利对儿子迅速提出了严禁驾驶赛艇的命令，惊魂未定的爱德塞再一次选择了妥协。

作为自己的生活信仰，亨利·福特不仅自己一辈子滴酒不沾，而且还提倡员工不要过量饮酒。可是身体状况本来不好的爱德塞不仅自己饮酒，而且还与政府禁酒的法令相对抗，经营了一些酒吧，同时在住宅的地下酒窖里储存了大量的威士忌和香槟，对此亨利·福特大为光火。在得知儿子家中的地窖储藏有酒品后，亨利径直闯入酒窖，亲自动手把里边价值数万美元的酒砸了个粉碎。

当然，在亨利·福特眼中，自己砸烂的是酒品，纠正的是儿子不良嗜好，但他也绝对不会想到，自己的霸道却正在一步步摧毁儿子的人生希望。A 型车开发出来并在当年获得热卖后，亨利·福特在家族全体成员的欢呼声中吹灭了生日蛋糕上象征着70岁的7根蜡烛，但同时人们预计中的公司权力的交接却没有发生。公司新老员工由此再没有人怀疑爱德塞注定摆脱不了继续做王子的命运，而不是国王，除非是亨利离开人世。

由于在郁闷中过量饮酒，爱德塞体检时查出了胃病，且由于珍珠港事件之后忙于军工生产，爱德塞多次拒绝了医生做胃镜及X光检查的建议，而且因劳累过度病情愈来愈重，直至最终被正式确诊为胃癌。虽然医院为爱德塞做了胃部分切除手术，但手术时发现胃部的癌细胞已经扩散至全身，不到50岁爱德塞便离开了人世。站在儿子冷冰冰的遗体面前，亨利·福特第一次感受到了白发人送黑发人的刺骨心痛。

一位作家在后来为福特家族作传时曾这样评价爱德塞："他在父亲发动机的轰鸣声中诞生。作为一个婴儿，他就已经乘坐在他父亲的第一辆汽车上；作为一个十多岁的少年，他就和父亲一起在福特汽车公司工作；作为一个青年，他当上了总经理，以便使他的父亲能从事全面的控制工作；作为一名成年的男人，他维持了一个幸福的家庭，并且在父亲经常摇摆不定的时候，用他坚定的手稳定了整个公司。"

《亨利·福特家族传》的作者在创作时惊奇地发现了一个奇特的现象，在所能看到的亨利·福特和爱德塞在一起的照片中，总是离不开汽车的影子。父子俩一起驾车，一起站在车前，甚至在外出度假野炊时，背后也有汽车的影子。作者由此感叹道，好像把父子二人联系在一起的纽带根本就不是父子的亲情，而是冷冰冰的汽车。这不仅是爱德塞的悲剧，也是亨利·福特的悲剧，当然，还是整个福特家族的悲剧。

隔代较量

鲁日工厂是福特汽车公司的核心生产基地，有各类工人约4.2万人，仅负责清洁工作的工人就有5000人之多，同时还有90多英里长的专用铁路延伸进入厂区。当年鲁日工厂一号高炉举行盛大点火仪式时留下过这样的画面：亨利·福特亲自抱着孙子，为孙子点燃了火捻，之后仅仅3岁的小亨利·福特（下称亨利二世）把火捻扔进炉膛，熊熊的炉火映红了福特家族每个人兴奋的脸庞。也许从这时开始，就已经注定小亨利·福特日后将成为福特家族的继承人。

其实，在爱德塞夫妇生育的四个孩子中，亨利二世除了拥有长子这一特殊地位外，他还从小就表现出了一种不同于弟弟妹妹的领袖特质：坚定果断、遇事不慌、冷静理智，甚至他还从周围所有人对他表现出的态度上明白了自己将来要担负的举重若轻的角色。在与弟弟妹妹及其他玩伴嬉闹的过程中，亨利二世不仅以“头儿”或“首领”自居，并且要小伙伴们服从他发出的指令。另外，只要是弟弟妹妹们有的东西，如果他没有就会眼红，并且会设法占为己有。当然，值得庆幸的是，在爱德塞的几个孩子当中，后来没有任何人对亨利二世将来的地位提出挑战和异议，从而避免了历史上其他大家族在权力更迭过程中发生的父子相争、手足相残的悲剧发生。

从学历上看，19岁时从私立名校霍奇基斯中学毕业后，亨利二世直接进入了耶鲁大学学习，专业是工程学，所学课程中机械技术和工程学占了相当大的比重，这显然是在为他能够掌管家业做准备。不过，与在大学期间作为从事《耶鲁记录》杂志的组稿、编辑及推送等工作完全不同，亨利二世的专业学习成绩确实非常难看，以致最终只能拿到了一纸结业证书。尽管如此，不像其他孩子学业完成后还要忙着找工作，亨利二世走出大学校门就直接进入了福特汽车公司的鲁日工厂。

由于美国卷入第二次世界大战，参加工作的第二年，亨利二世便与弟弟一起加入了美国军队，而这样的选择不仅仅是他们作为一代青年的报国志向，更重要的是要弥补父亲因为爷爷的百般阻挠而未能进入部队服兵役所留下的遗憾。按照亨利二世的本意，他想做一名海军军官，而不是借助或依赖家族声势成就自己。然而，父亲爱德塞的病逝无情中断了亨利二世的人生规划。在亨利·福特通过时任美国总统罗斯福的强力干预下，海军部部长弗兰克·诺克斯在向亨利二世颁发第二海军少尉荣誉证书的同时也发出了他必须退出现役的命令。

然而，当亨利二世怀着并不情愿的心情回到公司时，发现总裁职位并不是虚位以待，而是爷爷重新从幕后走到台前，又一次登上了公司总裁的宝座，而此时的亨利·福特已是一个耄耋老人，几乎所有的人都认为无论体力还是精力，他都不能够再胜任此职。的确，80岁的亨利·福特不仅多疑、易怒，而且当时还非常相信公司服务部的老总哈利·贝内特，而他并不知道贝内特已经在暗地里拉拢组织了自己的一大批人马，平时不仅在公司骄横跋扈，而且篡夺福特汽车公司最高权力的欲望也与日俱升。

对于自己的孙子，也许是为了遮人耳目，亨利·福特给他安上了公司执行副总裁的头衔。不过，看着孙子身上的潜能，亨利·福特神经质的老毛病又犯了，他担心自己在家族的至尊地位会受到威胁，因此对亨利二世采取了否定的态度，试图阻碍孙子的发展之路。亨利·福特对亨利二世在工作中的表现视而不见，甚至不让他搬进他已故父亲的办公室。不过，爷爷这种近乎失去理性的行为让亨利二世更加确信壮志难酬正是造成父亲英年早逝的原因，而每每这种令人窒息的念头在大脑中膨胀，亨利二世就感觉到了一种强烈的使命驱动，他必须要完成父亲在福特汽车公司未完成的事业，拯救处于十字路口的家族企业。

非常幸运，祖母克拉拉与母亲埃莉诺完全站在了自己的一边，使亨利二世战胜爷爷的胜数大增。而且，也正是这两个女人的“逼宫”，才使亨利·福特最终彻底退场。主要经过是，克拉拉首先在丈夫面前明确警告如果他不承认亨利二世应该拥有的地位，那么整个家族将会面临崩溃的局面；紧接着，埃莉诺向公公发出了最后通牒：如果亨利二世不能立刻接替公司总裁的位置，她将把从爱德塞那里继承的高达41%的股份全部公开出售。

由于十分担心家族企业股权旁落他人，亨利·福特不得不答应了埃莉诺的要求。

有意思的是，当亨利·福特在孙子面前正式宣布交出公司董事长兼总裁的权杖时，此时的亨利二世并没有表示出感谢爷爷的任何只言片语，相反强势提出今后爷爷必须保证自己不再对公司进行任何干预，否则他将拒绝承继家业。满脸无奈的亨利·福特最终只能作罢。此时，第二次世界大战刚刚结束一个月，对于整个世界，对于福特汽车公司来说，一个新的时代即将开启。

又一个时代

向孙子交出权力的第三个年头，84 岁的亨利·福特撒手归西。当这一消息通过电波飞向四方时，整个世界为之震惊。美国总统杜鲁门、英国前首相丘吉尔、苏联领袖斯大林等著名政治家都打来唁电表示哀悼，并热情赞扬了他对人类做出的巨大贡献。全球各大报纸都在显著位置发表文章，众口一词赞扬了这个给世界和人类生活带来飞跃性发展的巨人，深切悼念亨利·福特的去世。

相对于爷爷去世带来的悲痛来说，家族企业的生存现状可能让亨利二世更感沉重。当时，通用汽车公司已经把福特汽车公司远远地抛在了后边，同时福特汽车公司也被克莱斯勒公司超过，并且还面对战后一大批新锐汽车制造商们的激烈竞争。而更令亨利二世惴惴不安的是，此时福特汽车公司竟然创出了每月亏损约 10 万美元的历史纪录，且此前美国政府还动过将福特汽车公司国有化的不详念头。

“攘外必先安内。”亨利二世上任点燃的第一把火就是对准贝内特的。贝内特在担任公司服务部负责人期间，重要职责就是如何帮助亨利·福特与工会进行对抗性博弈，因而导致企业劳资矛盾异常紧张。除了贝内特被亨利二世无情地踢出公司外，在这场大清洗中，福特汽车公司总共辞退了1000多人，其中贝内特的部下仅剩下4人，他们幸免于难的原因就是“能够揭发其他同伙”。

大刀阔斧地整编的最终目的是为了实现管理层的优化。此前，福特汽车公司管理层成员的年龄都在40岁以上。对此，亨利二世从陆军航空兵统计队搜罗了10个年轻的人才进行专业培养，并将他们提拔到公司的显要位置。也正是在这些年轻人加入后，福特汽车公司建立了一整套完善的成本核算会计制度，而在此之前，公司根本无法计算生产一辆模型车的具体成本，要等到年底才能知道公司获得多少利润或是否亏损。另外，亨利二世还制定了一个鼓励大学毕业生来公司工作的计划，以提高公司员工的整体素质。有意思的是，基于亨利二世在福特汽车公司一系列眼花缭乱的用人行动，《时代》周刊特地将亨利二世的相片放在了杂志的封面上。

在亨利引进的人才中，最令人关注的就是通用汽车公司原总经理欧尼斯特·布里奇。亨利二世任命其为福特汽车公司副总裁，负责新型产品的设计与开发。也正是在布里奇的率领下，福特汽车公司推出了自己的新型福特车。这种车采用了流线型设计，外形像一颗子弹，有单独的前悬装置和精心设计的传动系统，一经推出便引起轰动，当年销售量就超过了100万辆，全年的利润进账高达18亿美元。此举令福特汽车公司逼近通用汽车公司成了全美第二大汽车公司。

值得圈点的是，亨利二世不仅将福特汽车公司推向了资本市场，成为一家上市公司，而且在公司股权激励机制的创建方面也有不错的建树。除了采取高薪政策吸引人才外，亨利二世还对公司职员开放了优先认股权，这在福特汽车公司的历史上是第一次。这种优先认股权规定：公司职员可以以规定的价格优先购买公司的股票，每年结算一次；如果这一年内股价上涨，那么职员们的红利就得到了保证；反之，如果股价下跌，那么由公司保证职员不受损失。这种大胆的举措使亨利二世很快就把一批人才网罗于门下。

曾经一度恶化的企业劳资关系在亨利二世手上得到了很大的改变。由于亨利二世与美国汽车工人工会签订了新的劳资协议，承诺给福特汽车公司的工人在同业中最优厚的工资待遇，换取了工会不罢工、不怠工的保证，在后来的几十年中，福特汽车公司一直保持与工会和工人之间的良好关系，从而避免了像其他公司那样因工人罢工而造成的损失。据统计，在1950年和1967年爆发的美国最严重的罢工浪潮中，其中克莱斯勒公司仅一次罢工造成的损失就达1亿美元以上，而福特汽车公司没有受到任何损失，这在当时的美国企业界极为罕见。

非家族化治理

从建立严格的成本核算会计制度，到建成著名的福特世界总部大厦，再到将福特汽车公司推向资本市场公开融资，亨利二世从爷爷手中接过家族企业管理大权后所展开的一系列改革让老态龙钟的福特汽车公司重焕生机。当然，在亨利二世执掌公司最高权杖的整整35年里，对于福特汽车公司未来发展具有根本性影响的恐怕还是公司治理制度的改革。在亨利二世手上，福特汽车公司实现了自家族100%控股以来第一次所有权与经营权的分离，职业经理制度也首次进入这个血缘关系异常深厚的企业之中。

李·艾柯卡应当是直接导致福特汽车公司治理制度变革的标志性人物。22岁时，艾柯卡以推销员的身份加入福特汽车公司宾夕法利亚的分公司，次年便成为该地区的销售经理，32岁时出任福特汽车公司总部卡车与小汽车两个销售部的经理，36岁时被提拔为福特汽车公司副总裁。也正是在亨利二世大胆启用年轻人才的背景下，艾柯卡作为非福特家族成员第一人的身份出任福特汽车公司总经理。

主政之后，艾柯卡亲率一支年轻的团队设计开发出了名为“野马”的新车，销量创下了当时全美汽车制造业的最高纪录，艾柯卡因而获得了“野马之父”的称号。受到影响，福特汽车公司的年销量近500万辆，占到全美汽车销量的26.6%，全年利润进账达到了数十亿美元。然而，李·艾柯卡无论如何不会想到，因为自己功高盖主，让作为董事长的亨利二世开始感到极度不悦，二人的矛盾从隐蔽性理念分歧最终走向直接在公开场合拍桌对吼。“胳膊拧不过大腿”，艾柯卡最终被扫地出门。此事当时在全美造成了震撼性影响。《纽约时报》《华盛顿邮报》《华尔街日报》等多家媒体迅速跟进报道，并为艾柯卡鸣不平，甚至有媒体恳请与呼吁亨利二世收回成命。

离开福特汽车公司后，李·艾柯卡收到了很多汽车生产企业抛来的橄榄枝，但最终还是决定受聘到濒临破产的克莱斯勒公司出任总经理。当时的克莱斯勒由于经营不善，营业额连年下降，年度亏损达1.6亿美元。为了表达逆转企业命运的决心，艾柯卡从进入克莱斯勒第一年开始就公开宣布只拿1美元年薪，而且还给新东家带去了15亿美元的融资见面礼。经过五年不懈的努力，艾柯卡不仅让克莱斯勒还清了所有债务，而且开发出的K型汽车因为漂亮、坚固的外形及省油、快速和舒适的特点与适中的价格而受到市场热捧，推出当年就卖出100万辆，且接着在举行的全美全国新车评比大赛上荣获名车奖。最终，K型车为克莱斯勒创造了100亿美元的销售纪录，并将克莱斯勒重新推到全美第三大汽车公司的显赫位置。

有意思的是，在自己被福特汽车公司辞退五周年的纪念日，艾柯卡站在华盛顿特区全国新闻俱乐部的门前，大声向报界发表声明：本公司提前七年把联邦政府的15亿美元贷款一次全部还清，同时我们还净赚了9亿多美元。而第二天，报纸上出现了一幅漫画：福特汽车公司的董事长亨利二世满头大汗地对女秘书说：“赶快给我打一封信给艾柯卡先生，就说亲爱的李，请回来吧。让我们一切和好如初。”漫画下有两行小字：“A. 克莱斯勒汽车公司利润高达1.7亿美元。B. 福特汽车公司去年亏损6.58亿美元。”

回过头去看，亨利二世赶走艾柯卡后自己又兼任了一段时间的总经理，然而由于身体每况愈下，他不得不开始考虑接班人的问题。原本最合适的人选是他的弟弟威廉，但威廉早已在大陆汽车失败之后就退出了公司管理层，而他的儿子爱德塞三世也没有突出的能力且一直没有进入福特汽车公司的权力中心。考虑再三，亨利二世最终在 1980 年将董事长与总经理职位整体移交给了已为福特汽车公司效力 25 年的菲利普·考德威尔，而这也是非福特家族人员首次担任公司董事长。

菲利普处事周全而冷静，行事低调且谨慎。在他的任上，福特汽车公司不仅果决地处理了先前沸沸扬扬的“质量门”事件，而且推出了“金牛座”“黑貂”等当时代表美国最高质量的汽车，同时福特汽车公司的财务数字也开始飘红。数据显示，菲利普接任的当年，福特汽车公司亏损 14 亿美元，但公司两年之后，该数字变更为盈利 18 亿美元。又过了两年，福特汽车公司的利润超越通用汽车公司，成为美国最赚钱的汽车巨头，而且这也是 1920 年以来福特汽车公司首次打败通用汽车公司。

菲利普的任职一直持续到 1999 年，这一年比尔·福特接任公司董事长，代表着 20 年后福特汽车公司的最高管理权重新回到了福特家族成员手中。值得注意的是，对应 1990 年和 2000 年两个年度的时间刻度，福特汽车公司的盈利从 100 亿美元上升到了 220 亿美元，期间阿斯顿·马丁、马自达、沃尔沃等著名的汽车生产企业先后被福特汽车公司收购。显然，菲利普为比尔·福特铺垫了一个非常坚实的台阶。当然，比尔·福特也没有让众人失望，在他的手上，福特汽车公司不仅妥善处理了公司与环保组织的紧张关系，而且提高了福特汽车公司 30 万在岗与退休职工的收入和福利。特别是金融危机爆发后，与通用汽车公司及克莱斯勒等不得不祈求财政救援或者寻求破产保护完全不同，在这场危机中，福特汽车公司成了美国汽车三巨头中唯一不受政府救助的企业。

在管理公司的方式上，比尔·福特重新采取了亨利二世启动的所有权与经营权分离的管理模式。因此，在比尔·福特任上，福特汽车公司先是聘请波音前总裁艾伦·穆拉利出任总经理，后来马克·菲尔茨继任，只是由于任职三年中福特汽车公司的股价下降了40%，而且公司的核心汽车业务毫无起色，同时在高科技汽车的开发方面也处于落后地位，菲尔茨任期未满就遭到了董事会的解聘。接替菲尔茨的是现任总裁吉姆·汉克，而这应当是福特汽车公司的第八任CEO。

不一样的善举

对于产业大亨与商业巨贾来说，大额捐款与好做公益似乎是其庞大财富的完美标配。不过，亨利·福特却是一个另类，这倒不是说他如何吝啬或者抠门，而是与一般富豪相比，其表达慈善与善意的举动的确有着完全不同的路径与行事风格，也正是这种特立独行的举动，让亨利·福特在后人中留下了更为深刻的印象。

底特律市准备建立一所高水平的医院，市政府动员社会各界捐款，福特汽车公司自然应当首当其冲，但亨利·福特就是不肯拿出这笔钱。等到工程开工不久，发现实际开支远远大于预算，于是官方再次动员捐款。此时，亨利·福特站了出来，明确表示拒绝跟随捐赠。不过，他并没有让市府失望，而是提出了一个出人意料的解决方法：由福特汽车公司出资，如数退还所有捐款人原来的捐赠，然后再由福特汽车公司独资建设和经营这家医院。医院建成后，第一次世界大战爆发，新医院被政府征用，战后又返回给了福特汽车公司。照着这样的投资逻辑，亨利·福特后来又开办了几所医院，并且像管理自己的公司一样管理这些医院。

出资兴建医院的同时，亨利·福特在底特律的大街小巷发现不少的残疾人、智力低下的人和刚刚出狱的犯人，他们往往被工厂拒之门外，根本无法自食其力，给家庭与社会带来了沉重的负担。于是，亨利派人在自己的工厂内进行了一次调查，把工厂的所有工作依照不同的类型区分为 7882 种，发现其中的 949 种工作需要身体强健且五官端正的劳动者；有 3338 种工作只需要有普通的体格和力气的劳动者；还有剩余的 3595 种工作是不需要什么体力的。有了这样的调查结果做依据，亨利·福特开始大胆地雇佣那些被社会遗弃、被家庭厌恶的人来福特汽车公司做工挣钱。除了经常来到底特律街头的乞丐、流浪者和残疾人面前，和气地问他们是否愿意到他的公司做工外，亨利·福特还指示雇佣科的办事人员根据不同的特殊情况把这些特殊的劳动者分配到合适的工作岗位上。

按照亨利·福特的回忆录《我的一生和事业》中所披露的数字，在当时福特汽车公司的特殊员工中，有 123 个人失去了一只手，有 1 个人两手全无，有 4 个人是弱视，有 207 个人仅有一只眼睛，有 253 个人双目失明，其他还有 37 名聋哑人，67 名癫痫病人，234 名工人有跛足，还有 4 人则失去了双脚或双腿。亨利·福特还声称自己雇佣了 400 ～ 600 名刑满释放人员，一些是在出狱后走投无路的，还有一些是因为生活所迫铤而走险，后来亨利·福特与法庭达成协议，把其中罪行较轻的一些人保释出来，成为福特汽车公司的工人。

在企业内部，亨利·福特对员工的福利管理也同样独特。对于那些生病或年老的工人，亨利·福特从不采用发放救济金或养老金的形式，而是规定，每当工人生病，工人的妻子、儿女有到福特汽车公司工作的优先权，而且照样给他们规定的工资。20 世纪 30 年代经济大萧条时，整个美国约有 5000 家银行倒闭，600 万人失业，而亨利·福特却宣布，福特汽车公司实行 7 美元工作制，也就是说，福特汽车公司把普通工人的最低日工资在当初 5 美元的基础上再提高 2 美元，同时对于那些工资水平早已超过 7 美元的员工也实行同等水平的加薪。

与普通公众一样，福特汽车公司的员工也经常受到通货膨胀的袭扰，为了使工人及其家庭的生活水平不受到影响，亨利·福特要求每一个工人都必须和公司签订合同，共同开垦与耕作一块 4000 英亩的福特农场，甚至他还将自己的花园也让了出来种植农作物。在此基础上，亨利·福特建立了消费合作社这一福利组织，向公司的工人低价销售一些生活用品，其中既有杂货和日用品，也有粮食、衣服、鞋帽、燃料等商品，而且面包用公司的农场所生产的小麦制作，牛奶也来自公司的农场。亨利·福特向工人供应的商品在价钱上比市面上便宜 25% 左右。

还有一件几乎轰动全美的事情让人们见证了亨利·福特对于社会公共事业别出心裁的价值理念与实际行为。“一战”全面爆发后，一向对各种名目的捐献活动抱有反感心理的亨利·福特发出倡议，号召富人们为了和平而慷慨解囊，设立反战基金。作为对自己反战倡议行动的策应，亨利·福特发起了著名的“和平船行动”，并在白宫受到总统威尔逊的接见。也正是在这次接见中，亨利·福特向总统提出了一个出人意料的邀请：他已经租下了奥斯卡二号游轮，准备邀请包括美国总统在内的政界和商界的著名人士乘坐这条“和平之船”驶往欧洲，前去那些“已对战争感到厌烦的国家”进行调解，以促使战争尽快结束。

亨利·福特的确没有将行动仅仅停留在嘴皮之上，“一战”爆发的第二年，“和平船”奥斯卡二号终于起航了。然而，亨利·福特向 100 多位政界要人和商界巨子发出的请柬邀请却没有得到一人响应，就连他最好的朋友托马斯·爱迪生也没有登上这条船。最终，共有 118 人走上“和平船”，其中的 50 多名“和平使者”都是普通的牧师、大学教师，不少人的目的是获得一次可以有人赞助去欧洲旅游的机会，另外的人基本上都是记者。船缓缓驶离码头的最后几分钟，亨利·福特站在船舷上对前来送行的爱迪生大声喊道：“如果你愿意上来，我愿意提供 100 万美元的赞助。”然而，耳聋的爱迪生根本不知道他在说什么，否则老科学家也许会在最后一刻改变主意。

“和平船”抵达欧洲海岸后，亨利·福特便收到了两个令人沮丧的消息：一个是这次和平活动的导演兼活动主持人在旅途中得了肺炎，经抢救无效而一命呜呼；第二个坏消息是当时欧洲大陆正在流行几种可怕的传染病，而且还有密密麻麻的前来阻挡和平主义者的队伍。出于对亨利·福特安全的担忧，几个随行人员硬是将其推上了返回纽约的轮船，“和平船行动”以失败而告终。

王朝的经脉

对于亨利·福特而言，他既是一个家族从平凡走向杰出的精神符号，也是普通民众大脑中美国梦的象征。亨利·福特去世时，福特家族拥有6家美国工厂、9家加拿大工厂和其他国家的20家工厂，按照目前美国GDP折算，其拥有的个人财富超过了千亿美元，也可算得上是全球响当当的超级富豪。而更重要的，管理权虽然历经数代人的更迭，但福特汽车公司能够顺利存续上百年，而且目前还是美国汽车行业中规模最大的家族企业；另外，如今虽然在《福布斯》杂志上很少看到福特家族成员的身影，但福特家族依然保持着对企业的控制权。

“一定不能将自己置于别人的命令之下，命运要掌握在自己手中。”这是亨利·福特自创业开始就坚守的商业信条，而且代代相传。作为这一理念的强有力行动，在获得了对公司100%的控股之后，亨利·福特就决定把公司股票拆分成无投票权的普通股和拥有完全投票权的B类股，而且B类股只有福特家族成员才可以持有。按照亨利·福特当年的规定，只要福特家族持有的B类股股数大于6070万股，该家族在公司的投票权就是40%，其余股东不管持有多少股份，只能拥有60%的投票权。这就是福特汽车公司特有的双层股权控制体系。对于福特家族成员来说，除了共同拥有对企业的控制权外，还能通过股权取得连续性红利。

起初，福特汽车公司的B类股有75%由专门为表决权设立的福特基金持有，剩下 25% 由个别家族成员持有。而且，为了防止 B 类股票因变现对家族控制权构成冲击，亨利·福特还明确规定，B 类股的出售对象首先必须考虑家族成员。因此，虽然后来数十年中不断有家族成员变现了自己手中的股票，但福特家族对企业的控制权依然如旧。后来，福特基金虽然按照规定也对外出售了部分 B 类股票，但这些股票一经出手后就变成了没有投票权的普通股。因此，虽然目前福特家族只持有福特汽车公司 8% 的股份，却依然牢牢把持着公司的控制权。

福特基金会由亨利·福特与儿子爱德塞于 1936 年联手创建，这主要是为了规避美国高得令人咂舌的遗产税。除了手中握有 B 类股票外，亨利·福特与爱德塞等人还拿着不少的普通股。对于后者，父子两人决定将其全部注入基金会。因此，虽然账面上看刚刚成立的福特基金会只有 2.5 万美元，但在亨利父子注入了大规模股份后，福特基金可以说是一个隐形资产巨人。特别是随着爱德塞和亨利·福特的相继去世，他们所持有的福特股份后来大部分都注入了基金会，基金会于是变得越来越强大。福特汽车公司在上市之前，其 88% 的股份都由基金会持有。

为不违反美国立法关于家族基金会不能持股过于集中的规定，亨利二世决定让福特汽车公司上市，并对外出售了福特基金所持 20% 的股份，成为当时华尔街有史以来最大的一笔普通股交易。此后数年里，福特基金又不断对外售股，及至持股比例降低到 10%。除了将套现所得的一部分用于对学校及医院的捐赠拨款外，福特基金将另一部分资金用于股权和债券的投资，基金资产规模在高峰时一度达到 200 多亿美元。仅以过往 20 年而论，福特基金会的净资产增长率超过了 60%，为同期通胀率的 2.5 倍，其财富管理能力可见一斑。

除了用 B 类股票将家族成员凝结成一个财富整体外，为了调节家族成员的利益，尽量促进彼此间的沟通与了解，同时将矛盾化解于萌芽之中，福特家族还形成了一套极富特色且行之有效的家族管理制度。一方面，所有家族成员都会尽力维护自己和别人的隐私，家族内达成了家丑不外传的共识，董事会成员与公司中层以上主管基本上谢绝一切有关内部矛盾的采访。包括福特家族的小孩子，如今也养成了在外人面前对家事守口如瓶的习惯。另一方面，福特家族在底特律专门设立了一个家庭办公室，成员可以通过它经常互通情报，或安排部门成员间的当面交谈及小型会议，同时还可咨询一些个人问题，甚至如果本人或小家庭有了什么需要请家族帮助解决的困难，也可向办公室提出求援。

作为家族成员日常联系的重要渠道和载体，每两年数量不定的福特家族成员会按照传统在固定时间来到公司总部聚会，会后还轮流到部分成员家里参加宴会或舞会，有时也会一起驱车前往富饶的格罗斯潘特郊区，共同参加乡间风味十足的夜总会活动，以增进家族亲情。除此之外，福特家庭办公室每季度还会出版一本家族专刊。与其他家族类似刊物的不同之处在于，它除了传递家族的内部信息外，还可以以通报的方式让成员知道公司最新经济季度报表等要闻，以此来增强大家的主人翁责任感。

高尔文家族

架构人类沟通桥梁的“科技天使”

没有显贵的家庭背景，保罗·高尔文只能凭借自身的勤奋与努力完成草根逆袭；没有资深的行业经验，保罗·高尔文只能凭自己的直觉与悟性克服创业艰辛；没有现成的销售渠道，保罗·高尔文只能凭自己的预判与幸运打开市场天地。第一部车载收音机、第一部商用对讲机、第一部可携带手机、第一部车用免提电话、第一部蜂窝折叠手机、第一部GSM数字手机、第一部全中文手机等，这些曾经与百姓生活须臾不可分离且如今仍以不同物理形态紧密伴随公众身影的科技产品都出自保罗·高尔文和他两个儿子的神奇创造之手，由此铸就了高尔文家族与摩托罗拉这一厚重经典品牌并肩而行的风云历史。

鲍勃·高尔文是“科技狂”，站立在父亲的肩膀上努力地搜寻着技术与产品的变化趋势；鲍勃·高尔文是“梦想家”，行走在理想的世界中痴迷地探求着天穹与宇宙的奥秘；鲍勃·高尔文是“思想者”，立足于实践的泥土里潜心地发掘着经营与管理的精髓。在鲍勃·高尔文的驱动下，摩托罗拉转型到了一个更为广阔的商业高地，打造成无人能替代的核心优势；在鲍勃·高尔文的治理中，摩托罗拉飞越到了一个更为广袤的商业原野，锻造成了无人能敌的产业巨擘；在鲍勃·高尔文的打磨下，摩托罗拉进化到了一个更为精致的商业王国，演变成无人能比的思想先锋。

承继祖业，克里斯·高尔文本想凭借变革的力量驱动家族企业吐故纳新，却强烈感到已是力不从心；厉兵秣马，克里斯·高尔文希望借助技术的赋能牵引家族企业破浪前行，却清楚看到已是今不如昔；危机四伏，克里斯·高尔文计划通过产品迭代推动家族企业走出泥潭，却明显察觉已是今非昔比；天不遂愿，克里斯·高尔文试图运用满腔赤诚引领家族企业重构再生，却痛苦地发现已是大江东去。一个商业王朝的起落浮沉，几代产业巨子的陨落与崛起，浸染在历史时空中的除了耀眼的辉煌纪录外，也有令人扼腕的长吁短叹，更有鉴往知来的深刻启示。

一波三折创业路

美国伊利诺伊州的哈佛小镇在1856年通了铁路，整个小镇的商流如同打了鸡血般地奔涌起来，无论是大人还是小孩，只要能够走得动和提得起竹篮箩筐的，每当火车停靠，都会疯了一般地涌到车窗口，吵吵嚷嚷地向乘客推销爆米花、三明治及冰激凌等各种零食。儿时的保罗・高尔文也加入了这群人流中，他的“第一桶金”就是通过这门营生赚到的，只是成色并不怎么厚重。这主要是因为竞争对手多，而最主要的是后来车站贴出告示，禁止站外人员靠车兜售买卖。像许多同龄孩子那样，保罗・高尔文心中最初燃起的商业火苗就这样惨淡熄灭了。

保罗在家中排行老大，父母靠给别人打零工维持家用开支，因此用家徒四壁来形容全家人的生活处境一点也不为过。18岁时，保罗考上了大学，但读到大二时因交不起学费而退学。不久，第一次世界大战爆发，保罗穿上戎装昂首挺胸参军入伍，在部队浸泡了三年后复员回乡，四处敲门而不得工作。心急火燎之际，昔日一起在车站卖过爆米花的朋友爱德华・斯图尔特找上门来，提出两人共同出资创办一家蓄电池工厂。没有做任何犹豫，只为能找到工作，保罗爽快地答应了。

新公司的名称叫斯图尔特—高尔文电池公司。当时匹茨堡KDKA电台正式开播，这是无线电技术发展史上的一次重大突破，许多家庭为此添置了收音机，对电池的需求量也开始增长，斯图尔特电池公司就是专门生产供收音机用蓄电池的企业。刚开始的时候，公司的效益的确不错，甚至不久在市场上还小有名气。但突然有一天，当地政府工作人员找上门来，直接在厂门上贴上封条，原因是没有缴纳货物税。等到保罗与斯图尔特赶到工厂时，他们甚至连进厂取回自己留在办公室中的衣物机会也没有。

两个小伙伴被课以重罚后失去了重新开启厂门的财务能力。保罗回家向父亲借了 40 美元当作盘缠前往芝加哥，在亲戚的一家公司找了一个差事。大约过了两年，斯图尔特再次来到了高尔文身边，又提出了在芝加哥再开电池公司的想法，初心未灭的保罗又一次拥抱了儿时玩伴。当然，与第一次相比，斯图尔特决定二人重新合作更有底气。一方面，斯图尔特通过父亲的关系买下了一家名为马什菲尔德电池公司的残余股份，并将公司新址迁到了芝加哥哈里森大街的一处房子里。对于斯图尔特来说，保罗只要拿出少量资金入股就可盛装开业；另一方面，斯图尔特还发现，市场上的干电池又笨又脏，用不了多长时间就必须更换，它必然成为过时的东西，可同时许多人使用交流电成了习惯，直接扔掉干电池又太可惜，于是，斯图尔特告诉保罗自己决定开发一种产品来替代这个产品。

在保罗注入资金后，斯图尔特的个人研发获得了“助攻”，不久便开发了一种整流器。这是一种能够将交流电变成直流电的新玩意儿。通俗地说，就是能够给电量快要耗完的蓄电池充电，所以整流器又有充电机之称。由于能够节省成本，而且还用不着更换电池，用户自然对整流器趋之若鹜，产品一上市就遭到了疯抢。但好景不长，由于质量问题，用户在使用过程中故障频出，投诉信如雪片似的飞向监管部门。几天后，市场行政局的工作人员不期而至，不仅查封了斯图尔特—高尔文公司，而且做出了拍卖公司所有物品的决定。

然而，这一次保罗并没有简单认输，他认准了整流器的市场价值，而且坚信这个产品在经过改进后一定能够赢得市场更大的热捧，为此保罗加入到了竞拍队列中。拍卖开始，起价出奇的低，但经过数轮举牌后，价格升到了 500 美元。在无人问津的情况下，保罗最终出资 565 美元拿下了公司的全部产权，并将企业改名为高尔文制造公司。包括自己在内，当时整个公司员工只有 5 名，第一个星期发出的工资总额仅 63 美元。然而，往往大江大河就是由细水支流汇集而成的。

整流器在新公司开业后的确如保罗预测的那样卖得不错，但好景没有持续多长时间，因为不久之后爆发的经济危机席卷了美国与整个发达国家市场，在许多家庭失业人员骤增的情况下，人们哪里还有心思去听收音机，高尔文公司出现产品滞销，在库存压力之下几乎被逼到破产边缘。然而，祸不单行，对保罗来说更大的打击还来自生活方面。前后五个月不到的时间，他的父亲、母亲和岳母等几位亲人相继离开人世，在内心极度煎熬之下，保罗感到眼前的世界空茫一片，而他又必须在绝望无助之中寻找到可以照亮前路的光明。

推开无线电之门

就在保罗·高尔文苦苦寻找公司的“救命稻草”之际，一个新的市场跳到了他的面前。当时除了收音机已经普及到百姓手中外，汽车也开始走进美国家庭，而汽车消费的增加必然带来车载收音机需求的增大，因为除了在家中或者闲时需要听收音机，人们开车时更需通过听收音机来消除疲劳与提神，而且汽车与收音机本就应是两款并行不悖和相得益彰的关联产品。可问题是，对于汽车来说，当时的收音机还只是一个副产品，厂家为了节省成本，很少在汽车出厂时就安装收音机。同时，许多汽车出厂后买主即便是自己选择在市场上安装收音机，但最终不是音质不好就是价格太贵，并且开车人要收听广播，还须把引擎停下来。正因如此，当时许多司机将安装车载收音机看成是一件可有可无的事情。

别人眼中可能漫不经心的东西在保罗·高尔文看来就是一个千载难逢的商业机遇，他不仅发现了市场空白，而且感知到了消费者的焦虑及产品的痛点。对于保罗来说，先前因为有为收音机生产提供蓄电池及整流器的经验，已经让他对收音机的零部件烂熟于心，在业务上也完全算得上是行家，但真正要对产品在技术上进行完善，他的确离不开拥有专业特长的人才支持。为此，保罗不惜花重金请来了多名技术人员，并将手中剩余资金全部集中到了收音机的研发上。对于保罗·高尔文来说，这一次的押注也许就是人生的重大分水岭：成则为王，败则为寇。

经过不断调试和反复更改，在高尔文制造公司成立两年后，一台车载收音机的样板机终于生产出来了。这台收音机不但可以在汽车发动机开动的同时工作，而且音质不错、价格合理。这台收音机的名字叫“摩托罗拉”。“摩托”（motor）是指汽车的引擎，“罗拉”（ola）表示汽车收音机里传达出的声音悦耳动听。之所以单单挑中“ola”这个后缀，是因为当时流行——20世纪初的一些制作留声机、收音机和其他音响器材的公司都喜欢使用“-ola”的后缀，其中最著名的当属老牌留声机维克多（victrola），也包括后来的可口可乐（Coca Cola）等。

产品是生产出来了，销售就成了大问题，因为前期研发用尽了所有资金，高尔文公司已是弹尽粮绝，而酒香还怕巷子深，不吆喝别人怎么知道你推出了新产品？于是，带着新出来的样机，保罗前往当年在亚特兰大举办的“收音机厂商协议会展”。可是，会场内租借展位同样需要钱，保罗还是拿不出，自然就被挡在了门外。无奈，保罗只能与两位随行技术人员将汽车停靠在会场外的马路边，将样机安装在车内播放。音响开到最大分贝的同时，保罗亲自上阵大声吆喝。很多人上前询问，结果没等保罗·高尔文回到芝加哥，雪片似的订单就飞到了高尔文制造公司。

从创业开始至收音机打开市场，一路走来，保罗·高尔文似乎从未收获到真正的成就感。而且，面对着纷至沓来的订单，在欣喜若狂的同时，保罗产生了巨大的商业危机感，如果收音机销售一旦走下坡路甚至出现滞销怎么办？如果出现替代产品怎么办？无数个问号在心中纠结与堆积。最终，保罗·高尔文决定充分挖掘公司的技术实力，进行产品的多元化开拓。而且，他的目光首先迁移到芝加哥警方的警用通信身上。

除了集中时间研究与讨论案件之外，警方人力在绝大部分的时候都处于出警或者游动状态。对于芝加哥警方来说，当时如何调动巡逻中的警车一直是一个十分令人头疼的问题。对此，他们曾经尝试使用这样一种调度方式，出现特定警情时，警方通知电台，电台中断广播通知巡逻中的警车，而安装有车载收音机的警车收到电台的信息后会赶往相关地点。但这种尝试很快以失败告终，因为一方面所有收听电台的人包括嫌疑人也可以随时获知警方的调度信息，另一方面这种通信是单向的，巡逻车无法及时将最新情况反馈给电台或指挥中心。后来，芝加哥警方干脆建立起了自己的电台，以高于商业电台的频率进行广播，而巡逻车则锁定警用频道以收听调度信息。不过，这种方式也只解决了第一个问题，至于双向沟通，同样没有找到更有效的方法。

需求就是市场，解决的产品堵点就是打开并占领市场的突破口。一向嗅觉敏锐的保罗·高尔文找到芝加哥警方，提出由自己公司专门生产供警车使用的通信设备，并很快得到了对方的支持性回应。毕竟此时的高尔文制造公司已不是当年的小厂，麾下云集了不少出色的无线电及电子管专家人才。借此，保罗也能在公司迅速建立起了由技术骨干赫尔拜·穆斯等人组成的研究部。为了突出研究人员的地位，保罗将这个部门命名为“赫尔拜·穆斯之专门研究部”，后来又改成“警用无线电通信部”，同时重金请来了康涅狄格大学教授丹尼尔·诺布尔担任研发部门的技术顾问，而这可以看成是摩托罗拉历史上第一次大规模的科技研发投入。

精干的团队没有辜负保罗·高尔文所托，经过一年多的攻关，高尔文公司的首台双向通信警用车载电台——摩托罗拉 T6920——交付芝加哥警车配载使用，效果出奇的理想。由于性能稳定且价格便宜，T6920 很快占领了芝加哥以外的警用通信市场，同时成了高尔文制造公司第一次进入无线通信新领域的标配产品。然而，庆功会结束不久，正在筹谋公司愿景的保罗·高尔文在办公室收到了警方传来的一个晴天霹雳般的消息，与他青梅竹马的妻子在家中被入室盗窃的悍匪残酷杀害。保罗似乎又一次掉进了命运的深渊。

大炮一响，黄金万两

失去妻子后的很长一段时间，保罗·高尔文没有与人进行过长时段的谈话交流，除了公司的高管与文秘人员从保罗办公室进进出出外，人们发现保罗也极少能像以前那样经常走出办公室来到车间与员工聊天，他需要时间来消化自己内心的极度悲伤与痛苦。幸好，一位报纸编辑来到高尔文办公室告诉他，说由于缺少无线电通信，军队里的行动受到了很大的阻碍，用这样的装备去打仗，结果可想而知。闻讯之后的保罗·高尔文被奇迹般地激活，精神焕发地如同往日那样与所有熟人谈笑风生起来，按照他当时的话说就是，他又看到了一个巨大的市场。

其实，保罗·高尔文当时所听到的还只是美军威斯康星营地的一支国民警卫队通信设备的配置情况，虽然当时欧洲与亚洲已是炮火连天，但白宫却一直处在隔岸观火的状态，美国人试图复制“一战”期间站在第三方的位置再一次在交战国之间通过贩卖武器实现大肆敛财的目的。但智慧在民间，保罗坚信美国一定会加入“二战”，而且不久珍珠港事件的爆发也彻底断了美国人从战争中轻松捞钱的念想。被裹挟进战争的美军开始对军需品形成强大需求，而便利与畅通的通信设备无疑成了必备工具。

有意思的是，保罗·高尔文组织与集中公司的人力和财力生产名为SCR-536的军用步话机时，没有与使用方达成任何口头买卖意向，更谈不上签署书面商业合同。这就意味着，如果购买方并不认可新的产品，或者采取极端压价方式进行采购，SCR-536不是成为废品堆积在仓库中，就是不得不作为廉价品被动甩卖，最终可能陷入危机并导致企业的破产。可是，保罗·高尔文这次赌定了自己的产品一定会成为军方的抢手货，也一定会带来公司的一场产品新革命。

不错，保罗·高尔文赌赢了。三个月后，保罗亲自带着三台 SCR-536 飞到俄亥俄州的本宁堡，向正在那里集训与演习的军人们演示了这一新产品。官兵们如同把玩着一个新奇的玩具对 SCR-536 爱不释手，返程之前保罗便带回了来自当地的不少订单。还有，令保罗根本没有想到的是，罗斯福总统就职的当年，不巧看到了警察与情报人员手中使用的 SCR-536，也对这款无线电话点赞不已，并当即给当时的伞兵军官写了一封信，专门推荐 SCR-536。趁热打铁，保罗·高尔文马不停蹄地赶到伞兵部队进行演示，在获得了雷鸣般掌声的同时，源源不断的采购合同从四方军营飞飘而来，高尔文制造公司也开始发动所有机器满负荷生产 SCR-536。

SCR-536 是一款手提式步话机，类似于后来的“大哥大”，机身重量约 2.3 公斤，由于可以手持，因此就有“ handie talkie”的绰号，可以说它也是世界上第一款手持对讲设备。虽然 SCR-536 有效通信距离在开阔地带大约 1 英里，在树林中只有 300 米，但这种联通效果已经高出市场上的所有产品，并且通话质量也比其他国家同类装备好出一大截。更为重要的是，SCR-536 还有防水功能，意味着不仅陆地作战部队可以使用它，活跃在航空母舰上的美国海军也可以不惧风浪地使用它。

按照规定，战争期间 SCR-536 配备到排一级，每个步兵排 1 部，炮兵排 2 部，连部 1 部，最多时往往一个步兵连有 6 部。虽然出于控制成本的考虑，SCR-536 并没有普及到部队的班一级，但整个“二战”期间，仅高尔文制造公司就为军方生产销售了超过 13 万台 SCR-536。当然，这还不包括因自身生产能力受限但不得不外包给其他公司的产品数量。可以说，使用 SCR-536 成了“二战”美国战场上一道独特的风景线。

继 SCR-536 之后不久，迅速投入战场的还有 SCR-300。这是一款双向背负式步话机，重量为 16 公斤，由于采用了 FM 调频技术，不仅通话非常清晰，而且通信距离更长，大大弥补了 SCR-536 通信距离短的不足。从产品定型到配送至战场使用，整个过程前后，高尔文制造公司只用了八个月不到的时间，从太平洋战场上的新几内亚岛战役，到意大利战役和诺曼底登陆战役，SCR-300 随同美军大放异彩，整个战争期间高尔文制造公司批量生产的 SCR-300 多达 5 万部。

无疑，SCR-536 和 SCR-300 成为美军在战场上的“聪耳”，为盟军取得战争胜利立下了汗马功劳，而作为产品生产与销售方的高尔文制造公司当然也是大赚特赚。美军参战之前，高尔文制造公司还是一个仅有大约 1000 名员工且销售额约 1000 万美元的小型无线电公司，但战争结束当年，公司员工数量猛增了三倍之多，年销售额增加至 8000 万元。如此迅速的规模扩张，背后当然是整个“二战”期间来自美国军方高达 2.5 亿美元采购合同的强大支撑，高尔文制造公司在行业中的领导地位也由此确立。

在得到战争巨大商业红利的同时，保罗 · 高尔文也迎来个人事业的巅峰，他被选为全美无线电制造商协会主席。期间，公众也经常看到保罗积极领导和组织无线电工业界支持反法西斯战争的行动，无论是在政府还是在商界，保罗的个人影响力都与日俱增。不仅如此，包括丹尼尔 · 诺布尔在内的主力科研开发人员，由于在无线电通信技术方面做出的突出贡献，多次受到美国国防部的嘉奖。当然，与政治荣誉相比，也许保罗 · 高尔文更看重另外一件大事——1943 年，高尔文制造公司的股票公开发行上市，每股发行价 8.5 美元。

转身拥抱大市场

“早起的鸟儿有虫吃”，作为始终盯住市场的企业家，总能表现出比常人更敏感的商业嗅觉，并善于从宏观趋势和微观情绪的变动中发现与捕捉到新的商机。“二战”结束的前一年，保罗 · 高尔文找到了战时工业生产局的官员，建议联合工商界人士制定一项战后企业的转型计划，因为保罗已经认定，一旦对德作战胜利告终，军方就不会再需要全部工业设备及工人为战争工作，此时企业不仅会失去方向，而且可能大面积破产倒闭，大量工人还会失去工作。因此，必须赶在这一时刻来临之前，动员工商界做好转入民用生产的充分准备。

值得注意的是，出于战争需要，为全力支持军工生产，美国政府下令停止一切民用收音机和民用汽车的生产，直接结果是导致不少生产销售车载收音机的企业因此倒闭或歇业。但是，保罗·高尔文坚定地认为，战后消费者肯定会对收音机产生巨大需求，这将使他们的工厂忙碌多年。同时，伴随着战时工业生产局限制法令的取消，那些拥有过剩生产设备的企业也会对收音机产生兴趣，保罗也预感到了紧迫而激烈的竞争即将到来。“那些游游荡荡进入我们企业而妄想轻易捞钱的人，在痛苦的体验中发现，这里不是懦夫们待的地方。”保罗这样给自己的员工解压打气。

先知先觉的保罗·高尔文当然不可能等待官方发布取消战时生产禁令的通报或者允许企业启动由军转民的计划，而是提前迈开了转型的脚步。他先拨出 100 万美元的研究经费，指定 240 多位工程师专门开发与研究新科技、产品及其生产过程，之后又将日渐庞大的公司进行了改组，按产品划分为多个事业部，每个事业部都有自己的采购、销售、生产和研发机构。紧接着将高尔文制造公司更名为“摩托罗拉公司”，同时将收音机、步话机等多种无线电产品注册为“摩托罗拉”商标，且敲定了无线电产品的主营业务方向。由此，一个多元化产品的生产制造矩阵清晰摆开。

将战时的步话机改造成无线电寻呼机让摩托罗拉赢得了不少新的用户，尽管当时贝尔实验室已研制出了世界上第一台名为“ BellBoy”的寻呼机，但摩托罗拉产品设计的别致、新颖依然掀起了凶猛的圈城掠地之势，而且用户使用后都会对其爱不释手，于是就有了“ BellBoy”后来的日渐式微，同时也有了摩托罗拉寻呼机在全球大红大紫并几乎独步天下的局面。不仅如此，与寻呼机打开了一个巨大市场相并行，摩托罗拉的电视机也敲锣打鼓地走进了成千上万的百姓家庭。

与生产寻呼机可以借用和转移步话机的技术与设备不同，开发电视机生产线几乎需从零起步，因此，保罗·高尔文在决定上马电视机生产的时候，得到的是董事会几乎一致的反对声。的确，此时距离英国人约翰·洛奇·贝尔德研究出人类历史上第一台电视机已经有20多年，20多年中电视机从技术到产品都有了很大进步，此时摩托罗拉加入生产电视机的行列，且不说吃不到市场的“头啖汤”，就连残羹冷炙恐怕也难以品尝到。不过，保罗·高尔文坚定地认为电视机还有很大的增量市场，而且放出了摩托罗拉电视机生产在首年可销售10万台的狂言。

摩托罗拉推出的首款电视机是VY-71型，售价低于200美元。就在摩托罗拉的员工为如此低价格的电视机销售前景提心吊胆时，市场传来了如同保罗·高尔文预料那样的结果，短短半年时间电视机的销量在全美同类企业中上升至第四位，而且几无库存，电视机从此以后成了摩托罗拉最大和最快的销售生产线。当然，后来日本电视机生产强势赶超，在与对手竞争中摩托罗拉备显劣势。保罗·高尔文审时度势，及时关停了电视机生产线，转而集中资源展开其他无线电产品的研发与生产。

进入半导体领域对于摩托罗拉来说是一次划时代的选择，当然也是在关停电视机生产线后保罗·高尔文瞄准的最主要研发方向。对此，不得不说的一个客观事实是，保罗当初请来丹尼尔·诺布尔无疑是一本万利的买卖，因为除了双向警用通信系统、SCR-300和SCR-536军用步话机都是在诺布尔的指导下完成的外，诺布尔更是摩托罗拉半导体业务的最先提出者与推动者，因为摩托罗拉最早进入半导体晶体管领域的切点是诺布尔在菲尼克斯设立的军事实验室。最初，这个军事实验室的规模比较小，仅能够从事不多的设计，包括用于军事、通信、家庭和汽车收音机等产品。“二战”结束后，诺布尔首先主张公司要集中全力进入半导体领域，只是当时保罗忙于电视机生产布局而暂时搁置。随着电视机业务的终止，保罗迅速将目光转移到了半导体的研发上来。

作为推进半导体的重要之举，保罗·高尔文授命诺布尔担任首席负责人，给出的口谕是“全力以赴”。不久，摩托罗拉在凤凰城建立了半导体研究中心，随后又成立了摩托罗拉半导体总部，并在亚利桑那州建造了一个半导体工厂。不仅如此，对于后来诺布尔提出的扩大晶体管生产规模、拓展更大的公司以外的市场服务，并在新技术领域取得使自己居于领先地位的一系列建议，保罗都给予毫不迟疑的协助与支持，“立即去做”也成了保罗为摩托罗拉员工确立的工作座右铭。

不负厚望，诺布尔挂帅的技术团队推出的第一款晶体管收音机 56T1 在消费级市场大放异彩，并在接下来与得州仪器 Regency TR1 的竞争中取得了绝对优势，同时围绕着 56T1 所沉淀出的技术能力构成了摩托罗拉在晶体管领域纵横捭阖的优势。在 56T1 面世的当年年底，摩托罗拉的销售总额增至 2.05 亿美元，公司跃居到美国无线电行业中的王者位置。

56T1 的机身采用全封闭金属结构，由不锈钢板扎制而成，外壳并没有外接天线接口，而是将磁棒放置在塑料提把里面，右下角用高调的红色打出 Motorola 的 Logo 和晶体管标记，其泼辣的作风与中规中矩的 Regency TR1 形成鲜明对比。更重要的是，56T1 使用了当时很昂贵的印刷电路，抛弃了之前电子产品采用的飞线结构、搭棚焊接的传统方式，不仅产能得到了大幅提高，而且产品质量可靠，同时产品运行时还能克服外部干扰，自身发出的噪音也小。当然，连同摩托罗拉的半导体技术在内，更具划时代变革的意义在于，印刷电路的使用与推广为后来集成电路的精彩登场积累了非常厚实的技术铺垫。

父亲的唯一希望

在保罗·高尔文的眼中，儿子鲍勃·高尔文已是整个家族可以寄托的唯一希望。本来，保罗还有一个弟弟名叫约瑟夫·高尔文，自从哥哥创立了自己的企业后，约瑟夫就一直跟着兄长一起打拼，且从未离开，甚至可以说二人成了"黄金搭档"。保罗是一个谈判专家，每每拿回签约订单后，约瑟夫就会以兑现合同上的承诺作为一项荣誉全力以赴来完成，甚至后来收购政府拍卖的斯图尔特—高尔文公司，保罗也是在弟弟的鼓励与出资支持下才做出了最终选择。

与哥哥因工作压力有时会在员工面前流露出怒色与训斥完全不同，约瑟夫对待员工总是不紧不慢与温文尔雅，其宽宏大度的故事在后来的摩托罗拉公司不间断地流传。有一次，在一条生产线上作业的一位女员工家庭遭遇不幸，她因父亲身患绝症不得不辞去在高尔文公司的工作回家养病。约瑟夫得知这个消息后，亲自将这个女孩叫到办公室，告诉她可以回家照看父亲，并会按照标准给她发放全部工资。在平时，约瑟夫还经常自掏腰包为员工的儿子或女儿缴纳学费，或为困难员工的妻子交纳分娩费。可以说只要是自己有能力帮到的地方，约瑟夫就会伸出友爱之手。正因如此，在后来几乎所有员工的办公桌或办公室的墙上都会摆放与悬挂着保罗·高尔文与约瑟夫·高尔文二人的照片。

显然，如果不出意外，只要弟弟愿意，保罗会在必要的时候将公司的管理大权交到约瑟夫的手上，至少这样的结果是可能出现的。可是，计划赶不上变化。在妻子遇害的两年后，弟弟也跟着英年早逝。前后几年时间中相继失去数位亲人，对于保罗·高尔文的打击不难想象。但是，从痛苦中挣脱出来后，保罗已经非常清楚，家族的传人希望全部落在了唯一的儿子鲍勃·高尔文身上，他必须花费巨大精力来培养自己的唯一继承人，以维系来之不易的商业成果。

从小学到高中，保罗给儿子安排的都是芝加哥最好的学校，鲍勃也不负厚望，考进了圣母大学。迄今为止，圣母大学已培养出2位诺贝尔奖得主，20名被授予"全球本科诺贝尔奖"的"罗德学者"，25名美国人文与科学院院士。看得出来，作为美国25所“新常春藤”名校之一，鲍勃能够在这里接受高等教育，既可以见证他学习成绩的优秀，更让作为父亲的保罗感到了脸上的光彩，也进一步坚定了保罗心中家族事业能够得到优秀传承的信心。

就像小时候经常带着儿子来到车间一样，只要学校一放寒暑假，保罗给儿子布置的假期家庭作业就是必须跟在自己身边在不同的工厂与同事之间来回走动。而且，针对儿子提出的任何一个有关生产的问题，保罗都会做出耐心、细致的回答。当然，对儿子的怜爱并不等于无原则的放任与迁就，保罗非常清楚必要的时候自己还必须摆出严父的姿态。

还是在大一放暑假的时候，那是鲍勃·高尔文第一次来到自家公司工作，上班第一天，他坐在人事部的办公室里，和其他新雇员一起等待召唤分配工作。有个HR经理一眼认出了他，请他直接进来，但鲍勃坚持在外面排队。之后，鲍勃得到的工作是到位于奥古斯塔大街的工厂仓库上班。工作的前两个星期，鲍勃还有一股新鲜劲，但到了第三周，鲍勃认为手中的活儿太简单了，于是向人事部门提出给他安排其他工作。谁知次日鲍勃不仅没有得到调换工作的通知，人事部门反而告诉鲍勃，他在仓库的工作时间从原来的几周延长到了两个月。而实际结果是，鲍勃在仓库工作一直干到暑假结束。后来鲍勃才知道，这一切都是父亲有意安排的。

转眼到了大二，第二次世界大战的枪声打破了校园的宁静，此时的鲍勃·高尔文像许多青年一样产生了参军的想法，并且没有经过父亲同意便报名参加了陆军通信队的学习班，只是由于父亲的极力反对与劝说，后来鲍勃又回到了学校。到了大三的时候，鲍勃感觉到成天坐在教室里听老师们讲述那些空乏的理论知识非常难受，于是又做出了一个重大决定，离开圣母大学，前往麻省理工学院学习工程技术。最终鲍勃在麻省理工学院也取得了不错的学习成绩，成了班上排名前十的好学生。

大学毕业后，鲍勃·高尔文回到公司正式上班，依旧是听从父命从最底层的工作开始干起，随后便几乎干遍了公司各个部门的经理之职。不过，即便是后来被任命为总经理，鲍勃的办公室也是被安排在父亲办公室的隔壁，以便随时能够听从父亲的指导和召唤。而且，保罗在工作中也的确强烈地感觉到了父亲对自己培养的用心与独特。

鲍勃清楚地记得有这么一件事，当时的电视机市场竞争非常激烈，虽然摩托罗拉已经将自己的电视机产品价格降到了最低，但保罗・高尔文依旧要求儿子去市场进行调研，看能不能将电视机的售价降到 20 美元一台，并要求鲍勃在调研后拿出可行的方法。其实鲍勃心里非常清楚，除非远远低于产品盈亏成本线，否则根本不可能一台电视能够便宜到 20 美元。10 天后，保罗告诉了父亲自己的调研结论，父亲没有说话而只是耸耸肩笑了笑。后来鲍勃才知道，其实这是父亲在有意锻炼自己的销售能力。

鲍勃・高尔文 36 岁的时候，保罗觉得已经历练得很成熟的儿子可以接过家族企业的管理大任，于是在董事会上正式宣布自己退休，鲍勃接替自己担任摩托罗拉董事长。一切似乎是在按照冥冥之中的节奏行进着。次年，保罗・高尔文被查出患了白血病，不久便离开了人世。也就在去世的前一年，保罗・高尔文从电视上看到了美国发射“探险者一号”无人驾驶人造地球卫星的消息，卫星上的无线通信设备就是摩托罗拉提供的。

又一个时代

借助于父亲掌舵时期开发与沉淀出的半导体技术，鲍勃・高尔文上任后顺利推出了车载锗晶体管收音机，这是全球第一个进入商用的半导体产品，摩托罗拉由此也开始了半导体集成电路产业的布局，甚至在之后的 10 年中一直保持着行业王者的地位而无人能比。当时，作为中央存储器（CPU）制造商的英特尔在拼命地追赶摩托罗拉，但似乎总是看着老大的高大身影而遥不可及。20 世纪 70 年代末，英特尔和摩托罗拉同时推出了 16

位的第三代微处理器 8086 和 68000，但后者集成的晶体管数目多达 6.8 万个，而前者却不到 3 万个，根本不在一个竞争级别上。正因如此，当时的惠普、Sun 等大型电脑生产商都纷纷采用摩托罗拉的 CPU。

但英特尔绝对不会简单地认输。两年后，英特尔又和摩托罗拉同年分别推出了 80286 和 68010 的处理器，可由于后者的性能依然明显好于前者，自然就继续被惠普、Sun 等主要工作站作为核心产品来优先配备。到了乔布斯推出人类第一台微型电脑（PC）Mac 时，英特尔也想拥抱苹果这棵参天大树，无奈在 32 位微处理器的较量中依然败给了摩托罗拉。当时，摩托罗拉推出的 68020 中央处理器在性能上明显超过了英特尔的 80386，乔布斯试用后二话没说就与鲍勃·高尔文签订了采购合同。由此，在人类从电脑大型机迈入微机时代的第一天，摩托罗拉就搭乘着苹果这辆高速列车沿途满地收割 PC 产业的超级红利，直到 1981 年 IBM 的 8088 芯片横空出世并高调杀进 PC 领域，这种寡头市场态势才开始发生微妙的变化。

除了在 CPU 地带纵横捭阖外，摩托罗拉还成功研发了数字信号处理器（DSP）芯片，成为当时与得州仪器（TI）、AT&T 并列的三大 DSP 供应商。有一点需要强调的是，当时摩托罗拉的竞争实力实际上要大大领先得州仪器，而且 AT&T 无论是在技术还是在产品上都与前两者保持着不小的距离，因此 DSP 行业此时呈现出的是双寡头格局。然而，弱肉强食的市场永远不会总是保持着一成不变的状态，后来的得州仪器成了通信芯片产业里的英特尔，而摩托罗拉则退居其后，个中原因后面再表。

有了在半导体集成电路领域扎实的技术积淀，更有了数字信号处理器芯片技术的强大支撑，摩托罗拉便可以在通信领域尤其是移动通信领域长袖善舞与一路高歌。1971 年，鲍勃决定建立移动电话实验室，彼时距离手机兴起足足早了 10 年。两年之后，摩托罗拉便开发了全球首款手机原型，也就是人类第一部无线蜂窝移动电话。当天，45 岁的摩托罗拉工程师马丁·库帕（也是蜂窝移动电话的主要发明与设计者）坐在曼哈顿繁华的街头，给他在 AT&T 的老对手乔尔拨了一通电话。他告诉乔尔，这是一台真正的手持移动电话，马丁用这种戏谑的方式宣告了手机的发明权。

从形状上看，蜂窝移动电话约有两块砖头大，拿在手中有点不方便。蜂窝移动电话的英文名字叫 Cellular，有细胞的意思。形象地说，就是将一个地理区域划分成若干小区，即蜂窝，每一个小区由一个小功率的基站来提供服务，由于这些基站能够影响的范围比较有限，因此同一频谱可以在一个远离一定距离的另一个小区中再次使用，而相邻的小区则使用不同的频谱，这样在可以有效地避免频率冲突的情况下，还可让同一频率多次使用，节省了频率资源。因此，蜂窝移动电话的最大特点就是能够容纳大量的用户，而且还能真正做到随时随地地顺畅通话。

蜂窝移动电话推出后，摩托罗拉接着又研制出了第一部车用免提电话，并在 1984 年向市场投放了第一部蜂窝折叠手机——Dyna TAC 8000x。该款手机只有 794 克重，可以非常轻松地拿在手上，这款小消费级手机就是人们所说的“大哥大”。由于“大哥大”价格不便宜，再加上使用它的人多是商界大哥级的人物，“物”随主贵，很快摩托罗拉的“大哥大”成为身份地位的象征。更为重要的是，自此以后的整个模拟通信时代，摩托罗拉几乎就是移动电话的代名词。

从模拟到数字代表着手机通信水平的升级与提升。“大哥大”在市场持续热销几年之后，摩托罗拉在德国汉诺威展出了全球第一款 GSM 数字手机。又过了四年，摩托罗拉推出了全球第一款双向式寻呼机 Tango，之后推出了一款相当于今天智能手机的 iDEN plus，产品可以集数字手机、双向对讲、数字传呼机、互联网浏览、电子邮件和传真等众多功能于一体。与此同时，摩托罗拉推出了全球第一个无线路由器。

在所有产品的使用场景中，最有纪念意义的恐怕还是摩托罗拉的设备应用在 1969 年人类第一次登月计划中。当年，美国的“阿波罗”11 号成功登上月球，而阿波罗 11 号飞船安装的正是摩托罗拉的调频无线接收机，在相距38.6万千米的月球与地球之间进行语音联络，机长阿姆斯特朗由此在月球上向地球传回了具有划时代意义的那句名言："这是一个人的一小步，却是人类的一大步。"

回过头去看，摩托罗拉之所以在鲍勃手中继续演绎着技术创新的辉煌，与其自身工作经历当然有关，尤其是鲍勃几乎干遍了所有岗位，对于研发、生产和管理有着个人的见解，而且他相信唯有竞争才能带领企业从优秀走向卓越。当时摩托罗拉几乎没什么外部竞争，因此鲍勃·高尔文又创造了内部竞争制度。他给不同部门以充分的人权、财权和事权，以谁先开发出优秀的产品作为最终奖励的标准。同时，鲍勃对于科技的热衷，使他对所有新技术、新方向都很敏感且愿意尝试。而有老板的支持和放权，再加上充分的内部竞争，科研人员和部门的积极性自然被激发出来，划时代的技术和产品开始不断涌现，并将摩托罗拉带入了一个全新的时代。

除了彩电、对讲机、汽车收音机及半导体等传统产品在各自领域和各个时间段依旧圈城掠地外，CPU、DSP、手机及太空与军事通信等全新的核心业务也扶摇直上，摩托罗拉已经由一家无线电设备制造商转型为技术领先的电子公司，成为世界竞争实力最强的科技企业。鲍勃·高尔文担任摩托罗拉CEO的当年，公司年营收额仅为2.9亿美元；而在他30年后卸任时，摩托罗拉年度销售收入提高到108亿美元。

流逝的"铱星"

首部蜂窝折叠手机推出的次年夏天，摩托罗拉工程师巴里·柏林格的妻子在加勒比海度假时抱怨无法用电话联系客户。回家后，宠妻狂魔巴里立刻向同事提出了一个疯狂的想法：用77颗环绕地球的低轨卫星构成一个覆盖全球的卫星通信网系统，这个系统以元素周期表上序数为77的"铱"来命名，所以应当称为"铱星"。按照巴里的设想，在距离南北极780千米的运行轨道上，每条轨道上布星 11 颗，就可组成一个完整的星座，这样“只要能看到天空的地方，就能接通电话”。

拿着自己天马行空的计划，巴里找到了鲍勃·高尔文，不出所料，在董事会讨论时，听到的是一边倒的反对声。可就在巴里以为创意已经完全泡汤的时候，鲍勃将其叫到了董事长办公室，科技情结浓重的鲍勃郑重其事地告诉巴里，他支持巴里的想法，并会将“铱星”计划作为摩托罗拉技术实力的象征来重点强力推进。闻讯后的巴里几乎兴奋地要将鲍勃拥抱起来，但只是碍于上下级关系，已经伸出一半的手又胆怯地缩了回来。

不能说鲍勃决定推动“铱星”计划只是像巴里那样一时头脑发热。“铱星”计划说白了就将地面蜂窝移动电话系统搬到天上，在超越了地面各种自然物理设施及信号限制的同时，还可以通过卫星之间的接力实现全球通信。从理论上看，静止卫星轨道的地理位置较低、传输速度快、信息损耗小，通信质量也会大大提高。并且“铱星”系统不需要专门的地面接收站，每部移动电话都可以与卫星联络，这就能使地球上人迹罕至的不毛之地、通信落后的边远地区及自然灾害现场的通话都变得畅通无阻。因此，说“铱星”系统开启了移动卫星通信新时代一点也不过分。

从市场状况上看，“铱星”计划也有一定的现实合理性。巴里提出“铱星”计划设想的前后，移动电话在全球刚刚兴起，普及率不到 10%，不仅网络和终端普及率低，通话地域有限，而且最先商用的 GSM 网间漫游和切换也时常因技术原因而发生掉线、失真等故障。所以，当用户听到摩托罗拉准备发射“铱星”时，无不为这家科技巨头破天荒的举动而鼓掌呐喊。成功了，人类将一步跨越到更高级的通信时代。

燃烧的激情很快化为迅速的行动。美国雷鸟商学院的一份研究报告称，从宣布“铱星”计划项目的启动到商业可行性论证，摩托罗拉仅仅用了一年时间。之后，鲍勃在公司内部组建起了以巴里为领头人并有 20 名技术精英参与的项目团队。次年，鲍勃还拉来了好几家投资公司，起步资金似乎一点也没有问题。1996 年，第一颗“铱星”搭乘着“德尔塔 2 型”火箭飞向蓝天，之后两年，又有几颗卫星陆续搭乘俄罗斯的“质子 k 型”和中国的“长征 2 号丙改进型”火箭完成了布星任务。由于后来经过计算证实只需要 6 条轨道和布星 66 颗就够用了，于是到 1998 年布星任务就全部完成，并在当年的 11 月 1 日摩托罗拉迎来了一个骄傲的时刻：号称美国最懂科技的副总统戈尔在白宫玫瑰园拨通了手中的“铱星”电话。

有了副总统的站台，摩托罗拉对市场前景笃信不疑，于是就在当年启动了原本三年前就要启动的“铱星”电话商业运营计划。而且，此时的铱星公司已经上市，股票短短一年中在各种利好消息的刺激下涨了四倍，铱星系统被美国《大众科学》杂志评为年度全球最佳产品之一。在将人类带入个人卫星通信全新时代的同时，铱星计划也将摩托罗拉推到了众星捧月的耀眼位置。

可是，沉醉于短暂狂热中的鲍勃与摩托罗拉似乎忽视了这样一个事实，即“铱星”计划在艰难地推进，全球移动电话的普及率也在快速提升。“铱星”计划启动的 1991 年，全球移动用户占有率为 25%，而到了“铱星”电话投入市场商用的当年，移动电话普及率已经超过 45%。也就是说，很多的用户已经不需要“铱星”支持就可以在其活动的区间任意打电话。由此带给了摩托罗拉一个非常残酷的结果：原本预期商用当年可以获得 5 万用户，但最终仅有 1 万用户愿意买单，而相应地，“铱星”一年的运营维护费用高达数亿美元，要想实现赢利最少需要 65 万个用户的支撑。

财务进账自然也很不好看。按照计划，到 2000 年“铱星”项目可贡献 26 亿美元的营业收入，但其实摩托罗拉在商用次年的一季度就亏损了 5.05 亿美元。作为一种应对高额费用支出的基本举措，摩托罗拉将一部手机的价格提到了 5000 美元，每分钟的通话费定为 3 美元。如此不菲的机价及通话费用，等于是铱星公司将可能的增量用户挡在了门外，同时会导致存量用户的流失。无奈，在拖欠了 15 亿美元贷款且再也无法忍受每月 4000 万美元的巨额利息支出的压力下，铱星公司在产品商用的第二年向法院提出了破产保护申请。

摩托罗拉一共将63亿美元的真金白银押在了“铱星”项目上，但直到破产当年也只揽得了5.5万名用户，铱星公司最终负债超过40亿美元。除了仰天遥望与寻觅着依旧还在地球近轨飞行的66颗无主卫星外，由于在铱星公司中摩托罗拉拥有17.7%的股份，鲍勃·高尔文每天还要为处理因此产生的巨大投资亏损而绞尽脑汁，直到两年后摩托罗拉的财务状况有所好转，鲍勃才选择从董事会退休。

六西格玛管理

几乎就是在巴里向鲍勃·高尔文提出“铱星”设想的前后，一位名叫比尔·史密斯的工程师向鲍勃·高尔文提出了一项管理创新计划，即力争制造在当时无错率为99.9997%的完美产品，史密斯将其称为六西格玛（6σ）管理。史密斯之所以提出如此想法，是因为当时无论是彩电、收音机等传统业务，还是作为新型业务的半导体的市场销售状况都出现了滑坡趋势，并且在CPU和DSP及手机业务领域还有英特尔、得州仪器和诺基亚穷追不舍，摩托罗拉在无线电通信及数字科技中的王者地位遭遇了前所未有的挑战。虽然在提出了六西格玛管理的两个月后，比尔·史密斯不幸因病去世，但他的见识与思想被鲍勃·高尔文提到董事会上，并随后在摩托罗拉推行开来。

σ是一个希腊字母，表示总体中的个体离均值的偏离程度，测量出的σ代表着某产品百万分之几的单位缺陷或者错误概率，σ值越小，缺陷或错误就越少；而六西格玛是一个目标，一个生产管理过程的最好状态。换言之，如果企业达到了6个西格玛，那么说明它的产品就几近完美地达到了顾客的要求。具体而言，所有企业的产品缺陷程度呈现出以下排列：6个

西格玛 =3.4 失误 / 百万次操作；5 个西格玛 =230 失误 / 百万次操作；4 个西格玛 =6210 失误 / 百万次操作；3 个西格玛 =6.68 万失误 / 百万次操作；2 个西格玛 =30.8 万失误 / 百万次操作；1 个西格玛 =69 万失误 / 百万次操作。

在六西格玛理论看来，一般企业都大约在 3 ～ 4 个西格玛之间运转。也就是说，每百万次操作失误在 6210 ～ 6.68 万之间，如果企业达到了 6 个西格玛，百万次操作中只有 3.4 个缺陷，产品就达到了 99.9997% 的完美度，这也是趋近到人类能够达到的最为完美的境界。另外，σ 越小，过程的波动越小，过程以最低的成本损失、最短的时间周期以满足顾客要求的能力就越强。

显然，六西格玛是一种产品或者服务管理标准，反映的是一个企业发现缺陷与纠错的过程。一般而言，六西格玛的实施包括五个过程，即所谓的 DMAIC。其中，D 代表定义（Define），是企业辨认需改进的产品或过程，确定项目所需的资源；M 代表测量（Measure），是企业定义缺陷，收集产品或过程的表现，建立改进日标；A 代表分析（Analyze），是企业对测量阶段所收集的数据进行分解辨识，以确定一组按重要程度排列的影响质量的变量；I 代表改进（Improve），指企业优化解决方案，并确认该方案能够满足或超过项目质量改进目标；C 代表控制（Control），指企业确保过程改进一旦完成能继续保持下去，而不会返回到先前的状态。简言之，六西格玛过程就是对企业定义、度量、分析、改进和控制的过程。

作为一种管理方法，六西格玛需要一套合理、高效的人员组织结构来保证才能顺利推进与实现。管理委员会是企业实施六西格玛管理的最高领导机构，该委员会主要成员由公司领导层成员担任，其主要职责是：设立六西格玛管理初始阶段的各种职位；确定具体的改进项目及改进次序，分配资源；定期评估各项目的进展情况，并对其进行指导；当各项目小组遇到困难或障碍时，帮助他们排忧解难等。在管理委员会之下，则分布着一个立体层次的六西格玛执行编队。

按照摩托罗拉的统计数据，实施六西格玛管理的最初十年中，公司节省下来的成本累计达 140 亿美元；原来公司的品质目标是每五年改进 10 倍，但实施六西格玛管理后改为每两年改进 10 倍。六西格玛管理后来被通用电气、惠普、戴尔等美国企业纷纷采用，多达 35% 的美国公司都引进了六西格玛管理系统。结果证明，一个执行三西格玛管理标准的公司直接与质量问题有关的成本占其销售收入的 10% ～ 15%，而做到六西格玛后降低到了 5%；另外，通用电气公司医疗设备部门以往病人做一次全身检查需三分钟，导入六西格玛管理后只需要一分钟；沃尔玛运用六西格玛改善支付管理系统，使票据错误减少了 98%，而六西格玛管理的实施使霍尼韦尔公司一年就节省了 6 亿美元的成本。

狂傲的“技术巨人”

像父亲保罗·高尔文培养自己那样，鲍勃·高尔文对儿子克里斯·高尔文的打磨也是精心备至。在西北大学读书时，几乎每年寒暑假克里斯都被要求到自家公司做见习，而且大四时整个实习过程也是在摩托罗拉完成的。大学毕业后，克里斯正式入职摩托罗拉，从基层销售开始做起，然后是销售经理、市场经理、事业部总经理、副总裁、高级副总裁、首席运营官。在鲍勃·高尔文 64 岁退任 CEO 之后，也没有无缝交班给儿子，而是从内部选拔乔治·费舍尔和盖瑞·吐温出任公司联合 CEO，直到 1997 年克里斯 46 时才正式替代二人而成为摩托罗拉的 CEO。三年之后，克里斯又从 79 岁的父亲手中接过了董事长的权杖。

克里斯给员工与生意伙伴的第一印象就是工作非常敬业和勤奋。每天，克里斯都会在早上 7 点钟准时来到办公室，一直工作到深夜；在公司内，克里斯从不打领带，总是挽起衬衫袖子，随时准备发起冲锋；出门时，他的黑色公文包里习惯性地装满了摩托罗拉的手机、传呼机和对讲机，一有机会就会向他熟悉或者不熟悉的客人推荐自家的产品。“富不过三代”，克里斯是想通过个人的努力巩固父辈打下的江山，至少他不相信更不愿意看到祖业毁在自己手上。可是，克里斯非常清楚，早已开始积累的矛盾与沉疴在自己执掌公司时已经到了不得不发作的时候。

克里斯正式入职摩托罗拉的第四个年头，苹果推出了第一代个人电脑Mac，摩托罗拉的CPU顺利装进这一旷世产品之中，并在最初几年靠在苹果的身上数钱数得两手发酸。但“成也萧何，败也萧何”，摩托罗拉选择苹果一点也没有错，错就错在乔布斯太执拗，直至将苹果与摩托罗拉带入一条不归之路。Mac出世后，乔布斯亲自背着电脑在各种场合做广告，一时整个IT界刮起Mac旋风。不久，手中拿着PC操作系统的比尔·盖茨来到乔布斯创业的车库，希望双方合作。乔布斯满脸不屑，说苹果有自己的IOS系统，用不着微软的支持，盖茨知趣而有些失落地离开了。

被乔布斯撵走的盖茨转身来到了IBM，此时已经在个人电脑领域崭露头角的IBM首席执行官欧佩尔张开双臂热情拥抱了前来合作的比尔·盖茨，同时英特尔也把自己的CPU与IBM捆绑在一起，由此形成了两大对决阵营：一方是IBM（PC硬件）、微软（软件）加英特尔（CPU）三巨头，另一方是苹果（PC软硬件）加摩托（CPU）两精英。应当说，后一阵营无论是技术还是产品都有着前者无法比拟的竞争优势。但是，接下来的故事众所周知，由于乔布斯自信凭一己之力可以打败蓝色巨人而拒不开放Mac的技术许可，IBM兼容机则打开山门迎接各路诸神，最终Mac由于与所有的软件程序不相容且宕机频繁而遭到用户用脚投票，开放的IBM后来居上，一手创办苹果的乔布斯黯然离开苹果。

棋局在10年之后发生了变化，摩托罗拉携带着苹果与IBM走到一起，联手成立了PowerPC联盟以抗击英特尔。虽然PowerPC在技术体系架构上要比英特尔的x86 CPU性能优越得多，但由于PowerPC在操作系统和应用软件方面已经落后 Wintel（微软 + 英特尔）阵营太多，联盟很快分崩离析。此后，苹果 Mac 龟缩高端市场，摩托罗拉为苹果定制的芯片难以在其他产品上使用，并痛失 PC 芯片标准的话语权地位，而且在之后英特尔发起的猛攻之下，摩托罗拉毫无招架之力，最终退出了微机处理器的江湖。

看上去摩托罗拉在前后两场大战中有一点受苹果拖累和牵连的味道，但企业如人，两个趣味相同的生物体很容易走到一起，苹果身上的技术狂傲与封闭思维其实在摩托罗拉的身上并不难找到。在 DSP 领域，起初得州仪器与摩托罗拉根本不在一个水平线上，但前者后来迅速弯道超车并强势居上，之所以如此，就是摩托罗拉的手机 DSP 芯片只供给自家手机使用，而得州仪器则敞开怀抱迎接诺基亚、爱立信和三星等新老合作商。结果，诺基亚与爱立信在盟友的协助下对摩托罗拉的手机形成包抄，而后者在丢城弃甲中只能一路败北。

实际上，芯片制造的利润完全取决于生产的规模，摩托罗拉将芯片留作自用，虽然能够达到排挤对手的目的，但另一方面极大抑制了产品集约效应的释放，而且当时的摩托罗拉充其量算是一个中等规模的手机生产商，没有规模也就很难形成芯片制造的成本优势；与此同时，虽然通过独家芯片供应渠道能够在终端价格上取得比较优势，但其实芯片只占手机成本的 10% 以下，其拉低手机价格的能力相当有限。这样，与越做越开放且营收越做越大的得州仪器完全不同，摩托罗拉的芯片业务却不断地萎缩与滑坡。

到了 20 世纪 90 年代中期，在摩托罗拉近 300 亿美元的收入中，半导体业务的占比下降到 21%，且自此以后一直处于亏损状态。受到影响，在摩托罗拉成立 70 周年的当年，集团整体出现亏损，而在全部亏损占比中，半导体业务占到了 1/3。次年，亏损额度放大到 15 亿美元，占到整个公司亏损额的 4/5，并且在销售排名上跌出全球前十的名次。虽然当时父亲反对，但无奈承受不了股东们要求卖出的强大压力，克里斯·高尔文依然将半导体业务拆分出去，并折价两亿美元融入一家名为飞思卡尔的独立公司。第二年，飞思卡尔从半导体业务上赢利2.1亿美元，并成功在纽交所上市。

蒙眼式裸奔

既有自己的CPU驱动系统，也有得天独厚的数据信号处理器芯片DSP，还有足够强大的硬件制造能力及产品设计能力，摩托罗拉在手机市场长袖善舞并不让人感到意外，而且占据着厚积薄发的势能，按道理本应成为移动通信行业的旗帜。可是，这位满身荣耀的科技巨头并没有让自己引以为傲的拳头产品延续辉煌，行至中途不仅节节后退，而且最终绝命于江湖。有人说摩托罗拉在CPU上押宝苹果成就了英特尔和微软，在DSP押宝自己成就了得州仪器。那么，在手机业务上呢？摩托罗拉则押宝了CDMA，最终成就了诺基亚。

的确，在移动手机业务领域，摩托罗拉比任何企业都要先知先觉，可惜的是起了个大早赶了个晚集。克里斯接任CEO的当年，手机业务对于摩托罗拉的营收贡献上升到了53%，但他们可能无论如何也不会想到，一个可怕的阴影其实从五年前就已开始逐渐弥漫开来。当时，有人问了摩托罗拉移动通信部门的负责人维斯哈勃两个问题：第一代模拟技术向第二代数字技术的过渡将发生在哪一年？GSM制式和CDMA制式您更看好哪一个？维斯哈勃几乎不假思索并十分自信地回答道："2000年"和"CDMA"。

其实两个问题归结起来就是一个问题，GSM制式对应的是数字技术，CDMA制式对应的是模拟技术。当时的摩托罗拉手机是CDMA制式，并已在该产品制式上称王称霸。问话者所要求答的问题是第二代数字手机会不会且什么时候取代模拟手机？现在看来，发问者可能带着对摩托罗拉的一些友好提醒，但可惜的是，维斯哈勃及整个摩托罗拉太迷恋自己，迷恋自己的王者地位，迷恋自己的既有科技成果，更迷恋自己剑指四方且所向披靡的能力。包括当时还是董事长的鲍勃·高尔文在内，几乎所有员工都认定摩托罗拉代表的就是行业与产品方向，没有其他。

CDMA（码分多址技术）和GSM（全球移动通信系统）在当时分别代表的是美国与欧洲的数字移动通信标准，也就是2G时代的手机技术标准。由于允许所有的使用者同时使用全部频带，并且把其他使用者发出的信号视为杂讯，完全不必考虑到信号碰撞的问题，CDMA因此可以减少手机之间的相互干扰，还能增加用户的容量，而且手机的功率还可做得比较低，在使用时间延长的同时，还能够降低电磁波辐射对人体的伤害。另外，CDMA的频道容量是GSM的六倍，所以相对于GSM只能传递文字信息，CDMA还可传输图片与影像等资料。因此，无论是通话质量还是从技术与应用价值上来看，CDMA都要比GSM好得多。从理论上看，摩托罗拉选择CDMA一点也没有错。

再从实践角度分析，摩托罗拉选择押宝CDMA而不是GSM主要是被美国市场所吸引。CDMA与GSM虽为技术之争，但实则是市场阵营之争，前者是以高通、摩托罗拉为首的美国阵营，后者主要是以爱立信、诺基亚、西门子等欧洲企业为首的欧洲阵营。当时美国国内除了CDMA之外，也有GSM和TDMA（时分多址技术），其中CDMA占有美国数字市场的50%份额，TDMA和GSM各占25%。如果摩托罗拉选择CDMA，那么它将延续模拟时代在终端和系统设备市场的老大地位，与高通一起通吃整个产业链；如果它选择GSM，尽管也握有相当部分的GSM原始专利，但它就需要和爱立信、诺基亚等共同分享终端和设备市场。比较之下，摩托罗拉做出弃欧追美的选择。

正是基于以上判断，摩托罗拉并没有急于进行第二代数字技术的产品研发，而是把几乎所有的技术精英都调往“铱星”研发部门。但是，让摩托罗拉没有想到的是，市场并没有按照它的判断运行，而是走出了完全相反的方向。以欧洲为代表的技术标准超过了美国的技术标准，技术上逊于CDMA的GSM最终在中国、欧洲等全球市场具有压倒性优势，并且数字技术对模拟技术的全面替代发生在1996年，比摩托罗拉的预判早了四年。至于摩托罗拉痴痴坚守的CDMA，到了3G时代才正式有了用武之地，只是摩托罗拉根本等不到这一天的来临。

从数字技术取代模拟技术的那年开始，往后的短短四年时间中，模拟手机的全球市场份额从100%急速降到4%，与此同时，诺基亚、爱立信等数字手机大行其道。到2000年，也就是摩托罗拉预期中的数字替代模拟的年头，诺基亚手机抢占了全球数字手机20%的市场份额，取代摩托罗拉成为全球移动通信行业的老大，而此时的摩托罗拉还在为如何填补“铱星”项目造成的财务窟窿疲于奔命。

不错，从父亲手中接过家族企业管理权杖的克里斯·高尔文发现了自家产品被市场抛弃的残酷事实，并采取了多维补救措施，如向互联网转型，开发和提供车载视频下载业务，所有部门的研发重心向数字技术倾斜，同时试图从产品设计精耕细作，由此生产出了超薄手机——刀锋RAZR V3。但大象转身毕竟太慢，并且似乎为时已晚，市场没有给克里斯更多改错的机会。

转动古老身躯

保罗·高尔文的办公室在场景布置上极有个性，除墙角放着一张办公桌以外，其余的地方沿墙摆了一大圈沙发。保罗的解释是办公室代表了一种权威，坐在后面的人居于领导者和命令者的地位，会对坐在前面的人产生心理压力。因此，保罗认为，他希望部下们将他看作同事或朋友，而不仅仅是老板。大家在商讨业务时，可以围着坐在舒适的沙发上，这样就有一种比较轻松的气氛。在保罗看来，他的一生中最重要的两个字母就是P

和 L。P 和 L 的意义不仅仅是“利润（Profit）”和“损失（Loss）”，同时也代表着“人（People）”和“爱（Love）”。对此，保罗始终认定，正是借助 P 和 L 的力量，摩托罗拉才能冲上“云霄”，于是生前提出了“ individual, dignity and titlement”（个人、尊严和权利）的企业文化主张，去世后又给后人留下一句家训：“要知道，摩托罗拉一无所有，它所拥有的就是人的力量。”

不错，鲍勃·高尔文完全承接了父亲的遗愿，通过在企业内部建立竞争制度并向部门与科技人员充分地放权，从而大大调动了他们的积极性及企业的创造力。因此，在同行和许多人的眼中，摩托罗拉是一家对员工最尊重且福利待遇最好的企业。据说，对于达到一定级别的员工，摩托罗拉要负责为其“养老”，因此很多员工以一家三代都在摩托罗拉工作而自豪。另外，摩托罗拉的停机坪上常常停着五架以上的飞机，以供资深副总裁以上的高管出差使用。

在企业高速成长阶段，对于员工尤其是高管的大力度正面激励，不仅能够招揽与留住所需要的人才，而且可以形成企业的团队力量，并扩充和释放公司的创新能力。但是，如果企业一旦因内外因素进入战略收缩期，赢利空间被压缩，倘若不做出必要的调整与改变，而是继续延续高福利的传统作风，那么正常的激励尤其是与此相对应的授权与放权体制就可能成为拖拽企业前行的包袱。

摩托罗拉有“战争部落”之称，指的就是鲍勃·高尔文时期的六大事业部，事业部下面还有数十个规模介于 1 亿美元～ 10 亿美元之间的业务部门，这些业务部门的财务、营销和研发大权都被其主管控制，他们之间相互竞争或拒绝合作，如半导体事业部不愿生产其他事业部需要的芯片，当系统事业部的数字设备卖出两年之后，手机事业部才开发出与之兼容的数字手机终端。当时的技术在不断融合，传呼机和手机合而为一，计算与网络接入都在无线化，芯片需要支持很多功能，但内部各自为战的摩托罗拉已经习惯于对客户发号施令，哪能听得见市场的声音。

手机作为摩托罗拉的中流砥柱产品，最终被诺基亚踩在脚下，也不完全是其对数字技术取代模拟技术的时间误判，还与摩托罗拉内部彼此的割裂直接相关。由于模拟时代摩托罗拉手机一路称王，按照鲍勃的部门竞争政策，源源不断的奖励资金也如滔滔江水朝着手机部门倾泻而去。在一次庆祝派对中，手机部门雇了一名男模特，把他涂成绿色，身上画着大大的美元符号，高唱“We're in the Money”。但同在一家公司，为手机业务做出贡献的半导体部门却只能看着眼红。如此情景，很难让人想象部门之间不会出现鸿沟，团队协作精神自然也就荡然无存。

显然，克里斯上任之后首先需要改变的就是结束已经走偏的旧式贵族企业范式。在与总裁兼 COO 格朗尼闭门讨论了两周之后，克里斯在芝加哥的卡尔顿酒店面对着 50 名集团高管发布了他的重建计划。他告诉手下，摩托罗拉将把以前独立运作和各不相干的手机、无线设备、对讲机、寻呼机、卫星和电缆调制解调器等 30 个业务单元全都归到“通信企业集团”，这样做的目的是要创造一个“数字时代的摩托罗拉”，即不能再由着迷恋于制造出惊世产品的工程师主导，而是调动所有员工能量并同心协力创造以用户为导向的产品。为鼓励业务合作、创意分享和节约开发成本，克里斯宣布对于高管层的业绩考核不再以其自己部门的表现为标准，而是与整个公司的业绩为基础。也就在这一年，摩托罗拉实施了 1.5 万人的空前裁员，占其员工总数的 1/10，令公司内部气氛骤紧。

成立通信企业集团的同时，克里斯还在企业组建了一个互联网战略部门，负责与公司内部所有业务板块合作。当时，摩托罗拉的芯片已经内置于手机、数码相机和掌上电脑，但克里斯希望未来能在所有的东西如鞋子、门把手、沙发等中内置微处理器，把它们用无线技术无缝连接起来，使摩托罗拉的芯片能够成为所有智能化产品的“数字 DNA”。而对于积极合作者，克里斯承诺将会给予期权奖励。为策应拥抱互联网的战略，摩托罗拉还与Sun合作建成了一个投资10亿美元的专为互联网服务的无线通信设备厂，并与雅虎、美国在线和亚马逊签约成为合作伙伴，这些网站都被植入摩托罗拉的手机内置浏览器收藏夹中。摩托罗拉先前的封闭思维正在克里斯的努力中慢慢溶解。

克里斯的大刀阔斧产生了明显成效。担任CEO的第二年，摩托罗拉的销售收入达到了309亿美元，同比增长5%，并获得13亿美元的利润，为前一年的375%。不仅如此，克里斯担任首席执行官后的连续三年，董事会和华尔街最关心的摩托罗拉股价逐年攀升至184美元。然而，不能不说克里斯的命运太差了。克里斯出任CEO的当年，国际金融危机爆发；好不容易扛过去，接任董事长职务不久，美国网络科技股泡沫破灭；又过了两年，亚洲地区爆发SARS，接连不断的外围不幸将克里斯推到了风口浪尖。

从网络泡沫爆发的当年开始，在“铱星”计划造成的亏损拖累之下，摩托罗拉股价一路阴跌，在不到一年时间从60美元跌到17美元，市值跌去了72%。SARS爆发后摩托罗拉在中国和新加坡共计1.2万人的公司因为一个员工感染而关门，生产线也被迫关闭，连续两个月亚洲市场的销售为零。虽然克里斯采取了断臂求存之举，如为降低成本在全球裁员5.5万人并关掉全球近42%的设备，同时在18个月内换掉了70位高管，但似乎也难挽股价的颓势，至2003年，摩托罗拉股价跌至不足8美元。

没有对比就没有伤害，在摩托罗拉股价阴跌不止的同时，道琼斯工业指数则上涨了50%，诺基亚和高通的股价分别扬升500%和1100%。有人算了一笔账，从克里斯担任首席执行官开始，接下来的六年时间中摩托罗拉股价总共跌去了46%，股东们16%的财富蒸发。对此，华尔街和大股东再也坐不住了，集体向摩托罗拉的董事会施压，不久克里斯便收到了一份希望他主动辞职的董事会决议。而此时，高尔文家族在摩托罗拉的股份不到3%，根本无法撼动董事会的决议。克里斯别无选择，只得离开。更让人唏嘘不已的是，由于克里斯的两个儿子还在校就读，无法接棒，他此时的辞职意味着延续了75年的“高尔文商业王朝”从此终结。

后高尔文时代

克里斯·高尔文递交辞呈后，摩托罗拉董事会并没有物色好新的当家人，因此克里斯就一直原位站岗，他称自己是“跛脚鸭CEO”。三个月后，曾担任Sun公司总裁兼CEO的爱德华·詹德怀揣着摩托罗拉董事会承诺的650万美元的年薪走进了摩托罗拉办公大楼。与克里斯辞职当日摩托罗拉股价下跌了5.1%不同，詹德出任CEO的当天摩托罗拉的股价则上涨了4%，市场给足了詹德面子。可后来的事实证明，这位夸夸其谈且只会讨好华尔街的“营销型”明星CEO，最终却将摩托罗拉折腾得四分五裂。

詹德的运气出奇的好，克里斯在任时主导研发的RAZR V3刀锋手机在詹德走马上任的当年哐当落地。这一被世界公认的“手机史上最伟大的产品之一”，整个机身采用了全金属镶嵌与包裹，同时超薄的翻盖打破了当时手机给人千篇一律的刻板印象，一上市就开始大卖，全年下来摩托罗拉的营收大涨35%。接下来的两年时间，RAZR V3依然旺销不止，总量超过了5000万部。

不过，站在CEO位置上的詹德非常清楚为谁工作，他心里一方面盘算着业绩固然重要，但更重要的是促升股价、赢得华尔街的青睐。而要达到这个目的，最好的方式莫过于“讲故事”。因此，詹德非常喜欢接受媒体采访，不仅采访的时候永远保持“一英里宽的笑容”，而且讲出来的故事也格外动听。上任第二年，詹德便宣布摩托罗拉的“无缝移动”战略，即通过公司的技术实现不同网络和设备之间的顺畅连接和运行。其实明眼人都能看出，“无缝移动”只是一个概念，它的技术基础在之前早就打好了。

面对华尔街，詹德也展示出了作秀式营销和主动讨好的才华。人们都在津津乐道于以工程师文化闻名的摩托罗拉 CEO 可以骑一辆黄色自行车亮相拉斯维加斯 CES 消费电子展，以表明他将推出“酷炫”的产品。他可以在股东大会上用乔布斯的头像做背景，然后故弄玄虚地掏出一只 iPod，再掏出一只 MOTO 手机，告诉台下观众他要把最喜欢的这两个产品合二为一，只不过作为这一构想产物的 ROKR 手机在后来的市场中反响平平。

詹德更像是一个社会活动家，刚到摩托罗拉时他经常提起电话就打给微软 CEO 鲍尔默、乔布斯等业界领袖开谈生意。他宣称要和微软、苹果、雅虎和 Cingular 等公司合作，一度令下属们崇拜不已，感叹来者不凡。但令他们失望的是，这样的合作总是没有下文，唯一有下文的是和“最不具备合作精神”的苹果公司合作，结果很多人说詹德被乔布斯耍了，本来是两家公司合作打造一款革命性的音乐手机，但后来联合推出的 ROKR 上，除了 iTune 软件之外看不到任何 iPod 的痕迹。

外面的形象广告做得惊天动地，但要谈到内部管理业绩，詹德则乏善可陈，甚至摩托罗拉在他的手上元气大伤。詹德绝对不相信摩托罗拉的工程师文化，因此主政之后不再推崇技术至上，而是倾向于直接向外界购买专利。在詹德的手上，克里斯·高尔文一度花重金打造的生物科技芯片被弃之脑后，与五年前摩托罗拉还和 IBM、GE 等一起位列美国专利申请排行榜前列完全不同，摩托罗拉在这个榜单上已经滑落到第 34 位。对此，詹德的说辞是，现代科技公司的领导者需要的是 10% 的技术和 90% 的外交手段。

由于研发上几乎颗粒无收，摩托罗拉之后推出的手机新品基本都是在 V3 的基础上小修小补，或者换一个壳子和颜色以混淆视听。实在看着市场不买账，詹德就宣布降价，V3 的价格于是从上市时的 500 美元一路跳水至 50 美元。打鸡血的效果也随后出现，摩托罗拉手机的市场份额回升到了 22%，股价也开始上涨。不过，由于受到诺基亚、三星等手机新品面世的冲击，摩托罗拉再度力不能支。无奈之下，詹德又将摩托罗拉起家的业务——汽车电子——卖给了德国轮胎生产商大陆马公司。

饮鸩止渴的短平快手法显然不可能支持公司的经营步伐和股票价格走得更远。且别说与诺基亚抗衡，摩托罗拉在手机市场中也很快被三星超越并沦落为全球老三。在利润大幅萎缩的同时，摩托罗拉的股价也顺势下跌。而非常不幸的是，人称“华尔街之狼”的卡尔·伊坎盯上了摩托罗拉，趁着该企业股价的连连阴跌，伊坎悄无声息地低吸筹码，最终持有摩托罗拉总股份达到了11.36%，并顺势坐上了最大股东的位置。

令伊坎屡试不爽的投资逻辑路线是，首先选定那些问题企业，然后趁股价回落吸收筹码，获得控股或大股东地位后进入管理层，继而倒逼目标公司改组和拆解企业，趁此利好消息拉高股价，接着迅速卖出并从中赢取巨利。自然，在获得摩托罗拉的股东话语权后，伊坎不仅如法炮制起来，而且手法更加简单粗暴。他一方面公开指责詹德“工作做得很糟糕”，另一方面一纸诉状将摩托罗拉董事会告上法庭，同时在《华尔街日报》上号召股东们支持由他提名的四名候选人进入摩托罗拉董事会，组成新的管理团队。而且，在自己顺利进入董事会后，伊坎抛出了将摩托罗拉手机业务拆分出去的要求。在资本强势压力之下，詹德接受了伊坎的建议，同意将摩托罗拉拆分为以手机与机顶盒业务为主的移动系统和以无线网络设备为主的方案解决系统，两家独立上市公司，而且如同泥鳅的詹德并没有给伊坎羞辱自己的机会，在宣布手机业务亏损12亿美元后，带着千万年薪挥一挥衣袖提前走人了。

接替詹德的桑杰·贾虽然上任后采取了一系列改革措施，如大力紧缩手机业务部门的运营成本、投靠谷歌并专注Android平台，搭载Android推出了摩托罗拉智能手机Droid，并且凭借着Droid的热销，摩托罗拉手机部门一度再次盈利。可是，一切似乎来得太晚，摩托罗拉的大势已去。2011年，摩托罗拉正式拆分，股价应声上扬。两年后，摩托罗拉以63%的溢价将移动手机业务出售给谷歌，伊坎从这笔生意中狂赚13.4亿美元。次年，在保留摩托罗拉移动 1.7 万项专利的前提下，谷歌将机顶盒业务作价 23.5 亿美元卖给了有线电视设备制造商 Arris 集团，手机业务则被联想以 29 亿美元的价格收入囊中。而在此之前，摩托罗拉的无线网络设备业务也被诺基亚西门子通信公司以 12 亿美元收购。虽然联想至今还手持摩托罗拉的 LOGO 在智能手机、智能家电等领域奔跑腾跃，但始终没有进入行业的头部赛道，而且人们也很难由此再想起很多年以前的那个高尔文家族。

奥纳西斯家族

大海上纵横的“商业旗舰”

初入商海，奥纳西斯将烟草生意拨弄得风生水起，产生了酣畅淋漓地收获“第一桶金”的人生快感；奔赴大海，奥纳西斯将船运贸易经营得如火如荼，如愿以偿地摘到“世界船王”的职业桂冠；染指中东，奥纳西斯将石油运输矛盾激化到剑拔弩张，精神抖擞地绽放“希腊战神”的不败英姿；把玩风月，奥纳西斯将粉蝶故事演绎得飞花四溅，曲终人尽地留下“霸王别姬”的徒叹无奈。是“希腊神祇”的再世，还是“希腊神话”的再版，抑或是“希腊文明”的再现？人们也许能够从奥纳西斯的发黄档案中找到答案。

身为女流之辈，克里斯蒂娜·奥纳西斯有着不输男儿的经营胆识与管理智慧，最终成功将家族企业从困境中拯救出来；身为富家子嗣，克里斯蒂娜·奥纳西斯有着不亚于常人的资本崇拜与财富欲望，最终无奈将短暂人生同金钱绑在了一起；身为闺中名流，克里斯蒂娜·奥纳西斯有着不弱于凡人的精神诉求与爱情憧憬，最终茫然将婚姻生活演绎成凄惨与悲凉。一次次的骗局，一次次的踏空，一次次的受伤，都未能让克里斯蒂娜放慢对美好情感追逐的匆匆脚步，更无法冲淡她心中那个梦寐以求的温馨家庭生活理念。

没有外公身上追逐财富的执念，但有着看家守业的定力与恒心；没有母亲身上情感选择的迷失，但有着随心所欲的叛逆与倔强；没有父亲身上唯利是图的狭隘，却有着散财于众的格局与远见；没有男儿身上竹杖芒鞋的快意，却有着驰骋赛场的洒脱与英姿。作为奥纳西斯家族的唯一传人，雅典娜·奥纳西斯·鲁塞尔承接着常人所不可能得到的大量财富，同时也必须忍受伴随着豪门显贵的苦恼与忧伤，并义不容辞地担起维系祖业延续与兴旺的重任，最终打破“富不过三代”的魔咒。

奔向阿根廷

伊兹密尔是土耳其的第三大城市，这里坐落着号称世界七大奇迹之一的阿尔忒弥斯神庙。虽然神庙经过战争炮火的摧毁至今只剩下一根柱子，但其定格在人们心中物产富饶与人丁兴旺的美好愿望始终没有改变。因此，作为为土耳其的一大深水良港，伊兹密尔至今依然商贾云集，游人如梭。而让人叹为观止的是，站在城市的任何一个方位，你都可以浏览到海平面上船来舶往的动感画面，听闻到远方传来的悠扬鸣笛。

对于奥纳西斯来说，作为出生地，伊兹密尔在自己的童年记忆中有着许多的美好。除了像当地许多市民依托海港为生外，奥纳西斯的父母开了一家烟草加工作坊，生产出来的成品烟都会按时批发给那些乘船而来的外地经销商，而且生意还格外兴隆。因此，自幼时开始，奥纳西斯都在父母的羽翼之下过着衣食无忧的生活。更为重要的是，海边出生与成长的孩子，有着对大海更多的情感依恋。除了每天与儿时朋友到海滩上玩耍嬉闹外，奥纳西斯还不时跟随父母出海给客户送货，每每碰到这样的机会，奥纳西斯就常常一个人站在甲板上，眺望着大海，展开双臂，任思绪飞扬，或者对着起落的海浪大声地喊出自己的名字：亚里士多德·苏格拉底·奥纳西斯。

将两位哲学巨匠的名字集于自己一身，奥纳西斯当然懂得父母对自己出人头地与名载史册的期冀，而且自幼在良好教育环境下长大的奥纳西斯也的确没有辜负父母的厚望，从小学到中学，他的学习成绩一直都名列前茅，并且中学毕业后奥纳西斯已经与父母商议好了去德国攻读大学。可是，正在奥纳西斯准备启程留学之际，战争的枪声在伊兹密尔打响，一切的美好与宁静被无情撕碎和打破，随之而来的是城市大街小巷弥漫开来的血腥味及市民们接连不断的恐慌尖叫声。

战争在希腊与土耳其之间展开，战争缘起两国的领土纠纷，纠纷的背后实际是肇始于19世纪的希腊独立运动。历史上希腊在早期处在奥斯曼帝国即今土耳其的统治之下，但从1821年开始，希腊不断爆发摆脱殖民的起义，由此也引来了土耳其军队的野蛮镇压。为此，沙皇俄国以第三方的角色进入希腊声援希腊民众的独立运动。同时，希腊的独立运动也得到了英国与法国的支持。在与俄国进行了近一年的军事作战后，土耳其战败，双方签订《亚得里亚堡条约》，同时土耳其被迫接受英、法、俄三国联合发布的《伦敦三国条约》，从希腊撤军，希腊赢得独立。正因如此，第一次世界大战爆发后，希腊作为参战国加入了以英、法、俄为代表的协约国阵营，向以德国、奥地利和土耳其等为代表的同盟国阵营扣响了扳机。

“一战”的结果是协约国获胜，并且按照“巴黎和约”，作为战胜方的希腊可以从土耳其获得一部分领土，其中伊兹密尔就在版图划归之列。接下来希腊军队按约取得了伊兹密尔的占领权，但不久后土耳其翻脸毁约，并很快派军队将城市夺了回去，双方再度发生军事对抗，城中百姓陷入战争炮火的煎熬之中。对于这座城市所发生之事，当时还在做记者的海明威发表过几篇相关报道，报道中列举了大量客观事实，同时配发了许多组图片，指出居住在那里的市民如临末日。

奥纳西斯的全家当然未能逃脱战争的灾难。除了自己，奥纳西斯的父母和姐姐均无端被捕入狱，而奥纳西斯能够逃过一劫，只因他谎称自己时年只有16岁。按照当时施暴者定下的规矩，未成年男子可以不入狱。借着自己还是自由身的机会，奥纳西斯从家中取出了父母做生意赚来的全部资金，将一共18名家人全部从狱中赎了出来。为防不测，全家随后紧急逃往希腊。

在希腊定居下来后，奥纳西斯发现这个贫穷而狭小的国家并不是可以存活之地，因为多达150万的难民如潮水般涌进希腊，当地政府根本不可能提供就业机会，乞讨为生成为绝大多数人的唯一选择。而面对着很长时间都无法找到工作的窘境，奥纳西斯决定告别父母和家人，只身漂洋过海，奔向那时被人们称之为“黄金之地”的美洲大陆。不过，此时奥纳西斯眼中的冒险之地不是美利坚，而是广袤而魔幻的南美大陆，准确目标是阿根廷首都布宜诺斯艾利斯。天赐机缘，奥纳西斯在一条驶往阿根廷的破船上找到了一份日薪 25 美分的小工，盘缠路费有了保障，剩下的就是祈祷能够顺利抵达心目中的淘金天堂。

从“小泥鳅”到“大鲸鱼”

布宜诺斯艾利斯被称为“南美巴黎”，这里云集了来自欧洲各国的移民，一夜暴富与一夜赤贫的故事传遍大街小巷。经希腊侨民介绍，奥纳西斯在一家英商开设的电话公司谋得了一份做电焊的差事。当时公司实行计件工资制，因此，除了正常工作时间外，只要有加班机会，奥纳西斯都会主动抢着上，一天的工作时间往往在 16 小时以上，甚至有时通宵达旦地干活。日积月累，奥纳西斯手中开始有了一些积蓄，他开始考虑如何用活手头的资金。

也许是父母经营烟草生意的耳濡目染，奥纳西斯对阿根廷非常庞大的吸烟群体产生了本能关注，而且他发现当时的男女吸烟者吸食的都是烟草味非常浓烈的英、法品牌，但同时像口味比较柔和的希腊香烟也存在着很大的需求。由于吸不惯当地的香烟，在当地无法买到的情况下，众多的希腊侨民只得委托亲朋好友从希腊买烟来抽。看准市场销售空白与需求空间的奥纳西斯很快辞去了电话公司的工作，决定将自己的全部资金和精力转移到烟草经营上面。

最初，奥纳西斯只是在一间非常小的作坊里手工生产希腊烟且面向希腊侨民销售，每一次货物都被抢购一空。不过，奥纳西斯清楚，真正庞大的需求群体是阿根廷本土烟民，因此为了让这些长期依赖英、法烟草品牌的阿根廷人能够转移到希腊香烟上来，奥纳西斯设法让一位烟瘾非常大的著名歌星在电视镜头前抽吸希腊香烟。结果一炮走红，歌星的粉丝们蜂拥而至，抽吸希腊香烟很快在阿根廷流行起来。

由于手工生产根本无法满足消费需求，奥纳西斯决定改手工卷烟为机器批量生产，仅一台卷烟机在不到两年时间就为奥纳西斯带去了近 100 万比索的利润。不过，奥纳西斯明白，靠着一台机器小打小闹难以赚到大钱，相比而言，烟草运输与贸易则来钱更快。经过思考后，奥纳西斯决定冒险涉足烟草走私买卖，因为在供给端，还在希腊的父亲和家人完全可以为他提供充足的货源，而需求端的销售更不成问题，他只要与船运公司私下达成好合作分成协议便可。

烟草走私的赚钱速度的确如同奥纳西斯所设想的那样，而且幸运的是每次非法走私都未能被海关抓住。因此，20 岁时奥纳西斯就成了阿根廷一大巨商，财富总值超过了 10 万美元，布宜诺斯艾利斯超过八成的烟草生意都控制在了他的手中。当然，奥纳西斯更懂得适可而止。就在烟草走私为他带来滚滚财源的时候，他决定放弃这桩不正当的买卖，转而从事合法贸易活动，而且这个时候奥纳西斯已经不再停留在烟草贸易领域。基本模式是，通过租赁船只，将从阿根廷购置的羊毛、皮革和谷物等运往希腊，由他父亲在希腊销售，返道时再装满希腊的烟草运回到阿根廷。数个回合下来，四年后奥纳西斯净赚 30 多万美元，成了希腊产品最大的进口商，同时也成了国家最大的外汇提供人。鉴于奥纳西斯在阿根廷的影响日益扩大，希腊政府任命他为希腊驻布宜诺斯艾利斯的总领事。

然而，正当奥纳西斯准备大干一场时，席卷整个资本主义世界的 1929 年的经济危机不期而至，在全球贸易陷入瘫痪之下海上运输也完全停摆。期间，1931 年的世界海运量仅是 1928 年的 30%，在倾轧之下众多的海运公司不是破产倒闭，就是以跳楼价拍卖其所属的船只等财产。其中，加拿大国营铁路运输公司对外公开兜售六艘大型货船的消息引起了奥纳西斯的格外关注。

这六艘货船按照拍卖方的说法，其造价总共达200万美元，但在经济危机之下企业为了谋生存对外每艘船的售出价只有两万美元。看准时机的奥纳西斯迅速飞赴加拿大，掏出12万美元一口气买下了这六艘货船。对于奥纳西斯的这一反常举动，无论是朋友还是同行，当时都一致认为奥纳西斯是飞蛾扑火和自寻死路，最乐观的结果就是那些货船都会如同烫手山芋烂在手中。但奥纳西斯则坚定地认为，危机之后的经济复苏将会首先拉动船运需求，自己手中的货船一定能够派得上用场，并成为日后赚钱的机器。

事实强力佐证了奥纳西斯的判断。危机过后，海运业的回升居于各业之首，奥纳西斯买的那些船只一夜之间身价陡增。更重要的是，不久后第二次世界大战爆发，参战方都需要大量的商船、货船运送军需用品和日常用品，奥纳西斯的六艘货船一夜间变成了六座浮动的金山。以此为基础，奥纳西斯开始在全球各地大量收购货船，同时开始建造新的运输轮船。基于业务扩展的需要，奥纳西斯将公司总部从布宜诺斯艾利斯迁到了纽约。当初河沟里的那条“小泥鳅”如今已经俨然长大成海洋中的“大鲸鱼”。

西方不亮东方亮

公司总部迁到纽约后接下来发生的两件大事让奥纳西斯如虎添翼。一件事是战后美国政府打包处理自由轮（一种美国为战争而建造的简易货船），奥纳西斯近水楼台先得月，从中廉价抢购了六艘；另一件事是战后第三年奥纳西斯迎娶了希腊大船王斯达普罗斯·利瓦诺斯的二女儿蒂娜·利瓦诺斯，奥纳西斯还获得了作为妻子嫁妆的两艘货轮，实力大大增强。在“二战”之前，奥纳西斯仅拥有不足1万吨的货运船只，但10年之后其货运承载量扩充到了3万吨，在全球海洋航运界，奥纳西斯已经算得上是不可小觑的风云人物。

在巩固传统基业的同时，奥纳西斯发现了一个更令他怦然心动的市场——石油运输。在奥纳西斯看来，“二战”之后各国经济都无一例外地将进入一个迅速复兴和重建的阶段，经济的扩张必然大大地刺激对石油等能源的需求，而石油消耗量的大幅度增加又势必会导致油船运输订单和运费的猛增。为此，在其他船东仍然对战后的发展形势左顾右盼和举棋不定之时，奥纳西斯则迅速从他的商船队中抽出大笔资金投资建造油轮。加上先前在瑞典哥德堡造船厂订购的三艘油轮，奥纳西斯进军石油运输行业的脚步随之铿锵迈开。

1953 年盛夏，奥纳西斯携夫人蒂娜乘坐自家豪华游艇来到了伊斯兰教圣地麦加的港口吉达，先后与年迈的沙特国王及王储阿卜杜拉·阿齐兹分别进行了长谈。因为他发现在阿美石油公司签订的合同中，虽然写明了该公司拥有石油的垄断开采权，并由它用油轮将石油运往世界各地销售，但没有规定沙特阿拉伯不可以用属于自己的油轮进行石油运输。基于此，奥纳西斯希望说服沙特国王，用自己向他们提供的油轮运输石油。

经过半年的协商谈判，沙特政府终于接受了奥纳西斯的建议，双方最终签署了震撼世界的《吉达协定》，规定成立由沙特阿拉伯国王和奥纳西共同控股的沙特阿拉伯油船海运有限公司：该公司拥有沙特阿拉伯油田开采石油的运输垄断权，一支总吨位为 55 万吨的油船队全部挂阿拉伯国旗。作为附加条件，奥纳西斯承诺建立一所每年为沙特阿拉伯的商船队培养 50 名高级船员的海运学院。

《吉达协定》如同一颗炸雷震惊了西方世界，给当时世界上最大的石油公司阿美石油公司致命一击。早在 20 世纪 30 年代初期，雪佛龙公司的前身加利福尼亚州标准石油公司就走进了沙特，并与沙特王国签署了一项特许协议，取得了石油勘探权，同时双方成立了加利福尼亚阿拉伯标准石油公司。到了 20 世纪 40 年代中期，加利福尼亚阿拉伯标准石油公司更名为阿拉伯美国石油公司，简称阿美石油公司，总部设在美国旧金山。不久，埃克森公司和美孚公司加入该公司。在石油运输方面，阿美石油公司同沙特国王签署的协议规定：阿美石油公司拥有石油的垄断开采权，并用自己的油船把开采出来的石油运往世界各地销售，每采一吨石油就要付给沙特国王相当数目的特许开采费。显然，《吉达协定》的达成相当于虎口夺食或者是太岁头上动土。

实力雄厚的阿美石油公司不仅首先跳出来对《吉达协定》进行反击，而且联合伊拉克石油公司、英国石油公司、伊朗石油公司，以及飞马、埃索、德士古、壳牌等各大石油公司对奥纳西斯展开围攻。与此同时，在阿美石油公司的蛊惑下，美国航运界的船东们联合了希腊的其他船东一起声讨奥纳西斯，其中有个名叫斯皮罗·卡波迪斯的希腊船东还在报纸上刊登了一条耸人听闻的消息，声称自己是《吉达协定》的见证人，揭发奥纳西斯是用重金收买酋长们和伪造文本的方法来骗取该协定的签订。于是，美国方面利用这条消息大做文章，并向年轻的沙特国王施加压力，扬言若不取消《吉达协定》，美国就要对沙特实行海上封锁、食品禁运等制裁，还要停止对沙特的一切援助。

针对四方的围剿，奥纳西斯连澄清事实的机会都没有。同时，面对巨大的压力，继位不久的阿卜杜拉·阿齐兹也无计可施，最终单方面撕毁了《吉达协定》。不过，虽然奥纳西斯为此次举动付出了不小损失，但也算是做了一次影响不小的免费广告，他的知名度迅速提升，并成为被世界瞩目的焦点。按照他自己的说法就是“没想到我从此名声大振，做起生意来真是势如破竹”。

的确，在沙特出师不利后，奥纳西斯在中东的另一个地方苏伊士运河则放开了拳脚。这条人工河流在英法手中开凿而成，曾给西方殖民主义者送去了大量的财富。但是，埃及独立后，英勇的纳赛尔总统强势宣布将运河收归国有，由此引发了第二次中东战争，运河航运中断。此前通过此处的运油航线只能绕道南非好望角，航运距离增加了近10倍，运费也顿时大涨。控制中东石油的西方石油公司因此遭受重创，因为在他们与沙特阿拉伯等国所签长期合同中，明确规定价格固定不变。而奥纳西斯则不然，他可以随便涨价，虽然运费从 4 美元每吨提高到了 60 美元每吨，可还是供不应求，因为航运距离的延长造成了一定程度的石油危机——西方国家需要更多的船将更多的石油从中东地区运走。凭借在第二次中东战争中的获利，奥纳西斯购买了大量货轮，船只货运承载量至 1970 年暴涨至 300 万吨位，奥纳西斯一跃而成全球最大的私人船主及不折不扣的“世界船王”。

那些飘逝的风花雪月

奥纳西斯与蒂娜·利瓦诺斯的相识纯属偶然。那天，为了一项生意上的合作业务，奥纳西斯被希腊大船东斯达普罗斯·利瓦诺斯邀请到家中做客。虽然当时蒂娜比奥纳西斯小了近 20 岁，但年龄不是问题，两人一见钟情后很快坠入爱河。三年后，奥纳西斯在纽约的东亚教堂为蒂娜披上了婚纱。在外人看来，两人结合可谓双赢。大船东有了乘龙快婿，生意上获得了一个得力干将，而奥纳西斯等于傍上了一个大财主。在实力大增的同时，奥纳西斯还在蒂娜的引荐下开始出入王公贵族与高官巨商云集的豪华场所，并很快进入了欧洲上流社会。

奥纳西斯与蒂娜婚后育有一儿一女：儿子亚历山大·奥纳西斯和女儿克里斯蒂娜·奥纳西斯。在普通人看来，生活富足且儿女双全的婚姻应该较为稳定和牢靠。然而，当婚后 10 年奥纳西斯在一次酒会上认识了著名希腊歌星玛丽亚·卡拉斯以后，这个家庭开始出现危机。与奥纳西斯一样，卡拉斯也是希腊人，早年随父母移民美国，在纽约长到 14 岁后返回希腊。按照卡拉斯的说法，她与比自己大 19 岁的奥纳西斯的身世背景太相似了：“都是希腊人，有着同样艰苦的历程。我们从零开始，又都凭着意志和能力达到顶峰。”言下之意，二人走到一起实在是命运的安排。

要说卡拉斯的知名度，在当时可以说一点也不逊于奥纳西斯，甚至还远远超过后者。与喜爱歌剧的商人梅内吉尼结婚后，卡拉斯在丈夫的支持与经营下得以到米兰、纽约、芝加哥和伦敦等地的著名歌剧院演出，直至登上歌剧女神的位置。在 20 世纪的歌剧表演名流中，最著名的男高音非卡鲁索莫属，而女高音则是以卡拉斯为花魁。在演唱生涯中，卡拉斯表演的《乡村骑士》《诺玛》等名剧让观众如痴如醉。每一次演出卡拉斯都须谢幕十多次观众才肯让她离场。自然，当奥纳西斯目睹了卡拉斯的风姿后，就很难抑制住对她心潮澎湃的情感。

金钱、游轮、珠宝等，外加奥纳西斯的谈吐不凡，当一个又一个极具魅力的器具物件摆在自己面前且可以任意挥霍与享受时，卡拉斯没有脱俗地选择了认领与服从。相识不到两年时间，卡拉斯与丈夫、奥纳西斯与妻子双双同时离婚，但有所不同的是，梅内吉尼告别了卡拉斯后不久便重组了幸福的家庭，而蒂娜则因离婚导致了抑郁症，最终自杀而死。

没有了家庭的束缚，奥纳西斯与卡拉斯便可不顾一切地放飞他们纸醉金迷的爱情，而在接下来跟随奥纳西斯的九年时间中，卡拉斯也基本放弃了她的演唱事业与艺术追求，歌坛影响力也从峰顶滑落到谷底。不过，卡拉斯当时并不后悔，因为她相信奥纳西斯许下的美好婚姻生活正在等待着她，等待着这位新的女主人款款走进“世界船王”的欢乐迷宫。然而，这一次卡拉斯却完全错了。

在认识卡拉斯的一年后，奥纳西斯又走到了当时美国总统约翰·肯尼迪的夫人杰奎琳·肯尼迪的身边。当年，大名鼎鼎的英国首相温斯顿·丘吉尔，以及美国参议员约翰·肯尼迪和他漂亮的妻子杰奎琳一起应邀登上了奥纳西斯的私人游艇，而从那时开始，奥纳西斯就对杰奎琳萌生了倾慕之情，同时从杰奎琳的眼中，奥纳西斯也读到了对方飘送过来的暗香浮动之波，只是因为碍于肯尼迪的总统身份，二者谁也不敢越雷池一步。不过，这种短暂爆发的牵念却因一个震惊全球的事件而得以持续。

1963年11月12日，美国历史上最年轻的总统约翰·肯尼迪遇刺身亡。得知这一噩耗后，奥纳西斯次日清晨便乘机从纽约转道华盛顿，在表面痛苦实则内心惊喜的情形之下，给极度痛苦的杰奎琳送去了安慰，随后不久奥纳西斯便对杰奎琳发起猛攻。肯尼迪去世后的第五个年头，62岁的奥纳西斯与34岁的杰奎琳在科尔比奥斯岛举行了隆重婚礼，而此时的卡拉斯除了掩面哭泣外，似乎再也找不到可以解困的情感出口。

“杰奎琳嫁给了一张空白支票！”“美国失去了一位圣女！”“这是约翰·肯尼迪的第二次死亡！”西方媒体对奥纳西斯迎娶杰奎琳一致性地讥讽与嘲笑；“乡下佬”“海盗”“无赖加流氓”，美国国内同样对奥纳西斯骂声四起，人们不相信也不愿相信杰奎琳能够嫁给奥纳西斯，因为美国第一夫人与外国人结婚的事实让美国人大丢颜面和大伤自尊心。

金钱无疑是促成这桩婚姻的最重要因素，从这个角度看，杰奎琳个人其实并没有失去多少。首先，船王用150多万美元重新装修了他们的婚房，让杰奎琳感到居住环境并不比白宫差；其次，船王承诺婚后给杰奎琳每年补助300万美元的生活开支；另外，奥纳西斯还给杰奎琳的两个孩子建造了一栋有160个房间的度假别墅，并承诺每个孩子各加100万美元的终身年金和12%的遗产。同时奥纳西斯为杰奎琳租了一家大剧院，并深更半夜带她去看歌剧。不仅如此，杰奎琳还能在早餐托盘上找到惊喜：有可能是一串价值连城的珍珠项链，也可能是一枚让伊丽莎白女王也要嫉妒的八克拉钻戒，或者一只由法国最有名的设计师雕刻的金手镯。对此，杰奎琳逢人便说，自己将夫姓换成奥纳西斯一点也不后悔，她宣称拥有了“纯洁的爱情”。

可是，当距离拉近，当新鲜感消失，当每天面对着各自的蓬头垢面，二人的内心开始有了变化。婚前对于杰奎琳的口头承诺，奥纳西斯婚后再也没有提及，更别谈兑现了。而对于杰奎琳近乎疯狂的花钱行为，奥纳西斯也从最初的忍耐发展到最终的厌恶。杰奎琳一年可挥霍掉了近2000万美元，而当时的英国女王一年也不过花 150 万美元。另外，如果看上一副眼镜，杰奎琳便要一次性买下数十副；看上一款女鞋，也是一次性买上数十双。婚后第一年，仅在珠宝上的花销，杰奎琳就超过了 500 万美元。在得知杰奎琳一个月光是买衣服就花费了 100 万美元之后，奥纳西斯怒火中烧并采取了行动，将杰奎琳每月零花钱降低到 3 万美元，双方自此开始长期分居。

从再婚中并没有找到幸福感的奥纳西斯不久又承受了唯一儿子亚历山大乘坐一架私人飞机不幸失事身亡的惨重打击。身心俱悴之下，老船王一病不起，不到 70 岁便撒手归天。而在奥纳西斯弥留之际，除了卡拉斯哭成泪人地守在身边外，杰奎琳一直未现身影。在临终遗嘱中，奥纳西斯将财产分为两部分，一部分给了一个属于奥纳西斯家族的基金会，一部分给了他的独女。而杰奎琳的名字则从遗嘱中删除，最终杰奎琳还是通过持续 18 个月的官司拿到了一次性 2600 万美元的现金赠予，从此与奥纳西斯家族再无瓜葛。

“富家女”的另一面

两年之内先后失去了哥哥和父亲两位亲人，这个残酷的现实让成了家族遗产唯一继承人的克里斯蒂娜·奥纳西斯感觉不到丝毫的兴奋。而且，更让这位 20 岁刚出头的年轻女孩必须迎难而上的是，她需要使出全身力气来抵挡来自杰奎琳一方对父亲财产的争夺。对于这个与父亲做了几年夫妻的女人，克里斯蒂娜似乎从来没有过好感。

实际上，对于儿子的遇难，奥纳西斯一直认为是一次蓄意谋杀，他发誓要花重金找出幕后凶手，言外之意儿子遭遇横祸很可能与杰奎琳有关。然而，此时第四次中东战争爆发，一场席卷西方世界的石油危机即将到来，船王已经不是当年那个叱咤风云的“希腊战神”，婚姻的不幸及白发人送黑发人的痛苦让他备感力不能支。无奈，奥纳西斯决定重写遗嘱，以免根据希腊法律把 1/4 的家产分给杰奎琳。与此同时，克里斯蒂娜帮父亲找来律师，研究如何离婚才能最大限度避免他的财产损失。最终，在去世前，奥纳西斯用颤抖的手拿起笔填写了一张离婚书。

不出意料，杰奎琳在奥纳西斯死后向法院提起了继承遗产的诉讼，双方经过一年半时间的你推我搡，希腊最高法院最终判决克里斯蒂娜以2600万美元的款额收购杰奎琳名下的不动产，其中包括斯科皮奥斯岛和豪华游艇中杰奎琳所占有的份额。从此杰奎琳在奥林匹克海运公司不存有股票，也不是董事会的董事。而关于这场官司的起起落落，美国电影《希腊船王》和《第一夫人》中都有不同角度的描述，“希腊战神”与“第一夫人”轰动全球的情感悲欢为后人留下了咀嚼再三的故事。

克里斯蒂娜究竟从父亲那里继承了多少财产？论主业资产，奥纳西斯将总共700万吨载货量的大小400艘船只交到了儿女手上，价值约20亿美元。另外，奥纳西斯在陆地上的企业更难估价。从商业到地产，再到食品和矿山等，数百家企业都归到了克里斯蒂娜的名下。值得注意的是，在奥纳西斯将他的奥林匹克海运公司交由董事会经营的同时，还将当时世界上最豪华的私人游艇赠给了希腊政府。

私人游艇名为“克里斯蒂娜”号，以女儿的名字来命名，足见克里斯蒂娜在父亲心中的地位。“克里斯蒂娜”号最初建造于1943年，本是一艘加拿大海军的护卫舰，在克里斯蒂娜3岁的时候，奥纳西斯花费2000万美金将其买了下来，然后予以重金打造与修饰。“克里斯蒂娜”号于是变成了一座海上宫殿：青金石的栏杆，纯金的浴室饰物，名贵的油画珍品，西方现存最古老的嵌宝石佛像，用克诺索斯彩石镶嵌画的放大复制品装饰的游泳池。

因此，在外人眼中，克里斯蒂娜不仅是含着“金钥匙”出生，而且是脚踏着“金舞鞋”行走的富家女，论所拥有的财富与身价，当时世界上没几个女人能与克里斯蒂娜比肩。不过，接过万贯家产的克里斯蒂娜除了要与杰奎琳就父亲遗产进行官司缠斗外，她还真有点不那么走运，遭遇了20世纪70年代后期的第二次石油危机，应对不好的话，父亲数十年打拼得来的家族江山可能会在她的手中付诸东流。

第二次石油危机肇始于伊朗推翻巴列维王朝的革命，该国因此停止石油对外输出 60 天，导致市场每天出现约 500 万桶的石油供给短缺，约占世界总消费量的 1/10，由此全球不少地方发生了抢购原油风潮，油价急剧上升。正在这一脆弱的时间窗口，伊拉克空军轰炸伊朗，“两伊战争”爆发，两国石油生产完全停止，世界石油产量剧减，石油供求缺口迅速放大，油价最终从每桶 13 美元飙升至 41 美元。

本次石油危机给全球经济尤其是西方工业国经济造成了毁灭性打击，其中仅美国 GDP 就萎缩了 3%。同时，世界航运业也由此进入史上最萧条的时期，并且持续时间之久和影响之大都是空前的。受第二次石油危机的影响，长达五年的国际海运业都没有恢复元气，全世界有 1/3 的船只被迫闲置。至于奥林匹克海运公司受到的“侵蚀”同样残酷，公司被迫取消老船王在先前订购的六艘超级油轮，为此支付了 1700 万美元的合同违约金。“祸不单行”，27 万吨的奥林匹克“勇敢”号油轮在第一次远航中就遭搁浅，尽管从保险公司得到 5000 万美元的理赔，但仍产生了 1000 万美元的巨额损失。

“虎父无犬女。”危急时刻，克里斯蒂娜不仅迎风站了起来，而且父亲遗传给自己的勇斗好胜与机敏能干的商业细胞也迅速活跃并勃发出来。“先生们，从现在起，奥林匹克海运公司任何需要做出决策的事都必须首先向我请示。”在公司董事会上发出掷地有声号令的同时，克里斯蒂娜开始重组奥林匹克海运公司的高管团队。考虑到自己尚缺乏经验，克里斯蒂娜聘任公司元老且经验丰富而又德高望重的安德森出任总经理。安德森时年 50 岁出头，希腊裔美国人，担任过埃克森石油公司油轮运输部主管，经营过世界上最大的包船业务。不负众望，安德森出任公司总经理后迅速稳定了公司经营局面，其他高管对克里斯蒂娜的人事安排也从最初的不理解到最后心悦诚服。

在重组核心团队的同时，针对公司大批海轮闲置在地中海沿岸港口的现实，克里斯蒂娜又及时调整船队存量资产，一方面将总共11艘没有竞争力、设备落后的巨型油轮果断淘汰掉，同时又将10艘大油轮租给石油公司运营，这样公司可以赢得稳定的收入。不仅如此，克里斯蒂娜还毅然决定停运船队中14艘油耗大、赢利小的船只，同时向银行贷款购进5艘省油的中型油轮，以更新优化船队，以期通过存量重组和增量补缺方式迅速组建起一支更加现代化、更具竞争力的船队。

创新与努力没有白费。克里斯蒂娜的船队不仅没有在大萧条中破产，反而每年产生了1500万美元～2000万美元的盈余，公司总资产接近10亿美元，使其在全球航运界的霸主地位得到进一步巩固。而作为一个世事历经不多的年轻女子，克里斯蒂娜逆风而行并最终让家族的金字招牌在危机中熠熠发光的战绩也令众人对其刮目相看。至少克里斯蒂娜以自己的本事与才能表明：不是所有的富家子女都是游手好闲与醉生梦死的不肖之辈，并且女人同样能够成为“世界船王”。

不幸从婚姻开始

一方面是挥金如土与纸醉金迷，另一方面是不甘堕落与发愤图强；一方面是孤僻高傲与肆意张狂，另一方面是友好包容与宽厚和善；一方面追逐爱情，另一方面推崇金钱可以收买一切的理念。克里斯蒂娜身上有着非常显著的性格多元化与人格分裂化特征，其行为表现也在很多时候让人捉摸不透，对其很难用好坏和对错来做评价。

的确，出生与成长在一个大富大贵的家庭，克里斯蒂娜想远离奢华生活其实很难。克里斯蒂娜每年从父亲的信托基金中领取750万美元的巨额资金，用于乘坐私人专机去世界各地旅游观光。另外，克里斯蒂娜在世界各地拥有10多处豪华住所、3架喷气式飞机、2艘豪华游艇，雇佣的仆人有400多人，仅司机就有30多个，私人秘书20多个，随身保镖25人。

但克里斯蒂娜绝不是一个不思进取和自私狭隘的女孩。虽然父亲活着时将她送到纽约船运公司学习业务知识，但在接过家业后，克里斯蒂娜仍感自己知识欠缺，在业务上更是一个生手，于是她谦虚地请公司的高级职员、技术人员给她讲课，学习海运方面的专业知识和企业管理经验。另外，克里斯蒂娜还仔细研读了父亲留下的笔记本，里面记录着老船王一生商场博弈获胜的奥秘。这笔无形资产给予克里斯蒂娜巨大帮助。对待朋友，克里斯蒂娜也是落落大方。总面积达800平方千米的斯科皮奥斯岛是奥纳西斯家族休闲游乐的私人岛屿，克里斯蒂娜打破惯例，经常邀请好友与同事来岛上游玩娱乐，甚至将公司的庆祝会也搬到岛上。她想让员工知道，奥纳西斯家族与他们是一个命运共同体。

可是，克里斯蒂娜虽在商场上具有超人的胆识与格局，也拥有着一般人所不可能拥有的财富，但不能说她就是一个幸福的女人，"金钱买不到幸福"这句话在克里斯蒂娜的那里得到了不止一次的印证。她知道爱情是那么美好和令人心驰神往，但始终没有真正领会到爱情的真谛，甚至有时还将这一人类朴素的情感活动与金钱画上等号。她渴望另一半的守候与家庭的归属，但每一次的选择是那样的茫然与冲动，十多年四次结婚而后四次离婚的残酷事实令她心力交瘁。自然，表面光鲜无比的华丽生活也难掩克里斯蒂娜的内心忧伤，直至发出"在我短暂的人生中未曾有过多少欢乐"的哀婉与悲叹。

奥纳西斯在自己64岁时为女儿在斯科皮奥斯岛筹办了一次盛大的订婚仪式，他所挑选的乘龙快婿就是希腊船务和银行业大王的继承人亚历山大·安德烈亚迪斯。次日，关于克里斯蒂娜订婚的消息就刊登在了纽约各大报刊的显著位置。奥纳西斯的目的非常明确，他想向外界宣称，强强联合之后自己的船王地位将无人能撼。可是，将女儿的终身大事纳入家族船队的未来发展规划之中，在克里斯蒂娜那里引起了强烈的逆反与抗争。几日之后，克里斯蒂娜摔门负气出走，公开宣布毁弃婚约，在冲动之下嫁给了美国的一个年近51岁的房地产商布克。老船王闻之愤怒难忍，在一气之下断绝了每年给克里斯蒂娜750万美元的生活费用。走投无路的克里斯蒂娜结婚半年后只得宣布离婚，并回到了父亲的身边。

生命垂危中的奥纳西斯依然挂念着女儿的终身大事，当然更念念不忘与实力雄厚的亚历山大船运公司合并的计划，因此去世前恳请女儿答应嫁给亚历山大·安德烈亚迪斯。看着即将离开人世的父亲，克里斯蒂娜只能苦笑着含泪点下头。父亲去世3个月后，克里斯蒂娜与亚历山大·安德烈亚迪斯完婚。对于这桩婚姻，克里斯蒂娜心里非常清楚也只是为了却父亲的生前所愿，自然对接下来可能产生的生活甜蜜与家庭幸福感就没有抱太大的希望，而且双方在婚后也明显感觉到了彼此的貌合神离与同床异梦。而最让克里斯蒂娜失望的是，安德烈亚迪斯虽是苏黎世大学毕业的高才生，却是一个不通世事的书呆子，在事业上根本不可能像父亲生前所设想的那样能够做到互补互强。最终，这场婚姻勉强维持不到两年就不欢而散了。

从情感心理学上讲，儿女的婚姻方式与家庭生态在某种程度上是可以复制父母的。尽管克里斯蒂娜婚姻的不幸源于庸俗的商业交易或者年少的无知冲动，但奥纳西斯作为父亲视婚姻为情感儿戏的确对女儿起到了不小的示范作用。拿与杰奎琳的婚姻为例，要说奥纳西斯是否真爱对方的确要打上问号。一个有些滑稽可笑的事实是，最终选择与杰奎琳结婚，原来是奥纳西斯为与自己的老对头尼亚尔霍斯赌气而致。当年，奥纳西斯娶了蒂娜，从而使自己船队实力大增。尼亚尔霍斯不甘落后，立即去追求蒂娜的姐姐欧耶尼并获得成功，从而成为奥纳西斯的连襟，同样能够从岳父那里获得支援。从此，两人在建造油船、组建船队、装潢私人游艇等许多事情上你追我赶，而且都想压倒对方。有意思的是，正当奥纳西斯在第二次婚姻的选择中举棋不定时，传来了尼亚尔霍斯再做新郎，娶了世界上最大的汽车大王福特的女儿的消息，奥纳西斯于是立即做出了抛弃卡拉斯而牵手杰奎琳的决定，他想创造一个新的希腊神话。

“克格勃”的诱惑

历经了两次婚姻失败的克里斯蒂娜无论如何不会想到自己接下来的情感故事会与当时人们谈之色变的苏联克格勃挂上了关系。克格勃是苏联的情报机构，其功能类似于美国的FBI（联邦调查局），只是在手段的使用上要比FBI隐蔽得多。

奥纳西斯创下的船运基业发展到20世纪六七十年代已经在西方世界屈指可数，甚至可以说是规模位列世界第三的船队，比世界上许多国家的海军规模还要庞大。更为重要的是，第二次中东战争之后，中东地区的原油很大一部分由奥纳西斯的船队运往世界各地，美国、日本、德国、英国、法国等主要发达国家从中东进口的石油也由该船队负责承运，因而这支船队对西方国家的石油供应起到了至关重要的作用。不难看出，奥纳西斯船队的一举一动直接牵动着世界石油运输业的神经。尤其是处在冷战环境中，当时分别作为北约与华约两大阵营老大的美国、苏联都想着与船王家族联结成紧密关系，在为自己国家创造最大化经济利益的同时，也增强在国际上的话语权。

不过，由于历史的原因，奥纳西斯的石油运输船队与西方各发达国家的业务联系要频繁一些，商业来往也要密切得多，这种格局显然对苏联极为不利。正因如此，苏联一直在寻找与捕捉能够与船王结交的时机。尤其是在克里斯蒂娜承继父业后，苏联更是对这位女继承人给予了更大的关注，从克里斯蒂娜的性格与爱好，到个人社交圈与情感婚姻状况，克格勃几乎都了如指掌。而且，一件意想不到事情也最终成就了“克格勃”走近克里斯蒂娜的企图。

如前所述，第二次石油危机造成的石油供给不足对石油运输造成了重大冲击，刚刚从父亲手中接过奥林匹克海运公司管理权的克里斯蒂娜迅速调整经营策略，做出了将一些大型油轮租赁出去的决定，而这一切并没有逃过克格勃的眼睛。苏联当局迅速做出决定，让苏联航运公司出面同奥林匹克海运公司谈判租船业务，并向克里斯蒂娜放出口风，愿意租用奥林匹克海运公司的五艘巨轮，租期为五年，同时特别邀请克里斯蒂娜访问莫斯科。

接到苏联方面打算租用大型油轮电报的奥林匹克海运公司如同抓住了一根可以救命的绳索，没有做任何考虑和犹豫，克里斯蒂娜便前往莫斯科，并受到苏联航运公司最高规格的礼宾接待。尤其是在当天的欢迎晚宴上，克里斯蒂娜看到了苏联政府的不少要员出席。此时的女船王无疑感觉到主人的热情与诚意，也放下了矜持频频举杯。

第二天的谈判宾主双方无不笑容可掬，苏联方面派出的谈判首席代表名叫谢尔盖·考佐夫。对于这个其貌不扬的男人，克里斯蒂娜一开始就没有让自己的注意力在其脸庞上做更多的停留，但随着双方的商谈引向深入和细致，考佐夫极富感染力的谈吐引起了克里斯蒂娜的极大兴趣。克里斯蒂娜发现，整场谈判下来，考佐夫不仅显得镇定自若，分寸拿捏得十分得体，而且思路清晰，语言表述简洁明了，几乎所有的观点都能直击要害。在克里斯蒂娜看来，头脑冷静、思维细腻、反应敏捷、举止文雅的考佐夫是自己从未见过的谈判高手与优秀男士。

谢尔盖·考佐夫，公开身份是苏联海运部货船司油船科科长，毕业于莫斯科外语学院，年龄40岁，已婚并育有一女。虽然稀疏的头发、苍白的脸色让人不会对他产生较好的第一印象，但其身上沉淀出了中年男人的成熟魅力。而且，考佐夫擅长说甜言蜜语，自然也有着掳掠女人芳心的魅力，尤其是像克里斯蒂纳那样尝过婚姻破裂伤痛且亟需填补心灵空虚的女性，考佐夫的表演就更能产生立竿见影的效果。

一切都在按照苏联规划好的路线图展开。合作协议达成的当天晚上，考佐夫借故来到了克里斯蒂娜住的宾馆，向女船王表示友好，同时庆贺合作成功。克里斯蒂娜以主人的身份热情款待了他，两个人在客厅里一边品着法国的上等香槟，一边海阔天空地耳语聊天，四目相对之时还发出爽朗愉快的笑声。作为礼节性回访，第二天晚上克里斯蒂娜受邀与考佐夫共进晚餐。此时女船王的心中已经萌生走近考佐夫的激情。在她看来，考佐夫不仅言谈举止温文尔雅、彬彬有礼，而且在她的油船队面临困境时能鼎力相助，实在是她心目中理想的情人。

洞窥到了克里斯蒂娜内心的考佐夫借势再进一步，他建议女船王改变原来的归程计划，在莫斯科多滞留几天，并提出自己会亲自陪同克里斯蒂娜到莫斯科考察游玩。接下来发生的故事自然没有脱离一般人的想象。而克里斯蒂娜也许不会想到，她在巴黎的一栋私人别墅此时也被克格勃摸了个门清，而且克格勃还知道克里斯蒂娜喜欢住在巴黎。为了使二人能有更多接触的机会，考佐夫被特别派往巴黎，担任苏联航运公司驻法国办事处的主任。从此，考佐夫与克里斯蒂娜经常出双入对地出现在巴黎街头。

在克格勃的操办下，考佐夫很快同他的苏联妻子娜塔沙离婚，而且官升一级，成为苏联航运公司油轮部部长。一个月之后，在莫斯科的一座"婚礼宫"里，克里斯蒂娜身穿白色婚纱，挽着神采飞扬的考佐夫，在婚礼进行曲中，按俄国人的风俗举行了婚礼。这位拥有亿万财富的希腊女船王与新郎住进莫斯科一套两室半的公寓里，虽然不能与自己的豪华游轮与宽敞的别墅相比，但克里斯蒂娜格外满足地对外公开表示，她将长期在苏联生活，而且希望自己的孩子在莫斯科诞生。

真相大白时

再婚后的克里斯蒂娜将过去情感上的不幸完全抛到了脑后。在克里斯蒂娜的提议下，她和考佐夫一起到遥远的西伯利亚贝加尔湖畔共度蜜月。

每天早晨醒来，克里斯蒂娜都会收到一束吐着芬芳与馨香的玫瑰花，之后考佐夫便会亲自将可口的早餐送到新婚妻子的面前。到了傍晚，克里斯蒂娜会挽着丈夫的胳膊，如同小鸟依人般地依偎着自己的男人情意缠绵地徜徉在贝加尔湖边。回到莫斯科后，人们还经常看到女船王亲自上市场排队购买家用食品，用餐后还自己动手洗碗，完全没有过去贵夫人的派头。

然而，当克里斯蒂娜与考佐夫双栖双飞的新闻被报道出来后，原本提心吊胆的西方国家更加坐立不安。一是来自希腊官方的担忧，因为一旦克里斯蒂娜与考佐夫真的有了孩子，所有的遗产就会顺理成章地归入苏联人的腰包；二是美国、英国、法国等表现出了深深郁闷甚至是咬牙切齿，它们一口咬定考佐夫就是克格勃的间谍，整个局势如果任其发展将对西方形成不可控的威胁。

一直以来，奥林匹克海运公司的头号主顾就是美国，如果这支庞大的油船队最终因为克里斯蒂娜的再婚转而被苏联控制，美国长期依赖的海外石油运输线就将受制于苏联。与之紧密关联的是，那个风景秀丽的斯科皮奥斯岛会落入苏联人之手，就不会再只是用于休闲度假，极有可能成为苏联海军的一个基地，意味着苏联将扼住进入东地中海的咽喉，到时美国在地中海的第六舰队会遭遇腹背受敌之困。另外，奥纳西斯活着的时候，曾买下了瑞士一家银行，这家银行吸引了一批国际知名人士的秘密存款，克里斯蒂娜嫁往苏联意味着这家银行的业务机密很可能不保。西方富豪对此忧心忡忡，他们纷纷向瑞士的伯尔尼市政府施压，要求出面干预。

实际上，就在最初传出克里斯蒂娜与考佐夫的恋情时，法国官方就通过外交渠道对克里斯蒂娜进行过规劝，忠告克里斯蒂娜必须多一份小心，只是当时克里斯蒂娜沉浸在爱河之中根本听不进去。到考佐夫对克里斯蒂娜的诱婚成功之后，西方国家更是不遗余力地进行“离间”。在各大报纸连篇累牍报道和讥讽女船王婚事的同时，不少记者还找到克里斯蒂娜当面质问：“你的情人是克格勃间谍吗？”对此，克里斯蒂娜则淡然地回答：“他肯定不是间谍，因为我爱他。”

然而，这一次克里斯蒂娜显然错了。结婚后不久，克里斯蒂娜对莫斯科的生活越来越感到不适，而且昔日急剧升温的爱情也开始退潮，于是开始筹备返回巴黎。但让她意想不到的是，苏联政府却迟迟不给考佐夫发放护照，最终克里斯蒂娜只得一人回到巴黎。正在此时，有关一些石油生产国和美国石油运输与储量的数字遭到部分泄露的消息见诸西方各大报刊，甚至奥林匹克海运公司内部曾经就伊朗国王是否下台的分析及在石油运输与储备上准备采取的措施也被媒体抖了出来，而且矛头不约而同地指向考佐夫。即便如此，克里斯蒂娜也没有过多地放在心上。

可是，有一件事情让她开始醒悟。克里斯蒂娜离开莫斯科不久，考佐夫便转身回到了妻子娜塔沙和女儿卡佳的身边，而且给她们带去了昂贵的礼物。初闻这件事时，克里斯蒂娜根本不相信，直至美国一位记者将一大摞照片扔到克里斯蒂娜面前，她才不得不目瞪口呆。照片上，考佐夫双臂搂着妻女，一家人其乐融融，好不自在，而照片的背景就是克里斯蒂娜与考佐夫的新婚婚房及室内各种豪华的陈设。再联想到婚后考佐夫直接或间接地干预奥林匹克海运公司的油运业务，克里斯蒂娜顿时感到后背发凉，她不得不承认自己掉进了克格勃的陷阱，也下定了与考佐夫离婚的决心。

然而，女船王不想将这段令自己更为伤心的婚事和盘托出而成为他人笑料。于是，克里斯蒂娜主动找到了考佐夫，说明了自己的离婚缘由与决定。在事实面前考佐夫也没有做出任何辩解，但他抓住与吃定了克里斯蒂娜的软肋，开出了分走总额为 12250 万美元现金的离婚条件。这一数字相当于考佐夫与克里斯蒂娜结婚之日起奥纳西斯家族的一半财务收入。对于这种要挟，克里斯蒂娜忍无可忍，也顾不上更多的脸面与自尊，她决定通过诉讼的渠道了却自己的又一次不幸婚姻。

由美国、法国和瑞士等国律师组成的律师团成了克里斯蒂娜在法庭上据理力争的强大后盾。法院经过审理，最终判决克里斯蒂娜无偿转让给考佐夫一艘7.8万吨的油轮，同时解除二人婚约。不过，让人有些不解的是，在离婚后，克里斯蒂娜仍然对考佐夫念念不忘，而在英国从事航运业的考佐夫也不忘旧时的情人，经常去巴黎同女船王相会。即便后来克里斯蒂娜再度结婚，她与考佐夫依然藕断丝连，人们甚至还常常看到二人一同结伴旅行的身影。

哭泣的“雅典娜”

三次结婚，三次离婚，而且几乎每次对方都是朝着自己手中的家财而来。经过屡次婚姻破裂，克里斯蒂娜的内心无比痛苦，精神极度空虚，并开始寻求自我解脱，暴饮暴食成了她的生活常态，直至患上严重的食欲过盛症。有时，她一天能喝完24瓶可口可乐，于是体重从120磅猛增至200磅。为了减肥，克里斯蒂娜开始大量服用苯丙胺和巴比妥酸剂，但因服食过量，她经常感到头脑晕厥和精神不振。

一般来说，经过了多次情感挫折的女人对再婚及由此可能产生的期望值不会抱有太多幻想，至少不再相信男女双方感情的纯洁与神圣。然而，但克里斯蒂娜不是这样，她依然对自己未来的婚姻生活留存着美好期待，也不相信婚姻的不幸会成为自己继续追求爱情与幸福权利的绊脚石，尤其是遇到了自己少年时代男友蒂埃西·鲁塞尔后，克里斯蒂娜像一个情窦初开的少女一样，牵着对方的手又一次愉快地奔向婚姻的殿堂。

在前一次离婚的四年之后，克里斯蒂娜第四度披上婚纱。婚礼选在巴黎的希腊教堂举行，豪华与气派程度超过了人们的想象。除了许多达官显贵纷纷前来捧场让婚礼显示出了不凡的规格之外，克里斯蒂娜的礼服上镶嵌的1.5万颗金刚石、4000颗珠宝和两万米银丝更让宾客们个个瞪大了双眼。而此时，脸上洋溢着幸福灿烂表情的克里斯蒂娜挽着蒂埃西的手臂穿梭在著名的马克西姆餐厅婚宴之中，向来宾们频频敬酒答谢。

然而，就在婚礼的喧闹还未褪去的第二天，有关对克里斯蒂娜再婚及对蒂埃西的讥讽与谩骂声开始出现在希腊的大小媒体之上：“丈夫身材高大修长，妻子却粗胖矮小”“她在寻找爱情，而他却是在冒险”“克里斯蒂娜富有，蒂埃西债务缠身”等。有媒体甚至称蒂埃西就是一个“花花公子”、一个卑鄙的“追逐陪嫁财产”的家伙，很多人认为二人的联姻不会长久。不过，此时的克里斯蒂娜正沉浸在新婚蜜月的幸福之中，根本不会理会也不相信外面的闲言碎语。尤其是第二年她与蒂埃西的女儿雅典娜·奥纳西斯·鲁塞尔降生后，克里蒂斯娜更加相信蒂埃西就是可以与自己一起走完一生的爱人。

可是，克里斯蒂娜这一次又错了，而且媒体先前所谓的捕风捉影也被一一证实。除了婚后艳遇不断外，蒂埃西还有一个固定的情妇——一位漂亮的瑞典名模加比·兰德尔。在雅典娜出生 10 个月后，加比还为蒂埃西生下了一个儿子。得知事实真相的克里斯蒂娜如遭雷击，并坚定地选择再次离婚。在再婚与离婚似乎成为家常便饭的状态之下，克里斯蒂娜已经没有从前那样痛苦不堪与撕心裂肺，更重要的是此时她的身边还有女儿的陪伴，亲情的慰藉比任何力量都强大。

与克里斯蒂娜分道扬镳后，蒂埃西离开希腊，到瑞士与加比正式结婚并在此定居下来，而克里斯蒂娜也开始过上了与女儿相依为命且其乐无穷的母女生活。如所有母亲的感知一样，小雅典娜也是克里斯蒂娜生命的全部。除了平时充满柔情地叫女儿为库克拉（希腊语布娃娃）外，克里斯蒂娜给小雅典娜买下了商场中能看到的所有儿童玩具，包括迪奥等名牌服装，小雅典娜是应有尽有，克里斯蒂娜甚至在巴黎的枫丹白露专门为女儿修建了一个动物园。

然而，不幸的事情却发生了。一天清晨，有人在阿根廷多尔图卡斯乡村俱乐部海滩发现了克里斯蒂娜的尸体。验尸报告显示，克里斯蒂娜服用了镇静剂。当地报纸根据警方的报告认为，克里斯蒂娜是自杀。在来到阿根廷前，克里斯蒂娜服食了超量减肥药，辅之平时大量节食，她的身体日见孱弱。同时，有消息传出，克里斯蒂娜离婚之后又遇到了一个她认为可托付终身的人，甚至准备第五次披上婚纱，只是天有不测风云，克里斯蒂娜未能预知到自己的生命会在38岁戛然而止，而此时的雅典娜还只有3岁。

就像爷爷将两位希腊著名哲人之名放进父亲的名字中那样，给女儿取名雅典娜同样寄托着克里斯蒂娜为人之母的心愿。雅典娜为奥林匹斯十二主神、奥林匹斯山三处女神之一，是众神之神宙斯和智慧女神墨提斯的女儿，二人生育了长女特里托革内娅之后，众神之母盖亚与天空之神乌拉诺斯预言墨提斯会再生一个推翻宙斯的儿子波洛斯，宙斯惧怕预言成真，遂将墨提斯整个吞入腹中。之后，宙斯严重头痛，医神阿波罗对他医治无效，宙斯只好要求火神赫菲斯托斯打开他的头颅。火神做了，但令诸神惊讶的是，一位体态婀娜、光彩照人、披坚执锐的美丽女神从裂开的头颅中跳了出来，此神就是雅典娜。

因此，在希腊神话中，雅典娜既是智慧女神，也是战争女神，还是艺术女神与工艺女神。作为智慧女神，雅典娜被众生所敬奉与崇拜；作为工艺女神，雅典娜在人间传授纺织、园艺、陶艺、畜牧等技艺，同时将绘画、雕塑与音乐等艺术授予人类；作为战争女神，雅典娜被视为航海、农业和医疗的保护神，并且创立了人类的第一座法庭。如同人们敬拜着某个神灵而只是大脑中的一个虚幻概念一样，对于克里斯蒂娜来说，女儿显然不可能成为雅典娜的具体化身，有的只是一种美好希冀。

不幸与有幸

不能不说克里斯蒂娜是一个感情上粗心但生活上细心的女人。去世三周前，她在律师的见证之下第九次修改了遗嘱。除了在遗嘱中明确了女儿雅典娜作为唯一的财产继承人身份之外，克里斯蒂娜还责成五个人组成了托管委员会，雅典娜的父亲蒂埃西名列其中，另外四名成员都是与奥纳西斯家族接近的希腊人，其中商务律师斯特里奥·帕帕迪米里欧担任会长。帕帕迪米里欧与克里斯蒂娜的私交很深，作为当时在埃及的唯一一个希腊律师，在克里斯蒂娜为一笔生意与埃及商业部部长之间发生纠纷时，是帕帕迪米里欧从中斡旋取得了和解，自此，克里斯蒂娜与他的纯洁友谊一直持续了近30年。

没妈的孩子像根草。由于在希腊找不到一个至亲，雅典娜只能前往瑞士与父亲一家一起生活，而且蒂埃西在法律上也是雅典娜的监护人。但反过来说，其实对于只有3岁且懵懂不知世事的雅典娜来说，此时住在哪里并无太大的区别，而且这个年龄的小孩也丝毫没有贵族公主感。另外，作为对女儿的生活保障，克里斯蒂娜特别在遗嘱中答应每年给蒂埃西150万美元，以专门支付女儿的教育费用，一直到雅典娜成年为止。

然而，在对待雅典娜的教育问题上，以帕帕迪米里欧为首的托管委员会与蒂埃西还是发生了严重分歧，严格说来是前者对后者教育方式的不信任。在帕帕迪米里欧的眼中，蒂埃西是一个不诚实和不值得信任的人，尤其令他最无法容忍的是雅典娜竟然不会说希腊语，而且离开希腊后再也没有回到过故乡。相反，有一次帕帕迪米里欧通过翻译和雅典娜交谈，竟然发现雅典娜不仅能说流利的法语、英语，甚至能讲继母的瑞典语。

为了能够促成雅典娜尽快学会说希腊语，帕帕迪米里欧不止一次找到蒂埃西沟通，但每会面一次，帕帕迪米特里欧对蒂埃西的反感就增加一分，最终导致他做出了一个令人匪夷所思的决定——雇用了一个以色列退役间谍小组到蒂埃西的住所附近监视雅典娜的学习和生活情况，并要求间谍们伺机将雅典娜“解救”到希腊。此次“绑架”行动因被瑞士警方及时发现而失败，但此后雅典娜的生活发生了根本的变化。乘公共汽车、外出散步等轻松自如的活动永远成为过去，雅典娜上学必须乘防弹奔驰轿车，没有两位彪形大汉的保护不能外出，而且每天晚上有十几名保镖在雅典娜住的别墅四周巡逻值勤。

的确，由于外界都知道雅典娜继承了巨额财富，而且还不时传出有歹徒和黑社会策划绑架雅典娜的消息，因此基于人身安全，此时对雅典娜进行严格的保护完全是有必要的。只是，对于自己失去自由的生活与学习环境，雅典娜反感至极，甚至不止一次地面对着媒体表示，如果能像普通人那样过正常的生活，她宁愿将亿万家产付诸一炬。

非常幸运的是，雅典娜遇到了一个善良的继母加比，并从其身上体会到了母爱。加比出生在一个平常人家庭，对底层人的疾苦感同身受，对于像雅典娜这样失去母亲的孩子，加比有着更多的疼爱与怜惜。虽然自己与蒂埃西共同生育了三个孩子，且其中两个是女儿，但加比一直将雅典娜视为己出。雅典娜小时候，加比每晚都会陪在她的身边给她讲童谣故事，直到雅典娜进入梦乡。第二天早晨，加比还会为雅典娜梳出漂亮的马尾小辫。雅典娜到了上学的年龄，加比每天都要亲自将女儿送到专车上才肯转身离开。

自然，在周围邻居与熟人及朋友的眼中，雅典娜完全不像是一个没有母亲的孩子。也许正是在平凡且充满爱心的家庭环境中长大，雅典娜身上丝毫没有贵族子女的跋扈与张扬，有的只是朴实无华。在自己定居的卢西·摹尔日小村，雅典娜与 500 多个村民一起享受着草根无忧的自在生活；在学校里，雅典娜也很容易与同学快乐地玩在一起，虽然每周继母只给自己 200 瑞士法郎的零花钱，但她从不乱花钱。对待友情，雅典娜也有自己的看法。一次，雅典娜将自己价值 2200 瑞士法郎的劳力士手表和一个女生的斯沃奇塑料时装表对换，事后加比问她为什么愿意这样做，雅典娜回答说：“因为她是我朋友！”

课余时间除了和同学们一起去酒吧听听流行音乐外，雅典娜最大的爱好就是骑马，她从 7 岁时就开始喜欢上了这项体育运动，其甚至成了雅典娜日后生活不可或缺的一部分。在成年后正式继承了天文数字般的家产后，雅典娜首先投资 2000 万美元建造了一座种马场。为了重系与希腊之间的纽带，雅典娜后来加入了一家雅典骑术俱乐部，并经常以希腊国家运动员的身份参加许多大型国际马术专业赛，而且在包括奥运会这样的综合性世界体育大赛上，也经常能见到雅典娜骑马腾跃的身姿。值得注意的是，在雅典举行的第 28 届奥运会上，雅典娜代表希腊出征，而且这次运动会的吉祥物就叫雅典娜。

财富的烦恼

像许多孩子一样，雅典娜在进入 18 岁的那天收到了父亲蒂埃西与继母加比为自己举办的成年加冕礼，并把聚会选择在了马场，雅典娜由此感受到的尊重与自豪不言而喻。但雅典娜非常清楚，对自己来说，18 岁不只是迈入成年的时间窗口，更是从此接过了沉甸甸的家业，开始履行家族传人的使命。那么，究竟雅典娜从母亲那里承继了多少财产？按照当年《福布斯》杂志的报道称，雅典娜是当时世界最富有的单身女孩之一，其名下财产高达 70 多亿美元。

看一下各种各样的财富形态，就不难感知到雅典娜的富有程度。除了分布在 12 个国家且由 50 余艘大型货船组成的庞大奥纳西斯船队外，克里斯蒂娜还总共投资了 100 多家实体公司；另外，在巴黎、伦敦、布鲁塞尔、瑞士、希腊等地拥有多处豪宅与度假别墅的同时，克里斯蒂娜还在南美洲购置与开发了大片土地，并且是爱琴群岛中三处总价值高达 2.14 亿美元偏僻小岛的主人；而且，克里斯蒂娜还将父亲在世时收藏的各种艺术珍品及自己手中价值连城的珠宝首饰一并传给了女儿；当然，雅典娜还可以随时调用 3 架喷气式飞机、两艘豪华游艇及 400 多个仆人。

财富在显示不菲身家的同时，也往往给所有者带来烦恼。雅典娜的父亲蒂埃西是一个十分不走运的商人，他相继开办过模特公司、广告公司，并在赤道几内亚经营过进出口贸易和公共工程，但结果是干什么赔什么。雅典娜的母亲去世的第三年，蒂埃西在摩洛哥开了一家小造船厂，起初业务做得风生水起，但倒霉的是，在福门特拉岛的伊莱塔水域，属于蒂埃西·鲁塞尔的一只小帆船撞翻了一艘由三个姑娘乘坐的摩托艇，其中一个波兰姑娘当即死亡，其他两个捷克姑娘伤势严重，蒂埃西为此不得不进行了巨额赔偿，小造船厂也因此倒闭。自然，在自己遭遇流年不利且屡屡走下坡路的情况下，财务拮据的蒂埃西就将目光转移到了女儿名下的巨额财产上。

应当说克里斯蒂娜对于背叛自己的丈夫还算是比较念旧情的，除了把划拨给女儿 150 万美元的教育费用交由蒂埃西保管与支配外，克里斯蒂娜还单独给蒂埃西支出了每年 8 万美元的零花钱。很显然，作为母亲，克里斯蒂娜希望在自己去世之后，蒂埃西不要与女儿在财产问题上发生任何的矛盾与纠葛。但是，在雅典娜年满 18 岁正式继承母亲遗产不久，蒂埃西贪婪的面孔马上暴露出来。他首先向女儿提出了分解 6.4 亿美元财产的要求。经过在法庭上的数次激烈交锋，法院仅仅支持了蒂埃西取得其中 5000 万美元的诉讼请求，但自此以后，雅典娜就与父亲成为路人。

蒂埃西的贪欲并没有因得到 5000 万美元而收敛，而是转身又向法院提出了希望接管女儿名下全部奥纳西斯家族一半遗产的诉讼要求，但这一次以帕帕迪米里欧为代表的托管委员会站了出来。双方在法庭上吵得不可开交。蒂埃西指责对方对遗产管理不善，甚至夸大称帕帕迪米里欧曾试图雇以色列突击队“绑架”雅典娜，而帕帕迪米里欧则公开向媒体宣布，蒂埃西试图窃取奥纳西斯家族遗产以便打造自己私人生活的图谋。最终，检察机构与法院经过调查发现，帕帕迪米里欧在雅典娜身边安排保镖不属于“绑架”，但存在限制人身自由之嫌，法院由此判决各交 25 万美元的罚金结案。一年之后，雅典法庭再次审理双方的争议，结果发现蒂埃西对奥纳西斯基金会进行诽谤和造假的证据，蒂埃西因此被判五年监禁，直到交了保释金才被释放。

在与父亲展开财产诉讼角逐的同时，三年之后雅典娜又迎来了与托管委员会的正面交锋。按照克里斯蒂娜的遗嘱，女儿不仅成年后可以继承奥纳西斯家族的全部遗产，而且还应获得亚历山大·奥纳西斯基金会的控制权。在父亲去世后，克里斯蒂娜花了很多时间来考虑怎样才能获得基金会的控制权，最终她在法律文件上加上了两条说明——克里斯蒂娜是基金会的终生主席；奥纳西斯的直系后裔只要能够并愿意为基金会工作，就能自动成为基金会的终生主席。不过，直到21岁时，雅典娜依然没有取得基金会主席的职务，更别谈接手这笔财富了。对此，雅典娜将死死把持基金会直接控制权的托管委员会告上了法庭。

总价值达10亿美元的亚历山大·奥纳西斯基金会由雅典娜的外公在世时创建，从名字来看，老船王显然是为了纪念英年早逝的儿子而建立该机构的。除了重点向出身贫寒的大学生发放奖学金和颁发一些奖项外，基金会还建立了一些医疗中心，其中一个大的心脏病中心设在雅典。看得出，基金会在希腊社会中扮演着重要角色，而雅典娜之所以希望能够按照母亲遗嘱获得对基金会的控制权，目的之一就是可以确保自己成为希腊社会的主流角色。

但是，对于雅典娜看上去合法的请求，托管委员会负责人也是亚历山大·奥纳西斯基金会主席的帕帕迪米里欧却给予了义正词严的拒绝。在他看来，雅典娜并不具有管理亚历山大·奥纳西斯基金会的资格，理由是雅典娜既没有上过大学，也从未到基金会工作一天，更谈不上为基金会做出任何贡献；而且雅典娜在瑞士长大，文化、宗教、语言等方面与希腊价值观相悖，不可能掌管好一只旨在为希腊人民造福的公益基金。不仅如此，帕帕迪米里欧认为雅典娜对自己的家族业务一无所知，没有管理基金的任何实际能力。更重要的是，在克里斯蒂娜去世五年之后，基金会的董事会成员已经投票决定废除克里斯蒂娜制定的“终生主席”条例，由此导致雅典娜成为基金会控制人的合法性依据并不十分充分。在实际过程中，亚历山大·奥纳西斯基金会保持着原有的运行状况直到现在。

慢慢隐去的家族痕迹

奥纳西斯因迎娶肯尼迪总统的遗孀而让自己的婚姻生活陷入了不幸，同时也将“肯尼迪诅咒”带进了本家族之中。甚至有人认为“肯尼迪诅咒”已经蜕变为“奥纳西斯诅咒”，因为从此之后奥纳西斯家族不仅笼罩上了不安的命运阴影，而且家族父系血脉与母系血脉中断延续，家族成员也逐渐凋零。

在肯尼迪总统遇刺之前，已经有其大哥小约瑟夫·肯尼迪在英国因飞机意外爆炸身亡；三年之后，约翰·肯尼迪的二姐凯瑟琳又在法国的一次飞机失事中不幸去世；也就在肯尼迪总统遭遇枪杀的前三个月，其次子帕特里克早产夭折；肯尼迪遇刺后第五年，其弟弟罗伯特·肯尼迪在准备参加美国总统初选时被枪杀死于酒店；后来罗伯特的儿子戴维·肯尼迪又在佛罗里达棕榈泉的一家酒店因药物过量死亡；又过了10年，罗伯特的儿子迈克尔在科罗拉多州阿斯彭那场滑雪事故中意外死亡。

悲剧还在接连发生。约翰·肯尼迪的儿子小约翰·肯尼迪和他的妻子在一起飞机失事中不幸双双去世，爱德华·肯尼迪的女儿卡拉在华盛顿特区的一家健身俱乐部锻炼时突发心脏病死亡，次年罗伯特的儿媳玛丽被发现死于纽约州的房子里。2019年8月，罗伯特的外孙女希尔因意外用药过量死亡，2020年4月，罗伯特的孙女梅夫和她8岁的儿子基迪恩在安纳波利斯附近的小船上失踪，不久警方便发现二人的尸体。

需要指出的是，以上列举的这些死亡人员都属于肯尼迪家族的核心成员，还有一些旁系的死亡人数并没有列入。另外，虽然死亡对于一个自然人来说再正常不过，但针对肯尼迪家族许多成员离奇和意外地死于非命，外界还是产生了更多的不解。也正因为如此，大家才认为肯尼迪家族是被厄运所笼罩。美国有一位作家还专门写了一本书，名字为《肯尼迪诅咒——美国家族150年的厄运》，集中解读了这个家族的诅咒。

奥纳西斯家族似乎在复制肯尼迪家族不幸的生命轨迹。老船王唯一的儿子亚历山大·奥纳西斯飞机失事身亡，爱女克里斯蒂娜·奥纳西斯38岁便因药物过量而离世，即便是唯一尚存的外孙女雅典娜也在瑞士日内瓦参加第54届日内瓦室内大赛时从飞驰的马背上跌落下来，所幸她仅仅受了皮外之伤。但包括雅典娜在内，许多人也从此相信“奥纳西斯诅咒”的存在，甚至雅典娜对自己的姓氏一直觉得不安。“我想忘却奥纳西斯这个姓氏，因为它是我们家族所有问题的根源。”接受媒体采访时，雅典娜直言不讳地袒露了自己的观点。

实际上，在公开场合，雅典娜已经很少将奥纳西斯用在自己的姓氏中。同时，作为淡化家族的一个重要举动，23岁时雅典娜就将原属于母亲的40件珠宝公开对外拍卖，这批估价1600万美元的珠宝包括37克拉梨形切割的钻石项链和戒指及曾安放在家族游艇上的一尊估价为500万美元～700万美元之间的菩萨金像。不仅如此，28岁时，雅典娜还将斯科皮奥斯岛以1亿美元出售给了俄罗斯一位土豪之女。这座800平方千米的小岛由奥纳西斯在世时以1万英镑购得，后建造了三栋房子、一个码头、一个直升机停机坪和人造沙滩，而且雅典娜的外祖父、母亲及舅舅皆葬于此岛。

外界对雅典娜的叛逆举动发出了不绝于耳的道德谴责与质疑之声。在压力之下，雅典娜对外解释说，出售母亲的珠宝是因为“这些旧时代的珠宝并不适合我，我也不会佩戴，并且拍卖所得将归慈善基金管理”，而拍卖斯科皮奥斯岛是完全按照外祖父的遗嘱，即倘若子孙后代无法支付岛屿的维护费用，斯科皮奥斯岛当被赠予奥林匹克航空公司或归国家所有，因此出售的仅是岛屿的100年使用权而并非所有权。有分析人士指出，虽然雅典娜总是被冠以千亿继承人，但她手中的流动资产不足1个亿，出售斯科皮奥斯岛以节省打理成本还是可以理解的。

20 岁时认识阿尔瓦罗德·米兰达，进一步意味着雅典娜与奥纳西斯家族渐行渐远。米兰达是巴西著名的骑马师和马术跨栏运动员，曾两度摘得奥运会铜牌，虽然年龄上比雅典娜大 12 岁，而且离异并带有一女维维安妮，但共同的爱好让雅典娜不仅将年龄差距抛在脑后，而且放弃了上大学的机会，不顾一切地投入米兰达的怀抱。后来有评论指出，之所以雅典娜没有如愿获得亚历山大·奥纳西斯基金会主席的资格，就是因为她极度厌学、醉心马术及反家族情绪所致。

雅典娜为自己婚礼的花费一点也不吝啬。婚礼选在了位于巴西圣保罗高级消费区内的玛丽亚·路易莎和奥斯卡美洲产业举行。新娘身上价值约 7.2 万美元的婚纱出自意大利著名时装设计师华伦天奴之手。婚庆场内，1000 瓶法国著名凯歌香槟供 750 名宾客尽情享用，同时场外与入口戒备森严，400 名保安在四周拉起了绿塑胶围屏，以防路人窥探婚礼场面。而在此之前，所有婚宴供应商都已签下合约，保证不向媒体透露相关消息，违者要承担相当于订单价值三倍的罚款。

婚后的雅典娜虽然保留了“奥纳西斯”作为中间名，但同时也随了夫姓，而且雅典娜也完全离开了希腊，与丈夫一起长居圣保罗。不过，令外界非常不解的是，尽管雅典娜与米兰达结婚多年，但二人没有生育。2016 年，雅典娜再次吸引人们的视线。原因是她与米兰达展开了一场离婚大战。最终，二人分道扬镳。